BAEDEKER SMART

FRANKREICH

Perfekte Tage mit viel Genuss und Savoir-vivre

Verlag Karl Baedeker – www.baedeker.com

Inhalt

★ TOP 10 4

Das Frankreich Gefühl 6

9 **Das Magazin**
■ Einzigartige Regionen ■ Vom Königreich zur Republik ■ Land des Weines ■ Leben in der Commune ■ Architektur-Projekte ■ Frankreich literarisch ■ Frankreich kulinarisch ■ Pioniere der modernen Kunst ■ C'est chic ■ Im Bann der Comics

31 **Erster Überblick**
■ Ankunft
■ Unterwegs in Frankreich
■ Übernachten
■ Essen und Trinken
■ Einkaufen
■ Ausgehen

43 **Paris & Île de France**
Erste Orientierung ■ **In drei Tagen** ■ **TOP 10** ■ Île de la Cité ■ Musée du Louvre ■ **Nicht verpassen!** ■ Quartier Latin ■ Musée d'Orsay ■ Tour Eiffel ■ Champs-Élysées & Arc de Triomphe ■ Centre Georges Pompidou ■ **Nach Lust und Laune!** ■ Weitere Adressen zum Entdecken ■ **Wohin zum …** ■ Übernachten? ■ Essen und Trinken? ■ Einkaufen? ■ Ausgehen?

81 **Der Nordwesten**
Erste Orientierung ■ **In drei Tagen**
TOP 10 ■ Mont Saint-Michel
Nicht verpassen! ■ Rouen ■ Bayeux ■ Saint-Malo ■ Rennes
Nach Lust und Laune! ■ Weitere Adressen zum Entdecken
Wohin zum … ■ Übernachten? ■ Essen und Trinken? ■ Einkaufen? ■ Ausgehen?

103 **Der Nordosten**
Erste Orientierung ■ **In vier Tagen**
TOP 10 ■ Dijon
Nicht verpassen! ■ Lille ■ Reims ■ Strasbourg ■ Beaune
Nach Lust und Laune! ■ Weitere Adressen zum Entdecken
Wohin zum … ■ Übernachten? ■ Essen und Trinken? ■ Einkaufen? ■ Ausgehen?

127 **Val de Loire**
Erste Orientierung ■ **In drei Tagen** ■ **TOP 10** ■ Château de Chambord ■ **Nicht verpassen!** ■ Château Royal de Blois ■ Château de Chenonceau ■ Château d'Azay-le-Rideau
Nach Lust und Laune! ■ Weitere Adressen zum Entdecken
Wohin zum … ■ Übernachten? ■ Essen und Trinken? ■ Einkaufen? ■ Ausgehen?

147 **Der Südosten**
Erste Orientierung ■ **In vier Tagen**
TOP 10 ■ Nice ■ Carcassonne ■ Arles & Camargue ■ Avignon
Nicht verpassen! ■ Nîmes & Pont du Gard ■ Gorges du Verdon
Nach Lust und Laune! ■ Weitere Adressen zum Entdecken
Wohin zum … ■ Übernachten? ■ Essen und Trinken? ■ Einkaufen? ■ Ausgehen?

177 **Der Südwesten**
Erste Orientierung ■ **In vier Tagen**
TOP 10 ■ Bordeaux
Nicht verpassen! ■ Toulouse ■ Albi ■ Lascaux
Nach Lust und Laune! ■ Weitere Adressen zum Entdecken
Wohin zum … ■ Übernachten? ■ Essen und Trinken? ■ Einkaufen? ■ Ausgehen?

195 **Spaziergänge & Touren**
■ 1 Paris: Montmartre mit Sacré-Cœur
■ 2 Cap Fréhel mit Côte d'Émeraude
■ 3 Auf der Route des Crêtes durch die Vogesen
■ 4 Von der Côte d'Azur ins Landesinnere
■ 5 Rocamadour

Praktisches 209
■ Reisevorbereitungen ■ Das Wichtigste vor Ort ■ Sprachführer

Reiseatlas 217

Register 235

Abbildungsnachweis 238

Impressum 239

10 Gründe wiederzukommen 240

Kapiteleinteilung: siehe vordere Umschlaginnenseite

TOP 10

Was muss ich gesehen haben? Unsere TOP 10 helfen Ihnen, von der absoluten Nummer eins bis zur Nummer zehn, die wichtigsten Reiseziele einzuplanen.

1 PARIS – ÎLE DE LA CITÉ ➤ 48
Ein Fest fürs Leben sei Paris, so Hemingway – und auf einer Seine-Insel (➤ links), im Bannkreis von Notre Dame, schlägt das historische Herz dieser einmaligen Stadt.

2 NICE ➤ 152
Inbegriff eines schönen, eleganten mediterranen Küstenortes vor reizvollen grünen Hügeln – nicht zufällig Wahlheimat eines Künstlers wie Henri Matisse, dem Zauberer des heiteren Südens!

3 PARIS – MUSÉE DU LOUVRE ➤ 53
Kunst ohne Ende in einem der größten Museen der Erde – von ägyptischen Mumien bis zu romantischen Gemälden und, als Höhepunkt, Leonardos geheimnisvolle *Mona Lisa*.

4 MONT SAINT-MICHEL ➤ 86
Monasterisches Mysterium des Mittelalters im ewigen Wechsel von Ebbe und Flut.

5 CHÂTEAU DE CHAMBORD ➤ 132
Unter allen Königsschlössern im anmutigen Tal der Loire unangefochten an der Spitze, was adelige Pracht und Herrlichkeit sowie historische Bedeutung angeht.

6 DIJON ➤ 108
Eines der berühmtesten Weinanbaugebiete der Welt: sanfte Hügel mit vollmundigen Roten, ehrwürdige Abteien, Fachwerkstädtchen und Dijon als schmucke Hauptstadt.

7 CARCASSONNE ➤ 154
Gewaltigste erhaltene Festungsstadt Europas mit regelmäßiger Straßenanlage am Canal du Midi – ein Freilichtmuseum des Mittelalters! Und höchst interessante Flaniermeile durch die Historie.

8 ARLES & CAMARGUE ➤ 156
Ein Stück exotischer Wildnis im Rhône-Delta, auf dessen Salzseen rosa die Flamingos schwärmen – mit der charmanten Römerstadt Arles als nördlicher Pforte.

9 AVIGNON ➤ 158
Stolze historische Papstresidenz an der Rhône und Einlass in die magischen Gefilde des Midi, wo im Sommer alle Kräuter der Provence duften und lila der Lavendel blüht.

10 BORDEAUX ➤ 182
Im Bordelais gedeihen die renommiertesten Weine der Erde – heiliges Terroir, auf das man einmal seinen Fuß gesetzt haben sollte und ein Probeschlückchen genossen in einem der illustren *Châteaux*.

DAS FRANKREICH

Erleben, was Frankreich ausmacht und sein einzigartiges Flair spüren. So, wie die Franzosen selbst.

IM TAXI DURCH PARIS

An der Gare du Nord ins Taxi, Fahrziel: Quartier Latin. Durch die offenen Fenster erfrischt feuchtkühl der Nachhall eines Gewitterschauers, noch triefen die Blätter der Platanen am Straßenrand, und der Asphalt dampft. Im Autoradio leise nordafrikanische Klänge, geht es die Seine entlang, bis Notre-Dame auftaucht wie eine Erscheinung, dann von der Brücke über den Fluss ein Blick auf die verträumte Île Saint-Louis: *Arrivé(e) à Paris, bienvenu(e) à la France …*

SOMMERFRISCHE

Sommerlichen Aufenthalt am Meer wissen Franzosen zu genießen – das spürt man in mondänen Belle-Époque-Seebädern wie Déauville oder Cabourg (➤ rechts) oder kleinen Hafenstädten mit in duftende Pinienhaine geschmiegten Villenkolonien, wo man sich einmietet, etwa in »Les Coquelicots«, und feststellt, dass im heimeligen Gärtchen neben dem rotem Mohn, der dem Haus den Namen gibt, auch die unentbehrlichen Kräuter für das tägliche Mahl gedeihen.

KLEINES RESTAURANT UMS ECK

Speist man in Frankreich außer Haus, verblüfft häufig die Präsenz

Strand von Cabourg

GEFÜHL

kleiner Preziosen in unmittelbarer Nachbarschaft – das Lokal kaum größer als das heimische Wohnzimmer, die Karte handgeschrieben. Nur drei Gänge, schmackhaft und liebevoll angerichtet, dazu eine Karaffe Wein und heiteres Geplauder mit den Wirtsleuten. Kulinarischer Alltag *à la française*, mit der typischen Zauberformel entspannten Genusses auf hohem Niveau.

MAGISCHES MITTELALTER

Ob Notre-Dame de Paris oder Kathedralen in Reims oder Chartres: Westlich des Rheins ragen, zu Ehren Gottes in Frankreich, die schönsten gotischen Sakralbauten der Christenheit in den Himmel, meist mit wunderbaren alten Buntglasfenstern. Am eindrucksvollsten sind sie im Spätnachmittagslicht, das ihre Farben zum Glühen bringt,

idealerweise begleitet von den akustischen Mäandern einer Toccata auf der Orgel.

ZWEI TROPFEN ZEIT

Tous les jours y toute la journée: Ein entspanntes Gläschen Wein oder Pastis in einer Bar oder einem Straßencafé schmeckt immer, Zeit spielt keine Rolle bei solchem Müßiggang – erst recht nicht in Nîmes, Orange, Arles oder Aix, die schon in der Antike Stätten der Lebenslust waren und heute alle Gelassenheit des französischen Südens verströmen, des *Midi*: Hier wird sie zyklisch, die Zeit!

BOUTIQUEN

Es ist ein Stück Lebensglück, im Mutterland der Boutiquen einen Streifzug durch feine kleine Läden zu tun – holzgefasste alte Vitrinen, grün bemalte Eisentür, darüber in schwungvollen Messinglettern der Name des Geschäftes. Oftmals besitzen solche Läden die Patina von hundert Jahren, und sie sind natürlich niemals stylish, sondern haben Stil. Weshalb Sie dort nach Erwerb eines edlen Accessoires eine handgeschriebene Quittung erhalten, statt lediglich eines profanen Kassenbons.

MALERISCHE LANDSCHAFTEN

Vielerorts in Frankreich, besonders an den wellenumbrandeten Küsten, in der sonnenüberglänzten Provence und den lauschigen Wäldern um Fontainebleau, erkennt man in der anmutigen Gegend beständig deren Abbilder wieder, wie sie einem vertraut sind von Gemälden eines Gustave Courbet, Jean-François Millet, Claude Monet oder Paul Cézanne: Großmeistern der Landschaftsmalerei, die sich hier zu Höhen aufschwang wie sonst kaum irgendwo.

SPRACH-MELODIEN

»Merci beaucoup et bonne soirée, messieurs-dames!« Wer so höflich und klangvoll verabschiedet wird, als Kunde eines Geschäfts oder nach einem Essen im Lokal, erfährt eine facettenreiche Kultur mitmenschlichen Umgangs, die auch wesentlich auf Wertschätzung der Sprache beruht – für Fremde mit dem Privileg, sich in manchen Momenten einfach dem musikalischen Zauber des Französischen hinzugeben, ohne ein Wort verstehen zu müssen.

Restaurant in Aix-en-Provence

Das Magazin

Einzigartige Regionen 10
Vom Königreich zur Republik 12
Land des Weines 15
Leben in der Commune 18
Architektur-Projekte 20
Frankreich literarisch 22
Frankreich kulinarisch 24
Pioniere der modernen Kunst 26
C'est chic 28
Im Bann der Comics 30

Einzigartige REGIONEN

Wo immer man in Frankreich weilt, taucht man nicht nur in dessen nationale Kultur ein, sondern auch in die der jeweiligen Region – mit eigenen Traditionen bei Brauchtum, Küche und Sprache.

Die Geografie des Landes zeichnet sich durch markante landschaftliche und klimatische Unterschiede aus. So besitzen Picardie, Champagne, Elsass und Lothringen im stärker industrialisierten **Norden** deutlich mitteleuropäischen Charakter, während der **Süden** – mit Provence, Languedoc und Gascogne – vorwiegend ländlich und mediterran geprägt ist: Im »Midi« ist man fern der Hauptstadt Paris und fühlt sich eher den Nachbarn Italien und Spanien verwandt.

Ortsteil Èze Village im gleichnamigen Städtchen an der Côte d'Azur

Einige der schönsten **Küstenstreifen** Europas nennt Frankreich sein Eigen – am Atlantik Normandie, Bretagne und Aquitanien, am Mittelmeer die Côte d'Azur (➤ unten). Darüber hinaus hat es teils raue **Berglandschaften** zu bieten, wie Massif Central, Jura, Pyrenäen und Alpen neben fruchtbarem Hügelland, wo Obst und Wein in Fülle gedeihen.

Unverwechselbare *Pays*

Wer das Land authentisch erleben möchte, sollte sich weniger an dessen offiziellen Regionen (*Régions*) orientieren als an seinen ***Pays***: ein Begriff, der (kaum exakt übersetzbar) Gegenden gemeinsamen geschichtlichen Erbes und Selbstgefühls bezeichnet. Dies richtet sich selten nach Verwaltungsbezirken, vielmehr zieht man – in vorrangig ländlichen Gebieten – Grenzlinien entsprechend lokalen Besonderheiten etwa in Baustil und Lebensart, wie sie auch Besuchern ins Auge fallen.

Bereist man als solcher beispielsweise das ***Département*** Dordogne, so heißen einen die Einheimischen willkommen im Périgord oder Quercy. Und wenn man das Loire-Tal hinab durch die alten Grafschaften Berry, Touraine und Anjou fährt, handelt es sich eher um historisch geprägte Landstriche als um politisch-administrative Einheiten im modernen Sinn.

FRANZÖSISCHE SPRACHE(N)

Seit dem 16. Jh. ist Französisch in ganz Frankreich verbindliche Amtssprache, deren »Vereinheitlichung und Pflege« der 1635 gegr. *Académie Française* obliegt. Neben Deutsch und Englisch ist es zudem dritte Amtssprache der EU. Entwickelt hat es sich einst, mit gallisch-fränkischen Elementen, aus dem Latein der römischen Besatzer und stand lange in Konkurrenz zu regionalen Idiomen wie Burgundisch und Alt-Okzitanisch, der Kultursprache im Süden des Landes (in Form **katalanischer** Dialekte dort nach wie vor präsent), in der berühmte Dichtungen des Mittelalters verfasst sind. Wichtige Regionalismen sind ferner das gälische **Bretonisch**, **Elsässisch** an der Grenze zu Deutschland und das **Baskische** im Grenzgebiet der Aquitaine zum westlichen Spanien.

Vom Königreich zur REPUBLIK

Als 1789 die Französische Revolution gnadenlos die königlichen Häupter Ludwigs XVI. und seiner Gattin Marie-Antoinette rollen ließ, bedeutete dies noch lange nicht das Ende der Monarchie in Frankreich: Hierzu bedurfte es offenbar mehr als der Guillotine.

Seit 1589 herrschte das Haus Bourbon in Frankreich und erhob es zu einer Weltmacht, repräsentiert in prächtigen Schlössern wie Versailles, Residenz des »Sonnenkönigs« **Ludwig XIV**. (reg. 1643–1715). Macht und Prunk jener Könige indes wirken beinahe bescheiden gegen **Napoléon Bonaparte** (reg. 1799–1814), der sich 1804 zum Kaiser der Franzosen krönen ließ und fast ganz Europa unterwarf.

Noch vor Napoleons Niederlage in der Schlacht bei Waterloo 1815 erklomm erneut ein Bourbone den Königsthron: **Ludwig XVIII.** (reg. 1814–1824), gefolgt von **Karl X.** Trotz Bindung an eine Verfassung regierten beide despotisch, was schließlich zur Juli-Revolution von 1830 führte.

Ein »Bürgerkönig«

Einen neuen »Sonnenkönig« nämlich hatte man in Paris nicht gewollt, verständigte sich nun auf den Kompromiss eines »Bürgerkönigs« und setzte 1830 den (aus einer bourbonischen Nebenlinie stammenden) **Louis Philippe** als Herrscher ein, dessen anfängliche Liberalität indes bald in Selbstgefälligkeit und seinen Sturz in der Februar-Revolution von 1848 mündete.

Porträt Ludwigs XIV. im Palast von Versailles

Frankreich wurde wieder Republik, mit Napoleons Neffen Charles-Louis-Napoléon Bonaparte als Präsident, der sich allerdings 1852 als **Napoleon III.** per Plebiszit zum Kaiser ernennen ließ. Im Deutsch-Französischen Krieg 1870/71 wurde er durch Ausrufung der Dritten Republik ins Exil gezwungen (»Ab nach Kassel!«). Und die *Marseillaise* erneut Nationalhymne.

Frankreichs Nationalsymbole

Irgendwann hatten die Lilie der Bourbonen und napoleonische Embleme also doch ausgedient, und nationale Symbole der Republik – mit dem Leitspruch »*Liberté, Égalité, Fraternité*« – traten endgültig an deren Stelle.

»Die Tricolore verdankt ihre Entstehung der Französischen Revolution«

Der **Hahn** als Wahrzeichen hat nichts mit dem Stolz der Franzosen zu tun, sondern basiert auf der Doppelbedeutung des lateinischen Begriffes »*gallus*«: Dieser bezeichnete generell einen Hahn, aber auch einen Gallier – deren Siedlungsgebiet sich auf das heutige Frankreich erstreckte. Im 19. Jh. schmückte der Hahn vorübergehend sogar die Nationalflagge Frankreichs, die Tricolore.

Französische Tricolore vor dem Arc de Triomphe in Paris

NATIONALFIGUR MARIANNE

Nicht zu den amtlichen Wahrzeichen des Landes, sicherlich jedoch zu seinen populärsten zählt die Frauengestalt der Marianne – dargestellt meist barbusig und mit roter Jakobinermütze (als phrygische Mütze, die bereits die freigelassenen Sklaven in der Antike trugen), wie auf dem berühmten Bild im Louvre *Die Freiheit führt das Volk* von Eugène Delacroix (1830; ➤ oben).

Eine Büste der Marianne schmückt jedes französische Rathaus, und in neuerer Zeit standen teils prominente Französinnen Pate für deren offizielles Bild, wie es auch auf Münzen und Briefmarken verbreitet wird, darunter Brigitte Bardot (1968), Catherine Deneuve (1985), Laetitia Casta (2000) und Sophie Marceau (2012).

Über dreifarbige Flaggen verfügen viele Staaten, spricht man von der **Tricolore**, ist trotzdem meist die französische gemeint, mit ihren senkrechten Balken in den Farben Blau, Weiß und Rot. Sie verdankt ihre Entstehung der Französischen Revolution: Weiß war die Farbe des Königshauses Bourbon, Blau und Rot diejenigen der Stadt Paris. 1794 erklärte man deren Kombination zur Nationalflagge, erst 1946 allerdings zum verfassungsmäßigen Wahrzeichen Frankreichs.

Ursprünglich wurde die heutige französische Nationalhymne 1792 komponiert als Kampflied für die Rheinarmee und erhielt ihren Namen, als Revolutionstruppen aus dem Süden des Landes sie beim Einzug in Paris sangen. Am 14. Juli 1795 wurde die **Marseillaise** offiziell zur Nationalhymne erhoben, verlor diesen Status wieder in der Restaurationszeit nach Napoléon und gewann ihn schließlich mit Beginn der Dritten Republik 1871 zurück.

Land des WEINES

Aus Frankreich, nach Italien zweitgrößter Weinproduzent der Erde, stammen manche der edelsten, begehrtesten Tropfen, wie Bordeaux, Burgunder und Champagner. Gewächse exzellenter Qualität indes finden sich fast im ganzen Land, jeweils auf typischem Terroir: Zauberformel für Zusammenspiel von Boden, Klima, Rebsorten und Ausbau.

Weinbar »Père Louis« in Toulouse

Auf seine *Terroirs* schwört jedes französische Anbaugebiet, bei den *Grands Crus* des Bordelais wie bei einfachen Landweinen etwa vom Fuß der Pyrenäen. Und in der Tat machen deren Charakteristika wesentlich das Geheimnis eines Weines aus, ob man dabei nun althergebrachten Formeln folgt oder mit Gewinn Neues wagt.

Daher ist man bei der Wahl des Weins meist gut beraten, wenn man sich an die örtlichen Erzeugnisse hält: Sommeliers von Nobel-Restaurants in Paris oder Nizza sind oft bemüht, dem Gast möglichst teure Tropfen auf der Karte zu empfehlen – dies fiele einem Ober etwa im Languedoc kaum ein: Schon aus Lokalpatriotismus riete er, als perfekte Begleitung dortiger Fisch-Spezialitäten, zu einem geradlinigen *Vin de Pays*, nicht anders als sein Kollege im Burgund zum *Bœuf Bourgignon* einen vollmundigen *Pinot Noir* serviert. Für Champagner hingegen gilt: Er schmeckt überall, zu jeder Zeit und jeder Gelegenheit.

KLASSIFIZIERUNG FRANZÖSISCHER WEINE

Etiketten französischer Weinflaschen geben Auskunft über Herkunftsregion, Hersteller und Jahrgang, oft auch über die verwendeten Rebsorten. Die Qualitätsstufe wird seit 2014 angezeigt mit folgenden Bezeichnungen nach EU-Norm:

AOP (*Appellation d'Origine Protégée*, früher: AOC = *Appellation d'Origine Contrôlée*) signalisiert die höchste Qualitätsstufe, für die strenge Kriterien bei Ort, Anbau, Verarbeitung und Abfüllung gelten. Stammt der Wein von einem bestimmten Weingut und ist dort abgefüllt worden, steht auf dem Etikett der Zusatz »*Mise en bouteille au château.*«

IGP (*Indication Géographique Protégée*, früher: *Vin de Pays*) bezeichnet Landwein bestimmter geografischer Herkunft.

VDQS (*Vin Délimité de Qualité Supérieure*) bezeichnen Weine höherer Qualität aus begrenztem Anbaugebiet.

Vin de France (früher: *Vin de Table)* als niedrigste Stufe stammt häufig aus Trauben unterschiedlicher Anbaugebiete.

Grand Cru (»Großes Gewächs«) bezeichnet zusätzlich besonders hochwertige Lagen (im Burgund) oder Weingüter (im Bordelais).

Anbaugebiete

Alsace/Elsass: Weiße, wie sie an Rhein und Mosel auch in Deutschland angebaut werden: Riesling, Weißburgunder, Gewürztraminer und der resche Edelzwicker sowie der Schaumwein *Crémant d'Alsace*.

Beaujolais: Interessanter als *Beaujolais Nouveau* sind manche *Crus* der Region – fruchtige Rote wie Morgan, Moulin à Vent und Juliénas.

Bordeaux: Heimat der renommiertesten Rotweine des Planeten (➤ Kasten rechts), mit illustren Namen wie Château Margaux oder Pétrus. Weiße Berühmtheiten sind im Bordelais ebenfalls zuhause, allen voran der (auch preislich) unerreichte, edelsüße Château d'Yquem aus Sauternes.

Burgund: Südlich von Dijon an der Côte-d'Or liegen mit *Côte de Nuits* und *Côte de Beaune* die prominentesten Weinberge des roten Burgunders. Er wird vorwiegend aus Pinot-Noir-Trauben gewonnen, der weiße Burgunder von Beaune, Chablis oder Mâconnais meist aus Chardonnay.

Champagne: Seit der Wende zum 18. Jh. entsteht hier der exquisiteste Schaumwein der Welt (➤ Kasten rechts).

Jura: Strohwein (*Vin de Paille*) und der dem Sherry ähnliche Likörwein *Vin Jaune* sind typisch für die Anbauregion nahe der Schweizer Grenze.

Languedoc-Roussillon: Am Mittelmeer liegt eines der produktivsten Weinbaugebiete Frankreichs, wo aus alten Rebsorten wie Carignan, Grenache, Mourvèdre und Syrah robuste Rote gekeltert werden, wie St-Chinian, Corbières und Minervois.

Provence: Von Avignon im Norden bis zu den Alpes Maritimes erstreckt sich dieses klimatisch heterogene Anbaugebiet mit Schwerpunkt auf Roten und Rosés. Außergewöhnlich sind manche Weiße aus Cassis, mit Aromen von Fenchel und Myrthe.

Rhône: Südlich des Burgund bis zum Mittelmeer verläuft das Tal der Rhône, Frankreichs wohl älteste Weinanbauzone mit kontinentalem (N) bis mediterranem (S) Klima, die vor allem gute Rote hergibt. Bei den Trauben dominiert Syrah, der berühmte Châteauneuf du Pape wird gekeltert aus bis zu 13 verschiedenen Sorten.

Savoie/Savoyen: Kleines Anbaugebiet mit weißen Qualitätsweinen an der Grenze zur Schweiz.

Südwesten: Von der Dordogne bis in den baskischen Süden Aquitaniens spannt sich ein Reigen kleiner, oft feiner Appellationen, darunter Bergerac als Nachbar des Bordelais, mit soliden Roten aus den Bordeaux-Reben Cabernet Sauvigon, Cabernet Franc und Merlot.

Val de Loire: Das Tal der Loire bietet mit über 70 AOPs und Vins de Pays ein breites Spektrum an Weiß-, Schaum- und Roséweinen. Chenin Blanc, Muscadet und Sauvignon Blanc sind vorherrschende Rebsorten, Pouilly-Fumé der edelste Tropfen.

Weinlese im Elsass

SPITZENWEINE: BORDEAUX UND CHAMPAGNER

Die *Terroirs* des Bordelais gelten als heiliger Boden, wo edle Reben mit größter Sorgfalt gezogen und Rebensaft mit immenser Raffinesse zu *Grand Crus* ausgebaut wird. Im Gegensatz zum (gleichfalls hoch angesehenen) Burgund, das vorrangig sortenreine *Pinot Noir*- und *Chardonnay*-Weine produziert, herrscht beim **Bordeaux** das Prinzip der *Cuvée*, des Verschnitts mehrerer Rebsorten zu einem Ensemble: Er besteht meist aus größeren Anteilen von *Cabernet Sauvignon* und *Merlot*, versetzt mit kleineren Mengen von *Cabernet Franc* und *Malbec*.

Pinot Noir (Spätburgunder), *Pinot Meunier* (Schwarzriesling) und *Chardonnay* bilden gewöhnlich die Basis des **Champagners** (bei sortenreinen Chardonnay-Champagnern steht Blanc de Blancs auf dem Etikett). Anders als beim Bordeaux, wo der jeweilige Jahrgang unverwechselbar sein muss, werden die Grundweine hier meist aus einer *Assemblage* mehrerer Jahrgänge zusammengestellt. Typisch ist das Herstellungsverfahren der Flaschengärung *(Méthode champenoise)*, Ende des 17. Jhs. entdeckt vom Benediktinermönch und Kellermeister Dom Pérignon (1638–1715), später perfektioniert vom berühmten Chemiker Louis Pasteur (1822–1895).

Leben in der COMMUNE

Ein quicklebendiger Anachronismus, der sich in Frankreich ungebrochener Wertschätzung erfreut, ist die lokale Verwaltungseinheit der *Commune* (»Gemeinde«) – wer ihr Wesen versteht, dem erschließt sich auch jenes der Grande Nation.

36 500 jener quasi-autonomen Verwaltungseinheiten existieren in Frankreich, als Überbleibsel der Pfarrbezirke und Städte des *Ancien Régime* vor der Revolution. Eingerichtet wurden sie in deren Anfangstagen von der Nationalversammlung zur Stärkung der regionalen Selbstverwaltung als Ablösung einstiger Feudalherrschaft. Obschon aus heutiger Sicht manche Änderung durchaus wünschenswert wäre zugunsten höherer Effizienz, hat bislang noch keine Regierung gewagt, an dem System zu rütteln.

Gemeindegrößen

In der Regel umfasst eine *Commune* mehrere Dörfer, ihre Größe bewegt sich hinsichtlich der Einwohnerschaft in einer Spannweite zwischen 2 Millionen (Paris) und einsam gelegenen Flecken mit drei, zwei oder gar nur einem Einwohner. Sechs Dörfer des Département Meuse in Nordfrankreich zählen keinen einzigen: Seit 1916 dienen sie nur noch als Mahnmale des Ersten Weltkriegs.

Beim Boule-Spiel (gegenüber). Die Gemeinden La Garde Freinet (links) und Pernes le Fountaines (rechts)

Auch die überseeischen Besitzungen Frankreichs sind in *Communes* gegliedert, der Heimat am fernsten sind diejenigen der südpazifischen Inselgruppe Neukaledonien. Auf ehem. Kolonialgebiet befindet sich auch die größte: Französisch Guyana (Südamerika) mit mehreren Tausend km².

Gemeindeorgane

Egal, wie groß in Fläche und Bevölkerung, jede *Commune* wird regiert von einem **Gemeinderat** (*Conseil municipal*), der aus seinen Reihen eine(n) Bürgermeister(in) wählt. Gemeinsam entscheiden sie über die Verwendung der anfallenden Steuern und verteidigen notfalls die Interessen des Gemeinwesens gegenüber der Zentralgewalt, wenn etwa eine Schule durch das zuständige Ministerium mit der Schließung bedroht wird.

Die Rolle des **Bürgermeisters** (*Maire*) wird einer lokalen Persönlichkeit übertragen, der neben Repräsentationspflichten die Vertretung der Gemeindeinteressen obliegt. Nicht unbedingt eine in jeder Hinsicht einträgliche Tätigkeit, zudem ist man als öffentliche Person ständig Kritik ausgesetzt, und sei diese auch nur im Stillen geäußert.

WAHL LOKAL

Nirgends funktioniert Demokratie einfacher als in einem französischen Dorf: Man kann stimmen, für wen man möchte, selbst wenn er sich gar nicht zur Wahl stellt. Im Zweifelsfall streicht man einfach die Namen der Kandidaten auf dem Wahlzettel und ersetzt sie durch solche, die einem genehm sind. Jedes Votum wird bei der Auszählung öffentlich registriert – und so mancher Lokalmatador in den Rat gewählt, ohne dies eigentlich zu wollen.

Architektur-PROJEKTE

Franzosen hegten seit jeher eine Vorliebe für spektakuläre Bauvorhaben, ob ziviler, militärischer oder klerikaler Natur – auch aus diesem Grund verfügen sie architektonisch über ein unvergleichliches nationales Erbe.

Man muss sich nur die großartigen gotischen **Kathedralen** in Reims oder Amiens vor Augen halten und wird schnell des Wagemutes und der Hingabe gewärtig, die ein so gewaltiges Unternehmen bedeutet haben muss – mit den begrenzten technischen Möglichkeiten des 13. Jhs.

Auch die **Königsschlösser** an der Loire (➤ 127ff.) und in Versailles (➤ 72) bewegen sich auf ähnlichem Niveau: Stein gewordene Zeugnisse gekrönter Häupter, die sich mit ihren Bauten ein Stück Unsterblichkeit erobern wollten.

Pariser Architektur-Ikonen

In derselben Tradition steht Gustave Eiffels filigrane Eisenkonstruktion der **Tour Eiffel** in Paris von 1889 (➤ 60f.): Zunächst geschmäht, wurde sie zum Wahrzeichen der Stadt wie die 20 Jahre zuvor angelegten, anfangs nicht weniger umstrittenen großzügigen Boulevards des Stadtplaners

Von Betonpfeilern getragen und 2460 m lang: Norman Fosters Autobahnbrücke über den Tarn

Centre Georges Pompidou in Paris

Georges-Eugène Baron Haussmann. Heute sind sie aus dem Bild der Hauptstadt ebenso wenig wegzudenken wie das eigenwillige **Centre Georges Pompidou** (➤ 64f.) oder der offene Kubus aus weißem Marmor und Glas, den der dänische Architekt Otto von Spreckelsen als moderne Form des Triumphbogens (*Grande Arche*) für das Wohn- und Geschäftsviertel **La Defense** (1989) in einem westlichen Vorort schuf.

Projekte der Provinz

Auch die französische Provinz hat Anteil an spektakulären Bauten der Moderne: Der Wiederaufbau der Stadt **Le Havre** nach dem 2. Weltkrieg durch Auguste Perret wurde als einziges Ensemble des 20. Jhs. zum UNESCO-Welterbe erhoben, und die 1954 von Le Corbusier in Ronchamp im Osten Frankreichs errichtete Kapelle **Notre Dame du Haut** zählt zu seinen Meisterwerken. Ein interessanter Sakralbau jüngerer Zeit ist die zylindrische, durch eine schiefe Ebene durchbrochene, baumbekrönte **Cathédrale de la Résurrection** in Évry (1995) 22 km südlich von Paris, nach Entwurf des Schweizers Mario Botta.

Brücken in die Zukunft

Frankreichs Ingenieurwesen genießt gleichfalls einen guten Ruf – eines der spektakulärsten Bauwerke vergangener Jahrzehnte allerdings geht auf den britischen Star-Architekten Sir Norman Foster zurück: Dessen **Viaduc de Millau**, längste Schrägseilbrücke der Welt (2460 m) über den Tarn, genießt den Status einer Sehenswürdigkeit – mit 342 m höher als der Eiffel-Turm.

Auch französische Staatsoberhäupter versuchen gerne, sich durch markante Bauvorhaben zu verewigen – so war Ex-Präsident Nicholas Sarkozy Initiator des Mega-Stadtentwicklungs-Projekts **»Grand Paris«** als Großstadt der Zukunft, das um 2030 abgeschlossen sein soll.

Frankreich literarisch

Schriftsteller und Dichter genießen in Frankreich hohes Ansehen, vielerorts finden sich Gedenkstätten ihres Lebens und Wirkens. Insofern ist eine Tour durch die literarische Landschaft, mit einem Roman in Händen, ideale Ergänzung jeder Ferienreise.

Paris ist seit je bevorzugter Schauplatz französischer Romane, von denen manche sich geradezu als Stadtführer anbieten: Während **Victor Hugo** nämlich seinen Roman *Der Glöckner von Notre Dame* (*Notre Dame de Paris*, 1816) im Mittelalter ansiedelte, ließen **Honoré de Balzac** (*Szenen aus dem Pariser Leben*, 1837–1846), Gustave Flaubert (*Erziehung des Herzens*, 1869), **Guy de Maupassant** (*Bel Ami*, 1885) oder Marcel Proust ihre Protagonisten vorwiegend über die Pariser Boulevards flanieren.

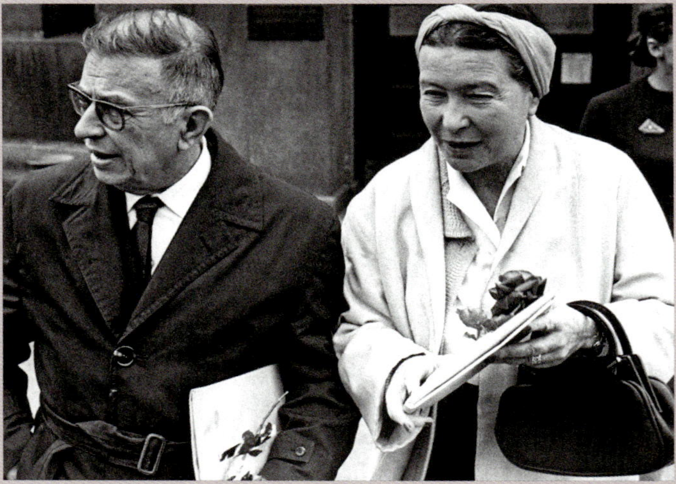

Jean Paul Sartre und Simone de Beauvoir (1965)

Françoise Sagan (1994)

Szenen aus dem Leben der Provinz

Teile des Monumentalwerks von **Marcel Proust** *Auf der Suche nach der verlorenen Zeit* (1913–1927) entstanden (und spielen) allerdings in mondänen Badeorten der Normandie, derselben Provinz, wo auch der aus Rouen stammende **Gustave Flaubert** die Ereignisse seines Sensationserfolges *Madame Bovary* (1856) ansiedelte. Aus der Franche-Comté stammt die Hauptfigur von **Stendhals** *Rot und Schwarz* (1830), und an der französischen Riviera erlebt ein gutes Jahrhundert später die Heldin von **Françoise Sagans** *Bonjour tristesse* (1954) Träume und Tränen der Liebe. Ohne die Sonne des französischen Südens undenkbar sind ihrerseits die teils autobiografischen Erzählungen von **Marcel Pagnol** (*Eine Kindheit in der Provence*, 1959) und **Jean Giono** (*Der Husar auf dem Dach*, 1955).

LITERATEN-CAFÉS

Eine zentrale Rolle im kulturellen Leben von Paris spielen seit dem ausgehenden 18. Jh. Literaten-Cafés – wobei das älteste, 1686 eröffnete »Café Procope« nahe dem Boulevard Saint-Germain-des-Prés, noch heute als Restaurant existiert (13 Rue de l'Ancienne Comédie; www.procope.com; Métro: Odéon). In Montmartre und Montparnasse, vor allem aber im selben Arrondissement bekam es im 20. Jh. Konkurrenz von legendären Adressen wie dem »Café de Flore« (172 Bld. Saint-Germain; www.cafedeflore.fr; Métro: Saint-Germain-des-Prés) oder »Aux Deux Magots« (6 Place Saint-Germain-des-Prés; www.lesdeuxmagots.fr; Métro: Saint-Germain-des-Prés), wo sich die Existenzialisten um ihre Idole **Jean-Paul Sartre** und **Simone de Beauvoir** scharten: Das Flair solcher Geistesgrößen ist dort bis heute spürbar.

FRANKREICH kulinarisch

Is(s)t man in Frankreich unterwegs, findet man meist ein Klischee bestätigt, das ganz einfach wahr ist: Die Franzosen lieben Essen und alles, was damit zu tun hat: Einkauf, Zubereitung, Genuss – und endlose Tischgespräche über kulinarische Sensationen.

Hypermarchés und Fast Food (vor allem bei der jüngeren Generation) gehören längst mit zum Bild des lukullischen Frankreich, doch letztlich bleibt die Präferenz für qualitätvolle Zutaten, die mit Hingabe und Geschick schmackhaft zubereitet werden, unerschütterlich. Nicht umsonst ist international noch immer der *Guide Michelin* gastronomisch Maß aller Bewertung.

Mahlzeiten dienen hier nicht einfach dem Wiederauffüllen des Magens, sondern sind stets eine Frage der Labsal an guten Dingen, einschließlich ausgiebiger Diskussionen mit Ober oder Wirt über die Provenienz des Fleisches oder angemessene Zubereitung. Und wer unzufrieden ist mit seinem Essen, lässt einfach den Teller zurückgehen.

Vielfalt als Geheimnis

Ideal erleben lässt sich die Leidenschaft der Franzosen für ihre Lebensmittel auf Märkten, wo die Kostbarkeiten verschwenderisch ausgebreitet sind und man ein offenes Ohr findet für Fragen nach einem besonderen Käse, eingelegten Schnecken oder anderen ausgefallenen Leckereien, deren Herstellungsart und Tradition.

Schier unermesslich erscheint der Reigen verführerischer Genüsse – General de Gaulle soll einst geseufzt haben, wie schwierig es sei, ein Land zu regieren, in dem es 246 verschiedene Sorten Käse gebe! Heute sind es in Frankreich um die tausend, und manche genießen ähnlichen »Artenschutz« wie Weine (mit AOP-Klassifikation), in bescheidenerer Form etwa auch dicke Bohnen, Kirschen oder Austern.

Regionale Spezialitäten

Ähnlich wie in Italien, wo die Spitzengastronomie sich vorübergehend ebenfalls international orientierte, geht nun auch in Frankreich der Blick wieder in Richtung heimischer Scholle: Angesagt sind Zutaten und Rezepte der Region, wie man sie unter dem Motto *Cuisine du terroir* serviert.

Speisen in exquisiten Restaurants ist natürlich teuer, doch muss man nicht zwangsläufig Gourmet-Tempel aufsuchen: Gerade auf dem Land gibt es viele kleine Lokale, wo man zu anständigen Preisen hervorragend isst. Und bei schönem Wetter steht einem allemal ein Picknick frei, ob der Korb im Grünen am Flussufer steht oder in einem der Pariser Parks – mit frischem Baguette, Pastete, Wurst und Schinken sowie einer Auswahl feinem Käse, abgerundet von einer guten Flasche Wein: *Bon appétit!*

Elsässische Köstlichkeiten auf dem Markt in Obernai (links).
Brasserie »Le Bibent« in Toulouse (oben)

Pioniere der **modernen Kunst**

Fast ein Jahrhundert lang, von Mitte des 19. Jhs. bis zum Zweiten Weltkrieg, kamen wesentliche Neuerungen der bildenden Kunst aus Frankreich – vom Impressionismus bis zum Surrealismus.

Als Geburtsjahr der modernen Kunst wird oft 1863 genannt, als **Edouard Manet** in Paris sein Gemälde *Frühstück im Grünen* ausstellte: das Bildnis zweier bekleideter Männer und einer nackten jungen Frau, das den Eindruck eines schamlosen Voyeurismus erweckte und offenkundig die Auffassung propagierte, ein Künstler könne darstellen, was und wie er wolle. Für nicht weniger Aufsehen sorgte 1872 **Claude Monet**, der seine Staffelei am Hafen von Le Havre aufbaute und die Ansicht, die sich ihm bot, mit flüchtigen Pinselstrichen auf die Leinwand bannte. Er nannte sein Werk,

Seerosenbilder von Claude Monet, Musée de l'Orangerie, Paris

***Vincent van Gogh*, Pastellzeichnung von Henri de Toulouse-Lautrec**

bewusst dessen skizzenhaften Charakter betonend, *Impression, soleil levant (Impression, Sonnenaufgang)*, und gab damit unwillkürlich einer ganzen künstlerischen Bewegung den Namen vor.

Auf subjektiven Eindruck statt wahrheitsgetreuer Darstellung der Realität kam es auch Monets Nachfolgern an, wobei **Edgar Degas** und **Henri de Toulouse-Lautrec** ihre Motive nicht in der Natur fanden, sondern den Tanz- und Amüsierbetrieb der Pariser Belle Époque in spontanen Szenen festzuhalten suchten.

Licht und Farbe

Das intensive Licht des Südens wiederum inspirierte Landschaften und Porträts von **Paul Cézanne** (*Mont St-Victoire*, vgl. ➤ 168) in einer Weise, die ihn zum Vorreiter der Kunst des 20. Jhs. erhob. Sonnenschein und lebhafte Farben der Provence spiegeln sich auch im Werk zweier anderer bedeutender postimpressionistischer Neuerer, dem von Südseekulturen inspirierten **Paul Gauguin** und dem Niederländer **Vincent van Gogh** (Abb. ➤ 59), die eine Zeit lang in Arles zusammen wirkten (➤ 156).

Zu Beginn des 20. Jhs. stufte ein Kritiker die farblich wie kompositorisch kühnen Gemälde von **Henri Matisse**, **André Derain** und deren Weggefährten als Werke »wilder Tiere« (*Fauves*) ein. Was ließ sich dann erst über **Georges Braque** sagen, der später in Paris mit dem Spanier **Pablo Picasso** den Kubismus einläutete, der alle traditionellen Darstellungsregeln außer Kraft setzte?

Hort der modernen Kunst

Paris zog noch in den 1920er-Jahren wie ein Magnet auch Künstler aus dem Ausland an – etwa den Belgier **René Magritte** oder die Katalanen **Salvador Dalí** und **Joan Miró**, die hier zu Mitbegründern und Meistern des Surrealismus wurden. Damals schien in der Kunst alles möglich, und der junge Dalí kann in Maßen repräsentativ gelten mit seiner Äußerung: »Der einzige Unterschied zwischen mir und einem Verrückten ist der, dass ich nicht verrückt bin.«

Frankreich blieb Trendsetter der modernen Kunst, bis 1939 der 2. Weltkrieg ausbrach, nach dessen Ende sich der Schwerpunkt auf die andere Seite des Atlantiks verlagerte. Noch heute künden in hochkarätigen Museen in Paris und anderswo im Land einst bahnbrechende Kunstwerke von dem einmaligen Kreativitätsschub, der hier acht Jahrzehnte lang geherrscht hatte.

C'EST CHIC

Hinter den Kulissen der Pariser Mode

Wohin auch die Wetterfahne der Mode an der Seine in der aktuellen Saison zeigt, eines bleibt hier immer gleich: das gewisse Etwas, das »je ne sais quoi« des Pariser Chics.

Unvergleichlich brachte es Coco Chanel einst auf den Punkt: »Mode vergeht, Stil bleibt!« Diesem Prinzip verdanken Traditionsmarken wie (Christian) Dior, Yves Saint-Laurent und Jean-Paul Gaultier den anhaltenden Erfolg ihrer *Haute-Couture*-Entwürfe. Nicht möglich wäre dieser allerdings ohne die hingebungsvolle Tätigkeit der *petits mains*, der »kleinen Hände« einer riesigen Schar von Näherinnen, Knopf- und Perlenmachern, Spitzenklöpplerinnen, Stickerinnen und weiterer hoch qualifizierter Kräfte, die die unentbehrlichen modischen Accessoires herstellen. Ihre Namen sind meist nur in Fachkreisen ein Begriff, wie der des Kunststickers François Lesage (1919–2011) – Inhaber eines 1924 von seinem Vater gegründeten Ladens für Perlen und Pailletten in der Rue St-Honoré: »Ich wurde sozusagen auf einem Haufen Perlen geboren.« Aufwendigste Stickereien aus seiner Werkstatt zieren Konfektionen der Häuser Dior, Balmain, Lacroix und Gaultier (www.lesage-paris.com).

Federn, Blumen, Hüte, Schuhe

Einen Namen mit Federn und Seidenblumen wiederum machte sich André Lemarié, der im Faubourg St-Denis u. a. für Chanel, Mugler, Nina Ricci, Valentino und Dior produziert – eine große Nummer in der Branche seit den Tagen von Charles Frederick Worth (www.lemarie-paris.fr). Spezialisiert auf Plissee ist Gérard Lognon in der Rue Danielle-Casanova, und als Hauptlieferant der Haute Couture für Hüte

Schaufenster in Paris (links). Schuhmodelle (unten). Laden der Modemacherin Sakina M'sa, Rue des Garde, Paris (rechts)

BEGRÜNDER DER HAUTE COUTURE
Ironischerweise gilt ein Engländer als Begründer der Haute Couture: **Charles Frederick Worth** (1826–1895) kam als Zwanzigjähriger von London nach Paris, wo er zunächst in der auf Seide spezialisierten Textilhandlung Gagelin beschäftigt war. Nach Auszeichnungen seiner Kreationen auf mehreren Weltausstellungen avancierte er ab 1858 mit eigenem Unternehmen (7 Rue de la Paix) zum Couturier der Prominenz.

Als Novum führte Worth, der sich mehr als Künstler denn als Handwerker empfand, die regelmäßige Vorstellung seiner Kollektionen von lebenden Modellen auf Modeschauen ein.

dient Patrice Wolfer in der Rue Ste-Anne, seit jeher ein Quartier der Hutmacherzunft. Für hochwertiges Schuhwerk sorgt Raymond Massaro (2 Rue de la Paix), Erfinder der berühmten beige-schwarzen Sandalette Coco Chanels.

Exklusives für die Happy Few

Ein ganz besonderer Aspekt der *Haute Couture* ist ihre streng begrenzte Klientel – nur etwa zweitausend Glückliche können sich derartige Schöpfungen leisten, bedeuten jedoch in der Regel für ein Modehaus nur etwa sechs Prozent seines Umsatzes. Schon ein durchschnittliches Kleidungsstück, das mindestens hundert Stunden Handarbeit beansprucht (bei drei, vier Anproben), kostet etwa 8000 €, ein Abendkleid meist ein Vielfaches.

Regelmäßig präsentiert werden die extravaganten Kostbarkeiten, gemeinsam mit den weniger exklusiven *Prêt-à-Porter*-Kollektionen, jeweils im Januar und Juli auf Modenschauen im Carrousel du Louvre. Zugegen sind für gewöhnlich etwa zweitausend Journalisten und achthundert Kauflustige, die Atmosphäre ist prickelnd und Eintrittskarten sind rar. Ein paar Sitze sind stets reserviert für die *petits mains* – die hier erleben können, wie den Früchten ihrer Arbeit, präsentiert von internationalen Top-Models, rauschender Beifall zuteil wird.

Im Bann der COMICS

Bildergeschichten besitzen in Frankreich Tradition – sie erfreuen sich großer Popularität und Wertschätzung als eigenständige Kunstform, die Klassiker wie Asterix hervorbrachte.

In Frankreich und Belgien spielten Comic-Strips (*Bandes Dessinée:* BD) schon vor dem Krieg eine bedeutende Rolle: Bereits in den 1930er-Jahren veröffentlichte der Belgier Georges Remi (Pseud.: **Hergé**) die ersten Abenteuer von *Tintin*, die in Deutschland als *Tim und Struppi* bekannt wurden.

Ein Welterfolg wurden in der Nachkriegszeit die Geschichten um den Cowboy *Lucky Luke*, getextet von **René Goscinny**, der Ende der 1950er-Jahre gemeinsam mit dem Zeichner **Albert Uderzo** den Inbegriff aller französischen Comics aus der Taufe hob: den Gallier *Asterix*.

Zu cineastischen Ehren brachte es in den 1960ern die (Brigitte Bardot nachempfundene) *Barbarella* von **Jean-Claude Forest** (1968 in Roger Vadims Film verkörpert von Jane Fonda) – als sich die BD von US-amerikanischen Vorbildern lösten. Prominenter Vertreter des neuen, kunstvollen Stils war Jean Giraud (1938–2012, Pseud.: **Moebius**), der mit dem Westernhelden *Leutnant Blueberry* eine große Fangemeinde eroberte (➤ links).

Moebius war regelmäßig auf dem seit 1974 jährlich stattfindenden *Festival International de la Bande Dessinée d'Angoulême* vertreten (www.bdangouleme.com), dem wichtigsten Comic-Festival Europas und Forum seiner führenden Vertreter.

Einen stilprägenden Beitrag zur jüngeren französischen Comic-Kultur leistete 2001 die in Frankreich lebende Exil-Iranerin **Marjane Satrapi** mit der Graphic Novel *Persepolis*, die sich mit der Unterdrückung der Frau in der heutigen persischen Gesellschaft auseinandersetzt.

Jean Giraud alias »Moebius« (2001)

Erster Überblick

Ankunft 32
Unterwegs in Frankreich 33
Übernachten 36
Essen und Trinken 38
Einkaufen 41
Ausgehen 42

Ankunft

Frankreich ist per Auto und Zug leicht zugänglich an all seinen Grenzen (zu Deutschland, Belgien, Luxemburg, der Schweiz, Italien, Spanien und Andorra), per Flugzeug über eine ganze Reihe internationaler Airports. Von Düsseldorf, Berlin, Hamburg und Neu Isenburg fahren noch DB-*Autoreisezüge* nach Narbonne im französischen Süden.

Ankunft in Paris mit dem Flugzeug

Paris – Charles de Gaulle (CDG)

- Die meisten internationalen Flüge nach Paris landen auf dem Flughafen **Charles de Gaulle** (CDG, Tel. 01 48 64 95 55; www.aeroportsdeparis.fr) in Roissy (23 km NO des Zentrums), mit drei Terminals, Restaurants, Banken und Autoverleih. Lufthansa-Flüge werden an T1 abgefertigt.
- Die **Taxifahrt** in die Innenstadt dauert 30–60 Min. und kostet etwa 60 €.
- Preiswertester Transfer in die Stadt sind die **Züge** der **RER-Linie B** (Fahrzeit 35 Min.; Fahrpreis um € 9), die von 5.30–0.15 Uhr zur Gare du Nord, Châtelet und St-Michel verkehren.
- **Shuttle-Busse** der Air France fahren von T1 und T2 zum Étoile (Linie 2; 17 €) oder via Gare de Lyon zur Gare de Montparnasse (Linie 4, 5–24 Uhr, 45–60 Min.; 17,50 €; www.lescarsairfrance.com). Linie 3 (21 €) verbindet CDG mit dem Flughafen Orly. Der **RoissyBus** verkehrt von allen Terminals zur Opéra (6–23 Uhr, 60 Min; 11 €; www.ratp.fr/de/).

Paris – Orly (ORY)

- Der Flughafen **Orly** (ORY, Tel. 01 49 75 15 15; www.aeroportsdeparis.fr) mit zwei Terminals, 14 km SO der Stadt, fertigt gleichfalls internationale Flüge ab (u. a. Air Berlin).
- Mit dem **Taxi** kommt man schnell ins Zentrum (15–30 Min.; 40 €).
- Günstiger sind der **Orlybus** zur Métro-Station Denfert-Rochereau (30 Min.; 7 €; www.ratp.fr/de/ratp/r_61848/orlybus/) oder die **Shuttle-Busse** der Air France zum Étoile via Gare de Montparnasse/Invalides (Linie 1, 30 Min.; 12,50 €; www.lescarsairfrance.com).
- Die führerlose private Métro **Orlyval** verbindet die Terminals Sud und Ouest mit der RER-Station Antony (35 Min.; 11,65 €; www.orlyval.com).

Ankunft in Paris mit dem Zug

Aus Deutschland bestehen Direktverbindungen nach **Paris Gare de l'Est/ Gare du Nord** mit **ICE/TGV**-Zügen, von Frankfurt a. M. (3,5 Std.), Stuttgart (3,4 Std.) oder München (6,15 Std.). Der **Thalys** benötigt von Essen (über Düsseldorf, Köln, Aachen) 5 Std. Auch von Zürich/Basel verkehren Hochgeschwindigkeitszüge. Alle sechs großen Pariser Bahnhöfe (einige mit Filialen der Touristen-Information) sind an das Métro-Netz angebunden.

- **Touristen-Information** (Zentrum) ✉ 25–27 Rue des Pyramides, 75001 ☎ 08 92 68 30 00; www.parisinfo.com (mit Infos auf Deutsch) 🕘 tägl. 9/10–19 Uhr 🚇 Métro: Pyramides

Ankunft in Strasbourg

- Der Straßburger Flughafen **Aéroport International Strasbourg** (SXB, Tel. 03 88 64 67 67; www.strasbourg.aeroport.fr) liegt 12 km SW in Entzheim.
- Ein **Taxi** ins Zentrum kostet um 25 € (Fahrzeit ca. 15 Min.). Vom 5 Min. Fußweg entfernten Bahnhof von Entzheim gelangt man per **Zug** in die Stadt (5–21 Uhr, 15 Min.). Mit der Kombi-Fahrkarte **Tram + TER** des

Transport Express Régional Alsace kann man **Öffentliche Verkehrsmittel** (Straßenbahn + Regionalzug) zwischen Flughafen und Innenstadt nutzen (4,10 €; nach Abstempeln 90 Min. gültig).

- Am Hauptbahnhof **Gare de Strasbourg** (www.gare-strasbourg.fr) halten viele **ICE/TGV** aus Deutschland (von Karlsruhe über Kehl: etwa 1 Std.) und der Schweiz.
- **Touristen-Information** ✉ 17 Place de la Cathédrale, 67082 ☎ 03 88 52 28 28; www.ot-strasbourg.fr ⌚ tägl. 9–19 Uhr

Ankunft in Marseille

- Der **Aéroport Marseille-Provence** (MRS), auch Marseille-Marignan (Tel. 04 42 14 14 14; www.marseille.aeroport.fr) liegt 30 km NW der Stadt.
- Ein **Taxi** ins Zentrum kostet etwa 40 € (Fahrzeit ca. 30 Min.), alle 15 Min. verkehren **Busse** zur Gare Saint-Charles (knapp 30 Min.; 8,50 €).
- Der **Bahnhof Marseille Saint Charles** ist per **TGV** aus Deutschland (direkt von Frankfurt über Kehl, Lyon, Avignon, Aix-en-Provence: ca. 8 Std.) und der Schweiz leicht erreichbar.
- **Touristen-Information** ✉ 4 La Canebière, 13001 ☎ 0826 500 500; www.marseille-tourisme.com ⌚ tägl. 9/10–17/19 Uhr

Ankunft in Toulouse

- Der **Aéroport Toulouse-Blagnac** (TLS, Tel. 08 25 38 00 00; www.toulouse.aeroport.fr) liegt 8 km NW der Stadt.
- Ein **Taxi** ins Zentrum kostet ab 25 € (Fahrzeit ca. 20 Min.), alle 20 Min. verkehren auch **Busse** dorthin (20 Min.; 5 €).
- **Touristen-Information** ✉ Donjon du Capitole, 31080 ☎ 05 61 11 02 22; www.toulouse-tourisme.com ⌚ tägl. 9/10–17/18/19 Uhr, Nebensaison Sa, So mit Mittagspause

Ankunft in Lyon

- Der **Aéroport Lyon Saint-Exupéry** (LYS, Tel. Inland: 08 26 80 08 26, Ausland: 33 426 007 007; www.lyonaeroports.com) liegt 25 km O der Stadt.
- Ein **Taxi** ins Zentrum kostet ab 40 € (Fahrzeit ca. 20 Min.), alle 20 Min. fahren **Busse** dorthin (40–50 Min.).
- Vom Flughafen verkehren auch Züge zum Bahnhof **Lyon Part-Dieu** (wo auch **TGV** aus Deutschland und der Schweiz halten).
- **Touristen-Information** ✉ Place Bellecour, 69002 ☎ 04 72 77 69 69; www.lyon-france.com ⌚ tägl 9–18 Uhr

Unterwegs in Frankreich

Frankreich ist bestens erschlossen durch ein gut ausgebautes Netz von Autobahnen *(Autoroutes)*, ebenso auf der Schiene mit mehreren Hochgeschwindigkeitslinien, sodass man rasch und problemlos in alle Landesteile gelangt.

Inlandsflüge

- Die größte französische Fluggesellschaft **Air France** (www.airfrance.com) verbindet 16 größere französische Städte mit Paris–Charles de Gaulle in Roissy und 14 mit Paris–Orly (Flugzeit max. 1 Std.).
- Allgemeine **Informationen** zu weiteren **Flughäfen** unter www.aeroport.fr

Mit dem Zug

- Der Zugverkehr in Frankreich wird (in der Regel schnell und komfortabel) unterhalten von der staatlichen *Société Nationale des Chemins de Fer Français* (**SNCF**, Tel. 3635; www.sncf.com). Deutschsprachige Auskunft: www.tgv-europe.de und im Straßburger Callcenter der SNCF, Tel. +33 892 35 35 36.
- Der Hochgeschwindigkeitszug **TGV** *(Train à Grande Vitesse)* verbindet Städte und größere Ortschaften mit bis zu 300 km/h. ***TGV Sud-Est*** (Paris, Gare de Lyon) nach Dijon, Lyon, Grenoble, Avignon, Montpellier/Perpignon bzw. Marseille/Nizza; ***TGV Atlantique*** (Paris, Montparnasse) in die Bretagne und zum Atlantik; ***TGV Nord*** (Paris, Gare du Nord) nach Lille, Calais, Boulogne. Grenzüberschreitende Verbindungen nach Deutschland über Belgien, Niederlande ***(Thalys)*** und Luxemburg ***(POS)*** sowie in die Schweiz (Lyria).
- **Corail-**Schnellzüge *(Confort sur Rail)* bedienen lange Distanzen *(Grandes Lignes)*, der **TER** *(Transport Express Régional)* kürzere innerhalb einer Region *(Lignes Régionales)*.
- Zwischen größeren Städten verkehren **Nachtzüge** unterschiedlicher Kategorien, mit Schlafsesseln (nur 2. Klasse), als *Couchette* (Liegewagen mit 4–6 Plätzen pro Abteil) oder Schlafwagen (2–3 Plätze pro Abteil). Es gibt von Paris auch **Autozüge** beispielsweise nach Toulouse, Narbonne, Avignon oder Nizza, die allerdings keine Passagiere befördern.
- **Fahrkarten** erwirbt man an den Schaltern der SNCF, Automaten auf Bahnhöfen, in Reisebüros oder online (entweder direkt bei der SNCF: de.voyages-sncf.com/de oder beim iDTGV-Service: www.idtgv.com).
- **Reservierung** ist für TGV-Züge obligatorisch. Die meisten Züge führen 1. und 2. Wagenklasse. Vor Fahrtantritt erfolgt die **Entwertung** der Fahrkarte an den orangefarbenen Automaten am Gleis.
- Es gibt **Ermäßigungen** für Kinder und Jugendliche *(Carte Enfant, Carte 12–17, Carte 18–27)* sowie Senioren über 60 *(Carte Senior)* und **Frühbucherrabatte** (Infos unter www.sncf.com/de/preisnachlasse/sondertarife). Ansonsten gelten in Frankreich auch generelle Vergünstigungen wie Rail Europe (www.raileurope.com).
- Der **SNCF-Gepäck-Service** holt Gepäckstücke im Hotel ab und besorgt deren Transport zum nächsten Reiseziel – entsprechende Vereinbarungen trifft man bei der Platz-Reservierung oder telefonisch unter 3635 beim *Service pratique* bzw. *Service bagage* der SNCF.

Überlandbusse

- Die SNCF-TER unterhält auch Verbindungen mit Bussen, die am meist dem SNCF-Bahnhof benachbarten **Busbahnhof** *(Gare routière)* abfahren. Ein weiterer Anbieter ist **Eurolines** (Tel. 08 92 89 90 91; www.eurolines.fr), mit Verbindungen zwischen französischen Städten und ins europäische Ausland.

Taxis

- **Taxifahren** ist in Frankreich bequem und relativ teuer, mit Grundgebühr je nach Kilometerzahl und Tageszeit, Zuschlägen für Gepäck, Nachtfahrten etc. (Tarifauskunft unter www.taxis-de-france.com). Während der Fahrt sollte das Taxameter *(compteur)* eingeschaltet sein. **Taxi-Stände** in den Städten erkennt man am blauen Quadrat als Hinweiszeichen.

- Manche Taxifahrer akzeptieren **Bezahlung** mit Bank- oder Kreditkarte, sicherheitshalber sollte man das Fahrgeld jedoch in bar bereithalten – zzgl. etwa 15 % **Trinkgeld**.

Mit dem Auto

- Frankreich ist großräumig erschlossen über ein exzellentes Netz von **Autobahnen** (***Autoroutes***, durch blauweiße Wegweiser mit »A« gekennzeichnet), das fächerförmig von Paris ausgeht. Auf den meisten besteht **Mautpflicht** *(péage)*, als ausländische Kreditkarten werden Visa und Mastercard akzeptiert, doch keine Bankkarten (Gebührenrechner: www.autoroutes.fr). **Wichtige Strecken**: A1 *du Nord* (Paris–Lille), A4 *de l'Est* (Paris–Straßburg) oder A6 *du Soleil* Richtung Riviera/Alpen (Paris–Lyon).
- Die Hauptlast des überregionalen Autoverkehrs jedoch tragen die **Nationalstraßen** (***Routes Nationales***, »N«, grün-weiße Wegweiser, rot-weiße Kilometersteine), gefolgt von den **Landstraßen** (***Routes Départementales***, »D«, gelbe Schilder, gelb-weiße Kilometersteine), alle für gewöhnlich in gutem Zustand.
- Wer mit dem eigenen Auto nach Frankreich fährt, sollte außer Personalausweis/Reisepass folgende **Dokumente** dabei haben: seinen Führerschein, außerdem Fahrzeugschein und Grüne Versicherungskarte. (Letztere ist nicht mehr vorgeschrieben, wird jedoch zur reibungslosen Abwicklung von Schadensfällen empfohlen.) Auf dem **Nummernschild** (oder durch einen zusätzlichen Aufkleber) muss zudem die nationale Herkunft des Wagens erkennbar sein. Für den Fall einer Havarie müssen **Warndreieck** und **Warnweste** griffbereit mitgeführt werden.

Straßenverkehrsordnung

- Zum Führen eines Kfz muss man mindestens **18 Jahre** alt sein, mindestens 21, um eines zu mieten.
- Als **Höchstgeschwindigkeit** gilt 50 km/h innerhalb von Ortschaften, 90 km/h auf Land- und Nationalstraßen (80 km/h bei Regen), 130 km/h (100 km/h) auf autobahnähnlichen Schnellstraßen und auf Autobahnen (dort bei Regen 110 km/h). Für Fahrer, die weniger als zwei Jahre im Besitz der Fahrerlaubnis sind, gelten dieselben Geschwindigkeitsbeschänkungen wie bei Nässe. Geschwindigkeitsübertretungen von über 30 km/h werden mit Prozess und Geldstrafe geahndet.
- Auch in Frankreich ist das Anlegen des **Sicherheitgurts** obligatorisch. **Kinder** unter 10 Jahren müssen hinten sitzen.
- **Motorradfahrer** müssen einen Helm tragen und auch tagsüber mit Abblendlicht fahren.
- **Telefonieren** am Steuer ist wie in Deutschland nur mit Freisprecheinrichtung erlaubt.
- Das Prinzip der Vorfahrt von rechts *(priorité à droite)* gilt nicht im **Kreisverkehr**, sofern an der Einfahrt ein Schild *Cédez le passage* oder *Vous n'avez pas la priorité*, steht.
- Durchgehende **Begrenzungslinien** in der Straßenmitte dürfen nicht zum Überholen gequert werden.
- Die **Alkohol**-Grenze am Steuer liegt bei 0,5 Promille, und es muss ein einsatzbereites Einweggerät zur Messung des Atemalkohols *(Éthylotest)* mitgeführt werden (erhältlich an Tankstellen und Raststätten sowie in Apotheken).
- **Benzin** gibt es bleifrei *(SP: sans plomb*; 95 und 98 Oktan), als Super (98 Oktan) und Diesel *(gasoil* oder *gazole)*. **Autogas** (LPG), das in

Frankreich als GPL *(Gaz de Pétrole Liquéfié)* bezeichnet wird, erhält man dort an über 1700 Stationen (http://stations.gpl.online.fr). Viele **Tankstellen** haben sonntags und werktags nach 18 Uhr geschlossen, rund um die Uhr tanken kann man (per Bank- und Kreditkarte mit Mikrochip) an automatischen Zapfsäulen.

Mietwagen

- **Dokumente:** Voraussetzung ist meist ein Alter von 21 (bei manchen Vermietern 25) Jahren und mindestens einjähriger Besitz der Fahrerlaubnis. Neben dem Führerschein ist eine Kreditkarte erforderlich.
- Wichtige internationale **Auto-Vermieter** wie Europcar, Avis und Hertz sind in Frankreichs größeren Städten, an Flughäfen und wichtigeren Bahnhöfen vertreten. Die meisten ermöglichen die Rückgabe des Wagens an anderen Destinationen.

Öffentlicher Nahverkehr

- Die Sehenswürdigkeiten in französischen Städten lassen sich meist gut zu Fuß erkunden, und die historischen Zentren verfügen für gewöhnlich über Fußgängerzonen. In Paris, Lyon, Marseille, Toulouse und Lille gibt es U-Bahnen oder Straßenbahnen.

In Paris

- Staatlicher Betreiber des öffentlichen Nahverkehrs (mit Métro, Bussen und RER-Zügen, s. unten) ist die ***Régie Autonome des Transports Parisiens*** (**RATP**). Auf deren Website (www.ratp.fr) erhält man auch deutschsprachige Auskünfte zum Pariser Nahverkehr und kann Fahrscheine online erwerben (auch für den Flughafen-Transfer).
- **Fahrkarten** gelten im Stadtzentrum gleichermaßen für Métro, Busse und RER-Züge. Erhältlich sind sie in U-Bahnhöfen, im Bus (nur einfache Fahrt) und an Kiosken
- Die Züge der **Métro** verkehren vom frühen Morgen bis nach Mitternacht – Übersichtpläne mit dem farbig kodierten Liniennetz sind kostenlos erhältlich, die U-Bahnstationen von Weitem kenntlich am großen M.
- Fast ebenso dicht ist das **Zug-Netz** des **RER** *(Réseau Express Régional)*, der in fünf Linien (A bis E) den Großraum Paris bedient.
- Auch mit **Bussen** lässt sich Paris gut erkunden – sie fahren von 7 Uhr früh bis 20.30 Uhr, manche Linien bis 0.30 Uhr. Bei Fahrtantritt muss oft die Fahrkarte am Automaten beim Fahrer entwertet werden.
- **Linienschiffe** *(Navettes)* von **Batobus** (www.batobus.com) verkehren täglich auf der Seine (Sept.–April 10–19 Uhr, alle 25 Min., Hochsommer bis 21.30 Uhr, alle 20 Min.), mit Anlegern u. a. bei Tour Eiffel, Musée d'Orsay, Notre-Dame und Louvre. Tagespass 16/10/7 €.

Übernachten

In Frankreich findet man Übernachtungsoptionen für jeden Geschmack und Geldbeutel, wobei internationale Ketten wie Best Western, Hilton und Holiday Inn zahlreich vertreten sind. Mehr französische Authentizität und Atmosphäre bieten einheimische Etablissements, sei es ein alteingesessenes Luxushotel, eine familiengeführte *Auberge* oder Ferienwohnung.

Hotels

- Hotels werden in Frankreich in sechs **Kategorien** (0–★★★★★) klassifiziert. Preisangaben beziehen sich gewöhnlich auf das Zimmer (nicht auf die Anzahl der Personen), das Frühstück wird meist separat berechnet. Gegen geringen Aufpreis werden gerne zusätzliche Betten aufgestellt.
- Kleinere, oft familiengeführte Hotels und Pensionen umfasst der Verband **Logis de France**, mit gutem Preis-Leistungs-Verhältnis, anständigem Komfort und gewissem Charme (der sich mitunter über ein hauseigenes Restaurant entfaltet). Fahrradreisenden und Wanderern steht in der Regel ein **Gepäcktransport-Service** von Logis zu Logis zur Verfügung. Die einzelnen Häuser werden nicht mit Sternen kategorisiert, sondern mit Schornsteinen und zuweilen zusätzlichen Klassifikationen wie *Logis de Caractère* (Häuser mit besonderem Charme) oder *Logis Bacchus* (empfohlen für Weinliebhaber). Information unter www.logishotels.com/de.html und über die Touristen-Informationen.
- Anspruchsvolle Zeitgenossen kommen in teils legendären alten **Luxusherbergen** auf ihre Kosten, wie dem *Ritz* an der Pariser Place Vendôme (www.ritzparis.com) oder dem *Hotel Negresco* in Nizza (➤ 173). Wer weniger auf den Charme der Belle Époque aus ist, sondern auf Zeitgenössisches, kann absteigen im dortigen *Hi-Hotel*, wo Felsen-Pools und Plasma-Bildschirme das Ambiente bestimmen (www.hi-hotel.net). Feudal residieren lässt es sich in den Häusern der Kette Relais & Châteaux (www.relaischateaux.com), gemütlich in kleinen Boutique-Hotels, wie sie etwa unter dem Label »Hôtels de Charme« auftreten.

Privatunterkünfte

- In **Privatzimmern *(Chambres d'hôtes)*** gewinnt man den intensivsten Kontakt zum Lebensstil des Gastlandes, sei es auf einem Château oder in einem Bauernhof.
- Viele dieser Adressen sind, wie Ferienhäuser und -wohnungen, organisiert bei **Gîtes de France**, je nach Ausstattung mit einem bis vier Maiskolben kategorisiert (www.gites-de-france.com).
- Auf höchstem Niveau kann man sein Haupt zur Ruhe betten als Gast eines in Privatbesitz befindlichen **Schlosses** an der Loire – vermittelt von Bienvenue au Château (Centre d'Affaires Les Allizés, La Rigourdière, 35510 Cesson Sevigne; www.bienvenueauchateau.com).

Jugendherbergen

- Rund 200 Jugendherbergen *(Auberges de Jeunesse)* stehen in Frankreich auch ausländischen Interessenten mit Mitgliedsausweis (mit Foto) zur Verfügung. Auskunft erteilt die **Fédération Unie des Auberges de Jeunesse** (FUAJ), 27 Rue Pajol, 75018 Paris (Tel. 01 44 89 87 27; www.fuaj.org).

Camping

- Campen ist sehr beliebt in Frankreich, wovon über 9000 bestens ausgestattete **Campingplätze** und 2300 entsprechende Bauernhöfe zeugen. Kategorisiert sind sie ähnlich wie Hotels mit einem Sterne-System, von einfach (Elektrizität, Dusche, Toiletten) bis luxuriös (mit Swimmingpools und Sportstätten, Restaurants, Bars und Kinder-Clubs). Bei manchen muss man nicht einmal sein eigenes

Zelt mitbringen, weil einen fertig vorinstallierte Zelte oder Wohnwagen erwarten, komplett eingerichtet mit Küche, Kühlschrank und Betten.

- Bei Reisen in der Hochsaison von Mai bis September empfiehlt sich rechtzeitige **Vorausbuchung** (in Südfrankreich auch im April und Oktober). Auskunft des nationalen Verbands **Camping France** unter www.campingfrance.com.
- Am Strand oder Straßenrand sind Campen und das Parken von Wohnmobilen verboten. Bei der Vermittlung von **Stellplätzen** auf Camping-Arealen sind jedoch die örtlichen Touristenbüros stets gerne behilflich, im Notfall auch die Polizei. Viele Gemeinden verfügen über eigene Stellplätze ***(Aires de Service)***, wo man gratis oder gegen geringe Gebühr sein Wohnmobil nachts abstellen darf.

Zimmersuche

- Hat man nicht vorab reserviert, wendet man sich an die örtliche **Touristen-Information**, wo es Unterkunftsverzeichnisse mit Preisangabe gibt. In kleineren Orten schaut man sich am besten auf dem Hauptplatz um: Dort findet sich gewöhnlich die größte Konzentration an Hotels und Pensionen.
- Beim **Einchecken** muss man in der Regel seine Ausweispapiere vorlegen und ein Formular ausfüllen. Vor allem bei preisgünstigen Unterkünften erst das Zimmer ansehen, bevor man es bucht.
- **Auschecken** muss man gewöhnlich um 10 oder 11 Uhr vormittags.

Zimmerpreise

- Zimmerpreise schwanken oft saisonbedingt: Landesweit ist Juli bis September **Hauptsaison** (mit entsprechend höherem Preisniveau), in Südfrankreich von April bis Oktober. In Paris hingegen bieten manche Hotels im Juli/August, wenn die Sommerhitze am stärksten auf der Stadt lastet und die viele der Einheimischen aufs Land fliehen, günstige Tarife an.

Übernachtungspreise
Die Preise beziehen sich auf ein Doppelzimmer pro Nacht:
€ unter 120 Euro **€€** 120–220 Euro **€€€** über 220 Euro

Essen und Trinken

Nirgends wird Essen mit soviel Stolz und Hingabe zelebriert wie in Frankreich. Das Spektrum reicht vom örtlichen Bistro, das anhand regionaler Spezialitäten Gelegenheit bietet, sich genussvoll auch mit französischer Esskultur an sich vertraut zu machen, bis zur Sterneküche – entsprechende Gourmettempel findet man nicht nur in Paris, sondern über das ganze Land verteilt.

Küche der Regionen

- Im **Nordwesten** (Bretagne, Normandie und Loire-Tal) liebt man frisch gebackene Pfannkuchen – *Crêpes* und herzhaftere Buchweizen-*Galettes*, süß (mit Schokolade) oder pikant gefüllt (mit Käse, Schinken oder Räucherfisch). *Moules marinières* (Muscheln in Weißwein) sind an den Küsten ein Gedicht, ebenso Jakobsmuscheln *Coquilles St-Jacques* in verschiedensten Zubereitungsformen, dekorativ in der Schale serviert, Langusten *(langoustes)*, Garnelen *(crevettes)* und natürlich Austern *(huîtres)*. Beliebt ist Rinderfilet *Châteaubriand*, ein Doppellendenstück mit delikater Weißweinsauce, oder die kräftig gewürzte »normannische« *Sauce normande*, die zu Fisch und Fleisch gereicht wird. Unter den Desserts ein Muss: der »kopfüber« gebackene Apfelkuchen *Tarte tatin* mit Karamell.

- Im **Nordosten**, Elsass und Lothringen dagegen isst man eher Deftiges: *Choucroute garnie* (Sauerkraut und Salzkartoffeln zu einer Schlachtplatte mit Würsten, Schweinefleisch und rohem Schinken), Fleischeintöpfe wie *Baeckeoffe* (mit Kartoffeln, Zwiebeln, Weißwein) oder das »flämische« Gulasch *Carbonnade flamande* (mit Bier und Innereien). Weltbekannt ist die tarteartige Lothringer *Quiche Lorraine* (mit Eiermilch, Speck und Käse), als Backwerk beliebt der elsässische *Kugelhopf*, süß oder pikant (mit Speck und Nüssen).
- Im **Burgund** und **nördlichen Rhône**-Gebiet weiter im Landesinneren wird Fleisch in Wein geschmort, als *Bœuf bourguignon* (Charolais-Rind in rotem Burgunder) oder *Coq au vin* (Schmorhuhn, ein Nationalgericht). »Schnecken auf Burgunder Art« *(Escargots à la bourguignonne)* serviert man in Pfännchen mit Knoblauch-Petersilienbutter, in den Ardennen häufig helle Blutwurst *(Boudin blanc)*.
- In **Jura** (Franche-Comté) und **Französischen Alpen** (im äußersten Osten) liebt man *Fondues*: Würfel aus Weißbrot in geschmolzener Käse-Wein-Masse *(au fromage)* oder aus Fleisch in Öl *(bourguignonne)* an diversen pikanten Dips. Auch Kartoffel-*Gratins* sind populär: *dauphinois* (feine Scheiben mit Milch, Sahne und Muskat) oder *savoyard* (»nach Art von Savoyen«, mit Käse).
- Im **Südwesten** (Aquitaine, Midi-Pyrenées) findet man Zubereitungsformen »nach Art der Landes« *(à la landaise*: mit Gänseschmalz, Bayonne-Schinken und Pilzen), »von Bordeaux« *(à la bordelaise*: mit Rotwein, Charlotten, Kräutern), »des Périgord« *(à la périgourdine*: mit Trüffeln) oder »des Baskenlands« *(à la basquaise*: mit Bayonne-Schinken, Paprika, Tomaten, Knoblauch). Ente isst man als *Magret* (Entenbrust) oder *Confit de canard* (Entenklein, eingemacht mit pikanten Gewürzen im eigenen Fett). Eine wegen quälerischer Stopfmast außerhalb Frankreichs umstrittene Delikatesse ist *Foie gras* (Fettleber von Gans oder Ente).
- Die Küche des **Südostens** um die **Mittelmeer**-Küste auf Basis von Olivenöl und Tomaten atmet die Aromen des Südens mit Rosmarin, Thymian und Knoblauch und Klassikern der Provence: *Salade niçoise* (grüner Salat mit Thunfisch, Zwiebel, Ei, Oliven), *Ratatouille* (mit Tomaten geschmortes Gemüse) – und *Bouillabaisse*, eine reichhaltige Fischsuppe mit Safran und gelbroter Koblauchmayonnaise *(Rouille)*. Ein Eintopf des Languedoc ist *Cassoulet* aus weißen, Bohnen, Speck, Schweinpökelfleisch und Würstchen.

Typologie der Restaurants

- Mindestens ein ausgezeichnetes **Restaurant** (mit polierten Gläsern, leinener Tischwäsche und formvollendetem Service) findet man in jeder Stadt, meist zu besonderen Anlässen oder Familienfeiern frequentiert. Hier ist Reservierung üblich, formelle Kleidung und natürlich Zeit, jeden Gang zu würdigen. Restaurantführer mit *Haute-Cuisine*-**Bewertung**

(Michelin: Sterne; Gault-Millau: Hauben) listen Gourmet-Tempel auf, die mittags oft günstig mehrere Gänge anbieten oder **Degustations-Menüs** *(menu dégustation)* – Gelegenheit, für das Restaurant typische Gerichte (teils mit Weinen) zum Festpreis zu probieren. Auch Häusern des Logis de France-Verbands (➤ 37) sind häufig gute Lokale angeschlossen.

- Formloser geht es in **Brasserien** (»Bierstuben«) zu, die bei langen Öffnungszeiten rustikale Hausmannskost servieren, wie Steak mit Bratkartoffeln *(steak-frites)* oder Schlachtplatte mit Sauerkraut *(choucroute garnie)*.
- **Bistros**, kleiner und schlichter ausgestattet (mit fließender Grenze zum Café), verfügen über ein überschaubares Angebot regionaler Gerichte und eine kleine Weinkarte.
- Franzosen nehmen ihre Hauptmahlzeit meist zu Mittag ein, weshalb man zu dieser Zeit oft ein günstiges **Tagesmenü** *(menu du jour)* mit zwei, drei Gängen (und Wein) zu einem wesentlich günstigeren Preis als am Abend erhält. Eine gute Alternative sind auch die erwähnten ***Prix-fixe***-Menüs.
- **Öffnungszeiten** von Restaurants sind in der Regel 12–14.30 und 19–22 Uhr, in Urlaubszeiten zuweilen länger. Oft sind sie Sa und Mo mittags und So abends geschlossen. Viele Pariser Restaurants machen **Ferien** während der Sommermonate Juli/August, einige Häuser an der Südküste im November und zu Ostern.
- Rechnungen enthalten meist eine **Service**-Pauschale *(s. c.: service compris)*. Den Betrag aufzurunden ist unüblich, **Trinkgeld** *(pourboire)* lässt man nach dem Bezahlen in Münzform oder kleinen Scheinen (5–10 %) auf dem Tisch liegen.

Getränke – Für die kleine Pause

- Franzosen sitzen gern in **Café** oder **Bar** (Mischung aus Café und Kneipe), wo man mit Muße die Blicke schweifen lässt. Draußen auf der Terrasse zahlt man oft mehr. Serviert werden neben Kaffee und Tee Softdrinks, Wein und Bier – neben einer Auswahl kleiner Gerichte.
- **Öffnungszeiten:** Oft wird bereits ab 7 Uhr Frühstück serviert und bei durchgehendem Betrieb erst nach 21 Uhr geschlossen.
- Zu den typischen **Getränken** gehört erfrischender *Citron pressé* (gepresster Zitronensaft mit Soda, den man selbst zuckert). Mineralwasser in Flaschen *(eau)* gibt es mit *(gazeuse)* oder ohne Kohlensäure *(non-gazeuse)*. Französisches *Bière* ähnelt den hellen belgischen oder deutschen Lagerbieren, während man Apfelwein *(cidre)* in den Anbaugebieten der Normandie ausschenkt.
- Rote *(vin rouge)* und weiße **Weine** *(vin blanc)* sind quasi Nationalgetränk und in einer schier endlosen regionalen Vielfalt erhältlich (vgl. ➤ 15ff.), meist eine ordentliche Wahl der jeweilige »Hauswein« *(vin ordinaire, vin de table)*. Ebenfalls nicht zu verachten die breite Palette regionaler **Spirituosen** mit Schnäpsen und Likören wie Bénédictine, Calvados, Cognac, Armagnac oder Chartreuse.
- In Frankreich besteht **Alkoholverbot** für Jugendliche unter 18 Jahren.

Restaurant Preise
Die Angaben gelten für ein Drei-Gänge-Menü ohne Getränke:
€ unter 30 Euro   **€€** 30–60 Euro   **€€€** über 60 Euro

Einkaufen

Frankreich ist ein regelrechtes Einkaufsparadies – mit *Haute-Couture*-Boutiquen, *Pâtisserien* (und ihrer Auswahl verführerischer Leckereien), regionalen *Marchés* (Lebensmittelmärkten), wo man mit Händlern (nicht nur) über die Vielfalt von Käsesorten diskutiert, bis hin zu gewaltigen *Hypermarchés* (Riesen-Supermärkten). Meist kauft man nicht zum Schnäppchen-Preis, doch in der Regel gute Qualität.

Öffnungszeiten

- Verbindliche **Öffnungszeiten** gibt es nicht in Frankreich, sie variieren je nach Ladentyp, Ort und Jahreszeit. Kleinere Läden schließen oft über Mittag zwischen 12 und 14.30 Uhr, sommers im Süden des Landes manchmal auch länger, haben dann jedoch abends länger offen. Die folgenden Angaben sind Richtwerte.
- **Super-** und **Hypermärkte** (wie Auchan, Carrefour oder E. Leclerc) sowie **Einkaufzentren**: in der Regel Mo–Sa 9–21/22 Uhr.
- **Kaufhäuser** und größere Geschäfte: meist Mo–Sa 9–18.30 Uhr.
- **Einzelhandelsgeschäfte**: Di–Sa 8/9–18.30/19.30 Uhr (mit Mittagspause). Lebensmittel-Läden haben oft noch früher und Mo nachmittags geöffnet, Bäckereien *(boulangeries)* auch So morgens.
- Tages- und Wochen-**Märkte** werden in der Regel vormittags in Städten und kleineren Orten abgehalten. Hier stehen oft regionale Hersteller und Lieferanten an den Ständen, die über die Qualität ihrer jeweiligen Produkte kompetent informieren.

Bezahlen

- In Städten und touristischen Zentren werden **Bank**- oder **Kreditkarten** akzeptiert, auf Märkten und in kleinen Läden muss man **bar** bezahlen.
- Besucher von außerhalb der EU können sich ab einem Warenwert von 175 € die **Mehrwertsteuer** *TVA (Taxe sur la Valeur Ajoutée)* rückerstatten lassen. Lassen Sie sich zu diesem Zweck im Laden mit der Rechnung ein abgestempeltes *Détaxe*-Formular aushändigen, das Sie später per Post zwecks Erstattung zurücksenden.

Beliebte Mitbringsel

- Frankreich gilt zu Recht als Land der **Mode**, die man beileibe nicht nur in Paris einkauft. Nicht weniger chic sind die Boutiquen auch in anderen Städten und Ferienorten wie Cannes, Biarritz oder Chamonix.
- Mit französischem **Parfüm** verbinden sich große Namen wie Dior oder Chanel. Düfte und Seifen kann man im ganzen Land einkaufen, warum nicht im provenzalischen Grasse (➤ 171, 175), wo beste Ingredienzien herstammen?
- Niemand kommt aus Frankreich zurück, ohne sich mit **kulinarischen Köstlichkeiten** einzudecken: Buttergebäck *(galettes)* aus der Bretagne; Wurstwaren *(saucissons)* aus dem Nordosten; Senf aus Dijon (➤ 109); Pasteten *(pâté)* aus Gänseleber (*foie gras;* ➤ 39), Walnussgebäck und -öl aus der Dordogne – und nicht zu vergessen: Käse *(fromage)*.
- Für den Einkauf von **Weinen** einer bestimmten AOP *(Appellation d'Origine Protégée)* kann man sich beim Winzer, einer Genossenschaftskellerei *(Cave Coopérative)* oder Maison du Vin beraten lassen (EU-Einfuhrhöchstmengen: 90 l, maximal 60 l Schaumwein). **Spirituosen** sind, da hoch besteuert, kaum günstiger als im Heimatland.

Ausgehen

Auf dem Boden einer Kulturnation wie Frankreich findet sich fast überall in der Nähe ein Theater, Konzertsaal oder Kino, vom winzigen, intimen Club bis zur größeren Musikbühne oder gar römischem Amphitheater für 15 000 Zuschauer. Alles über Spitzensport-Ereignisse erfährt man bei der Touristen-Information (wo auch Tickets erhältlich sind).

Theater, Musik und Tanz

- Den Status eines Nationaltheaters besitzt die Pariser **Comédie Française** (www.comedie-francaise.fr).
- Während die **Opéra de Paris** über ein renommiertes klassisches Ballettensemble verfügt (www.operadeparis.fr), erhielten Spitzen-Compagnien modernen Tanzes den Status eines **Centre Chorégraphique National**, wie die Mathilde Monniers in Montpellier (www.mathildemonnier.com).
- Zu den Spitzenorchestern des Landes zählt das **Orchestre de Paris**, das auch zeitgenössische Musik im Repertoire hat und an Opernaufführungen mitwirkt (www.orchestredeparis.com). Viele weitere Ensembles treten landesweit in Schlössern oder Kirchen auf.
- In Frankreich werden jährlich über 300 **Musikfestivals** veranstaltet, darunter das beliebte ***Festival Interceltique*** von Lorient in der Bretagne Anfang August mit keltischer Folklore (www.festival-interceltique.com).
- **Jazz** hat eine große Fan-Gemeinde, Festivals gibt es in Paris, Nizza, Antibes, Vienne oder Grenoble (jazzfests.net, Link: Frankreich).

Nachtleben

- Das Angebot an **Nachtlokalen** hängt vom Aufenthaltsort ab. In **Paris** mit Riesenauswahl an Cabarets, Revue-Theatern und Clubs hat man die Qual der Wahl, auch andere Großstädte wie **Marseille, Lyon** oder **Toulouse** verfügen über eine pulsierende Szene. In ländlichen Regionen ist vielfach ein Café mit Billardtisch schon das höchste der Gefühle.
- Ein Besuch in **Spielcasinos** (die man in Ferienorten findet) gehört in Frankreich zu den beliebten Formen abendlicher Unterhaltung, besonders populär ist das von **Monte Carlo** (➤ 171) im benachbarten Monaco.
- Die **Gay & Lesbian** Community von Paris konzentriert sich im Marais (www.timeout.com/paris/en/gay-lesbian-paris), eine lebhafte Szene gibt es auch an der Côte d'Azur und um St-Tropez (➤ regionale Infoblätter).

Sport und Outdoor-Aktivitäten

- Mit den Alpen, dem Massif Central und den Pyrenäen verfügt Frankreich über attraktive **Wintersportgebiete**. Neben dem mondänen Chamonix (➤ 165f.) oder Courchevel an der Grenze zu Italien gibt es auch eine Reihe günstigerer Optionen.
- **Radfahren** gehört zu den populärsten Sportarten, wobei die nationale Begeisterung während des Etappenrennens der ***Tour de France*** (drei Wochen im Juli) einen Höhepunkt erreicht (www.letour.fr). Beliebt ist auch Freizeitradsport (Verleih an Bahnhöfen, ca. 15 €/Tag).
- Nicht nur **Motorsport**-Fans ein Begriff ist das 24-Stunden-Rennen von ***Le Mans*** (➤ 143; www.lemans.org) sowie die ***Grand Prix***-Rennen in Monte Carlo (www.acm.mc) und Magny Cours (www.magnyf1.com).
- **Wandern** kann man im Gebirge oder auf über 30 000 km Fußwegen durch Flachland, die als Kurz- *(Petites Randonnées)* oder Weitwanderwege (*Grandes Randonnées*; www.gr-infos.com) verzeichnet sind.

Paris & Île de France

Erste Orientierung 44
In drei Tagen 46
TOP 10 48
Nicht verpassen! 55
Nach Lust und Laune! 66
Etwas außerhalb 70
Wohin zum … 75

Kleine Erlebnisse

Jugendstil-Dinner

Tafeln in der Pracht der Jahrhundertwende, eindrucksvoll präsent in historischen **Brasserien** wie **Flo** (➤ 77) oder **Lipp**.

Brücke zur Kunst

Im Abendlicht auf dem **Pont des Arts am Louvre** nach Westen schauen, die Seine entlang: Unendlich weit wird dann Paris …

Genie im Grünen

Mitten in der Stadt lockt mit herrlichem Park das **Hôtel Biron** (➤ 66), wo der Bildhauer Rodin lebte und wirkte.

Erste Orientierung

Zwei Sehenswürdigkeiten der französischen Hauptstadt zählen zugleich zu ihren wichtigsten wie verkehrsreichsten Orientierungspunkten: Place de l'Étoile (mit Arc de Triomphe) und Place de la Concorde, an beiden Enden der großzügigen Avenue des Champs-Élysées gelegen.

Von Ost nach West teilt die Seine das Zentrum: Nördlich des Flusses, an der *Rive Droite* (rechtes Ufer), findet man Regierungsviertel (mit Élysée-Palast), Tuilerien, Louvre und die exklusive Rue de Rivoli. Südlich, an der *Rive Gauche* (linkes Ufer), erstreckt sich rund um die Sorbonne das Universitätsviertel Quartier Latin, wie das benachbarte Saint-Germain-des-Prés auch traditionelles Künstlerquartier. Westlich hiervon locken Tour Eiffel und Musée d'Orsay, östlich auf einer Insel im Fluss die ehrwürdige Kirche Notre-Dame.

Vom idyllischen Montmartre-Hügel hat man einen herrlichen Blick über Paris und seine *Arrondissements* (Stadtbezirke).

Latona-Brunnen in Versailles

TOP 10

- 1 Île de la Cité ➤ 48
- 3 Musée du Louvre ➤ 53

Nicht verpassen!

- 11 Quartier Latin ➤ 55
- 12 Musée d'Orsay ➤ 58
- 13 Tour Eiffel ➤ 60
- 14 Champs-Élysées & Arc de Triomphe ➤ 62
- 15 Centre Georges Pompidou ➤ 64

Nach Lust und Laune!

- 16 St-Germain-des-Prés ➤ 66
- 17 Musée Rodin ➤ 66
- 18 Hôtel des Invalides ➤ 67
- 19 Place de la Concorde & Jardin des Tuileries ➤ 67
- 20 La Villette ➤ 68
- 21 Musée Picasso ➤ 68
- 22 Place des Vosges ➤ 69
- 23 Cimetière du Père-Lachaise ➤ 69

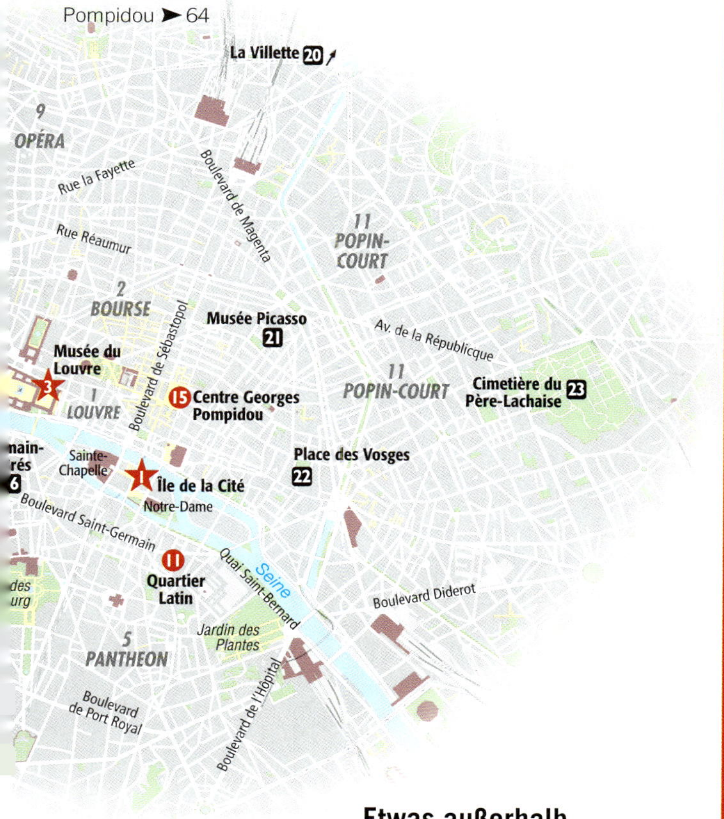

Etwas außerhalb

- 24 Chantilly ➤ 70
- 25 Disneyland® Resort Paris ➤ 70
- 26 Fontainebleau ➤ 71
- 27 Chartres ➤ 71
- 28 Versailles ➤ 72

In drei Tagen

Die folgende Route ist eine Möglichkeit, wie Sie einige der interessantesten Sehenswürdigkeiten von Paris und der Île de France an drei Tagen besuchen können. Die einzelnen Highlights werden im Folgenden näher beschrieben (➤ 48ff.).

Erster Tag

Vormittag

Als Einstimmung geht es zur ★1 **Île de la Cité** (➤ 48ff.): Vom Turm der Kathedrale **Notre-Dame** (➤ 48ff.) genießt man (nach 387 Stufen!) einen herrlichen Blick über die Stadt und die grotesken Dachreiter. Eine Führung durch die **Conciergerie** (➤ 49) gewährt Einblicke in die dunklen Seiten der Pariser Historie – vor einem Mittagessen im **Les Fous de l'Île** (➤ 52) auf der Île Saint-Louis.

Nachmittag

Ein Bummel durchs ⓫ **Quartier Latin** (➤ 55ff.) führt zum **Musée National du Moyen Âge – Thermes de Cluny** (➤ 55) mit seinen mittelalterlichen Exponaten, danach ins idyllische Grün des **Jardin du Luxembourg.**

Abend

Flanieren Sie zurück zur Seine und kehren Sie in einem der schönen Künstlerlokale von 16 **St-Germain-des-Prés** (➤ 66) ein.

Zweiter Tag

Vormittag

Der Tag beginnt mit den Kunstschätzen des ⓬ **Musée d'Orsay** (➤ 58f.). Von dort kommt man im Sommer mit dem **Batobus** (➤ 36) schnell zur

In drei Tagen

⓭ **Tour Eiffel** (unten; ➤ 60f.). Mit dem Lift gelangt man zur Aussichtsplattform mit **Café** und **Restaurant**.

Nachmittag
Taxifahrt aufs andere Seine-Ufer mit dem **Arc de Triomphe** und der ⓮ **Champs-Élysées** (beide ➤ 62f.), zum Einkaufsbummel, Kaffeetrinken und Leutebeobachten.

Abend
Tischreservierung für Abendessen und Cabaret (➤ 80), etwa im legendären **Moulin Rouge** in **Montmartre** (links; ➤ 196ff.).

Dritter Tag

Vormittag
Möglichst früh zum ★3 **Musée du Louvre** (links; ➤ 53f.) und dem berühmten Bildnis der *Mona Lisa* von Leonardo da Vinci. Liebhaber moderner Kunst streben zum ⓯ **Centre Georges Pompidou** (➤ 64f.).

Nachmittag
Zugfahrt nach 28 **Versailles** (➤ 72ff.) mit seinem prunkvollen Schloss, umgeben von einem weitläufigen formstrengen Park.

Abend
Wieder in der Stadt, lockt **Paris bei Nacht** mit eindrucksvollen Panoramen – etwa von der **Tour Eiffel**.

I Île de la Cité

Auf dieser kleinen Insel im Seine-Bogen begann um 300 v. Chr. die Geschichte der Stadt mit der Ansiedlung des Stammes der Parisii, zwei Jahrhunderte später gefolgt von den Römern und ihrer Garnison Lutetia. Hier residierten dann auch die frühen Könige Frankreichs, Erbauer der mächtigen Kathedrale.

Notre-Dame de Paris

Ungeachtet endloser Besucherströme schlägt einen dieser mächtige Sakralbau unwiderstehlich in Bann mit reich verzierter Fassade, groteskem Figurenschmuck und einem himmelwärts strebenden Kirchenschiff.

Die Kathedrale zählt zu den größten Meisterwerken gotischer Baukunst: Ihre **Fassade** besticht durch perfekt ausgewogene Proportionen, die Verjüngung der **Türme** an der Spitze erzeugt die Illusion enormer Höhe. Erst auf den zweiten Blick bemerkt man, dass der Nordturm etwas größeren Umfang besitzt und die drei **Portale** leicht unterschiedlich geformt sind. Überwältigend an sonnigen Tagen ist der Einfall des Lichts durch die herrlichen **Buntglasfenster**.

Initiator des Bauwerks war im 12. Jh. der Bischof von Paris, der es anstelle eines ehemaligen römischen Jupiter-Tempels errichten ließ. Fast zwei Jahrhunderte (1163 bis 1345) benötigte man zu seiner Fertigstellung und nutzte es später auch zu weltlichen Zwecken, etwa als Theaterbühne und Festsaal. Dass man Mitte des 19. Jhs. unter Napoleon III. endlich dem drohenden Verfall der Kirche entgegenwirkte, verdankte sich deren Rolle als Schauplatz von Victor Hugos 1831 erschienenem äußerst erfolgreichen Roman *Der Glöckner von Notre-Dame*.

Westfassade der Kathedrale Notre-Dame

Sainte-Chapelle

Gerade einmal vier Jahre Bauzeit (1244–1248) beanspruchte ein weiterer Höhepunkt gotischer Architektur in Paris, die einstige Hauskapelle des alten Königspalastes – von ihrem Erbauer, König Ludwig IX. (dem Heiligen), *Sainte Chapelle* (Heilige Kapelle) genannt, aufgrund der dort aufbewahrten Passionsreliquien (u. a. Christi Dornenkrone). Blickfang des zweistöckigen Baus sind die teils noch originalen **Buntglasfenster** der oberen Kapelle, die

NOTRE-DAME

- **Innenraum**: 130 m lang, 48 m breit, 35 m hoch.
- 387 Stufen führen hinauf auf den 69 m hohen **Nordturm** (hervorragender Rundblick).
- Die Glocke »Emmanuel« im **Südturm** (13 t) gehört zu den größten Kirchenglocken Europas.
- Auch die **Fensterrose** (Ø 9,6 m) ist eine der größten ihrer Art.

eine Fläche von fast 600 m² einnehmen. Besonders eindrucksvoll (vor allem im Abendsonnenschein) präsentiert sich die riesige Fenster-**Rose**.

Wieder hergestellt während einer Renovierung wurden die üppig in Blau und Gold bemalten Wände und Decken, zwischen deren Pilastern lebensgroße Apostel-Figuren angebracht sind.

Conciergerie

Auch die imposanten Gebäude, die heute städtische Justizbehörden beherbergen, gehörten einst zur alten Königsresidenz **Palais de la Cité.** Die Conciergerie im Erdgeschoss diente ein halbes Jahrtausend als Gefängnis – während der Revolution tagte hier das Tribunal, und in der Salle de la Toilette wurden Angeklagte auf ihre Hinrichtung mit der Guillotine vorbereitet. Dieses Schicksal teilte Königin Marie-Antoinette, die 1793 vor ihrer Enthauptung 76 Tage in der Conciergerie eingekerkert war. Insgesamt rollten damals auf der Place de la Révolution (heute Place de la Concorde) über zweieinhalbtausend Köpfe.

Kathedrale des Königreichs

Auf der Île de la Cité thront das unbestrittene Meisterwerk französischer Gotik wie ein Juwel über der Seine. Seit über acht Jahrhunderten begleitet die Kathedrale die Geschichte Frankreichs und seiner Hauptstadt.

❶ **Königsgalerie:** Das riesige Ensemble über der Portalzone, Sinnbild der Vereinigung von Kirche und Monarchie, wurde nach 1220 in einem neuen Stil gefertigt. Die Königsfiguren waren ursprünglich farbig gefasst.
❷ **Arkadengalerie:** Die filigranen Arkaden mit nur 20 cm dicken Säulen, die Langhausgiebel und Turmuntergeschosse kaschieren, wurden um 1230 vorgeblendet.
❸ **Notre-Dame de Paris:** Vor dem südöstlichen Vierungspfeiler steht die verehrte Statue der Schutzpatronin der Kathedrale (um 1330).
❹ **Chorschranken:** Die 23 Reliefs mit Szenen aus dem Leben Christi gehen ins Ende des 13. Jhs. zurück. Ihre Bemalung wurde im 19. Jh. »überrestauriert«. Aus dem 17. Jh. stammt das geschnitzte Chorgestühl.
❺ **Strebewerk:** Um 1220/30 erhielt die Kathedrale ihre hochgotische Gestalt – unter Vergrößerung der Obergadenfenster und Einziehung der fein gestalteten Strebebögen.

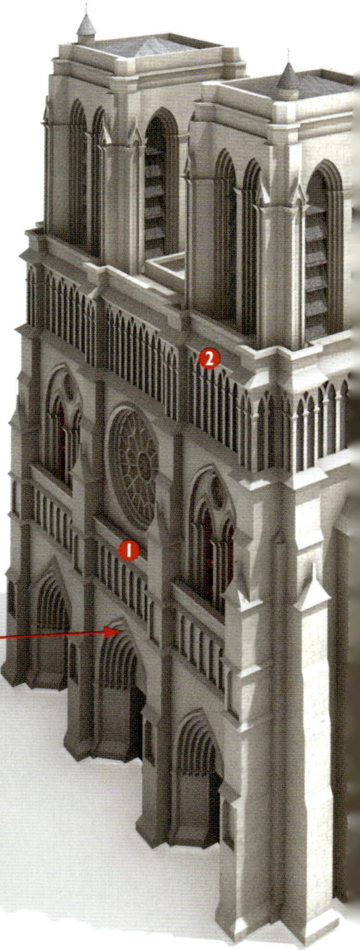

Mittleres der drei Portale an der Westfassade mit Darstellung des Weltgerichts

Fensterrose des südlichen Querschiffs: Das »strahlenförmige« Maßwerk ist typisch für den Rayonnant-Stil

Hauptfassade Notre-Dames: Vorbild für zahlreiche andere Kirchen in Nordfrankreich

PLACE DU PARVIS NOTRE-DAME
Auf dem *Parvis* (Kirchplatz) vor dem Hauptportal von Notre-Dame (um 1865 großzügig umgestaltet vom Städteplaner Baron Haussmann, seit 2006 benannt nach Papst Johannes Paul II. als Place Jean-Paul-II) markiert ein bronzener Stern im Pflaster den *Kilomètre zéro des routes de France*, von dem aus alle Entfernungen nach Paris im Rest des Landes bestimmt werden.

Sainte-Chapelle: Detail eines der Buntglasfenster mit Szene aus dem Neuen Testament

KLEINE PAUSE
Gute französische Bistroküche serviert man bei **Les Fous de l'Île** auf der Île Saint-Louis (33 Rue des Deux Ponts, tägl. 10–2 Uhr; www.lesfousdelile.com.).

219 E2

Notre-Dame
6 Place du Parvis Notre-Dame ☎ 01 42 34 56 10; www.notredamedeparis.fr
8–18.45/19.15 Uhr; Schatzkammer: 9.30–18/18.30 Uhr, So ab 13.30 Uhr
Cité HRER St-Michel–Notre Dame
frei; Schatzkammer: 3/2 €; Turm: 8,50/5,50 €

Sainte-Chapelle/Conciergerie
4 und 2 Boulevard du Palais ☎ 01 53 40 60 80; www.sainte-chapelle.monuments-nationaux.fr; www.conciergerie.monuments-nationaux.fr
tägl. 9/9.30–17/18 Uhr (letzter Einlass 30 Min. vor Schließung)
Cité/St-Michel HRER Châtelet–Les-Halles, St-Michel–Notre-Dame
jeweils: 8,50/5,50, Kombiticket: 12,50/8,50 €

BAEDEKER TIPP

- Sehr stimmungsvoll ist ein **nächtlicher Rundgang** um die angestrahlte Kathedrale Notre-Dame, vor allem an Sonntagen im Sommer, wenn sie kurz auch abends geöffnet ist (Juli–Aug. So 22–23 Uhr).
- Bei schlechtem Wetter ist der **Turmaufstieg** aus Sicherheitsgründen gesperrt.
- In der **Sainte-Chapelle** finden regelmäßig **Kammerkonzerte bei Kerzenlicht** statt (Karten bei der Touristen-Information).
- Pittoresk präsentiert sich der **Blumenmarkt** *(Marché aux Fleurs)* auf der Place Louis-Lépine, der sich sonntags in einen **Vogelmarkt** *(Marché aux Oiseaux)* verwandelt (tägl. 8–19 Uhr).
- Hübscher (und weniger überlaufen) als die Île de la Cité ist die benachbarte, über eine kleine Brücke erreichbare **Île Saint-Louis**, mit schönen Lädchen und Lokalen.

3 Musée du Louvre

Im riesigen Komplex eines ehemaligen Königspalastes residiert das drittgrößte, meistbesuchte Museum der Welt, mit über 35 000 Exponaten auf rund 60 000 m². Neben Ikonen der Malerei, wie Leonardo da Vincis *Mona Lisa*, verfügt es über exzellente Sammlungen zur ägyptischen und griechisch-römischen Antike, seit 2012 auch über eine ständige Ausstellung islamischer Kunst.

Die **Geschichte** des Louvre reicht bis ins 12. Jh.: Als Trutzburg angelegt, gewann er während der Renaissance repräsentativen Charakter und wurde zu einer vierflügeligen Anlage ausgebaut, die künftige Könige nach und nach erweiterten – bis Ludwig XIV. 1682 seine Residenz nach Versailles verlegte. Fortan verwahrloste der Louvre, was sich erst während der Revolution änderte, deren Institutionen die einstigen Prunkgemächer bezogen und 1793 erstmals

Spektakuläre Glaspyramide von I. M. Pei im Innenhof des Louvre

Teile der königlichen Kunstsammlungen der Öffentlichkeit zugänglich machten. Endgültig als Herrscherdomizil ausgedient hatte der Komplex 1873, als der Präsident der Republik in das Palais Élysée umzog.

Zu Beginn der 1980er-Jahre initiierte François Mitterand die Umgestaltung des gesamten Areals zum Museum, 1989 wieder eröffnet mit Ieoh Ming Peis **Glaspyramide** als Blickfang und neuem Eingangsbereich.

HIGHLIGHTS

- Leonardo da Vinci, ***Mona Lisa*** (eigtl. *La Gioconda*, 1503–06, Denon, 1. Etage, Raum 13)
- Jan Vermeer, ***Die Spitzenklöpplerin*** (1669–70, Richelieu, 2. Etage, Raum 38) – exquisite niederländische Genreszene
- Michelangelo, ***Sklave*** (1513–15, Denon, Erdgeschoss) – geschaffen für das Grab von Papst Julius II. in Rom
- Sog. ***Venus von Milo*** (2. Jh. v. Chr., Sully, Erdgeschoss, Raum 74) – hellenistische Statue, gefunden im 19. Jh. auf der griechischen Insel Melos
- Geflügelte ***Nike von Samothrake*** (um 190 v. Chr., Denon, 1. Etage) – dargestellt ist eine Siegesgöttin, die wie eine Gallionsfigur auf einem Schiffsbug steht.

Abteilungen des Museums

Die nach Leitfarben organisierten **Sammlungen** des Museums sind in vier Flügeln (Denon, Marsan, Richelieu, Sully) auf jeweils vier Ebenen untergebracht: Orientalische Sammlung (gelb) – Ägyptische Altertümer (hellblau) – Griechische, etruskische und römische Antike (blau) – Mediterraner Orient im Römischen Reich (grün) – Islamische Kunst (türkis) – Kunsthandwerk (violett) – Grafik (rosa) – Gemälde (rot) – Skulpturen (hellbraun) – Museumsgeschichte (dunkelbraun) – Kunst aus Afrika, Asien, Ozeanien, Nord- und Südamerika (weiß).

KLEINE PAUSE

Ideal für eine Pause ist das **Café Marly** unter den Museumsarkaden im Richelieu-Flügel (www.beaumarly.com).

---

219 D3 34–36 Quai du Louvre
01 40 20 51 51 (Bandansage); 01 40 20 53 17 (Info-Schalter); www.louvre.fr
tägl. außer Di 9–18, Mi, Fr bis 21.45 Uhr
Palais Royal-Musée du Louvre, Louvre Rivoli
10 €; 1. So des Monats frei

BAEDEKER TIPP

- **Eintrittskarten** (online unter: www.louvre.fr; www.fnactickets.com) sind ganztags gültig und berechtigen zu mehrmaligem Betreten der Museumsflügel.
- **Größter Andrang** herrscht meist ab späterem Vormittag sowie am Sonntag. Empfehlenswerter sind Montag- und Mittwoch-Abend.
- **Eingänge:** Außer dem Haupteingang in der **Pyramide** gibt es (für Inhaber gültiger Tickets oder des Museums Passes) drei weitere Zugänge in der **Richelieu**-Passage (Rue de Rivoli), an der **Porte des Lions** (an der Seine) und im Einkaufszentrum **Carrousel** du Louvre (Fr geschl.).
- Für den Erwerb einer Eintrittskarte an Ort und Stelle empfiehlt sich der Eingang **Carrousel**, wo meist weniger Betrieb herrscht.

II Quartier Latin

Rings um die ehrwürdige Universität Sorbonne pulsiert das studentisch-künstlerische Leben des *Quartier Latin* mit seinen zahllosen Läden und Lokalen – auch entlang des *Boulevard St-Michel*, der vom Panthéon abwärts bis zum linken Seine-Ufer gegenüber Notre-Dame verläuft.

Das Musée National du Moyen Âge logiert im Hôtel de Cluny – Fassadendetails des Abtsitzes aus dem 15. Jh.

Mittelpunkt des (vorwiegend im 5. Arrondissement gelegenen) Viertels ist die fast achthundert Jahre alte Universität, an der bis in die frühe Neuzeit Latein Sprache der Gelehrten war und dem Viertel den Namen gab. Zudem finden sich hier bemerkenswerte Überreste der römischen Besiedlung: der ehem. Zirkus *Arène de Lutèce* und die sog. *Thermes de Cluny*. Wer der Betriebsamkeit des hiesigen Straßenlebens entfliehen möchte, ist gut aufgehoben im Grün des **Jardin du Luxembourg** oder **Jardin des Plantes**.

La Sorbonne

Gegründet wurde die Sorbonne Mitte des 13. Jh. wohl von Robert de Sorbon, dem Hofkaplan Ludwigs IX., zunächst als Alumnat für mittellose Theologie-Studenten. Bald entwickelte sich hieraus ein hochkarätiges Wissenschaftskolleg und schließlich eine der renommiertesten Universitäten der Welt. Die Barock-Gebäude nahe Boulevard St-Michel beherbergen heute neben dem zentralen Rektorat noch drei (der nunmehr 13) Fakultäten sowie die *École Nationale des Chartes*, eine der typischen Pariser Elite-Hochschulen.

Musée National du Moyen Âge – Thermes de Cluny

In den trutzigen Mauern des **Hôtel de Cluny**, Sitz der Äbte des gleichnamigen Klosters, wurde 1844 dieses außergewöhnliche Museum des Mittelalters eröffnet, dessen

Schätze selbst für historisch weniger Interessierte einen Besuch lohnen. Schon der Bau selbst, ein schönes Beispiel mittelalterlicher Profan-Architektur, das Ende des 15. Jh. im Stil von Spätgotik und Früh-Renaissance auf dem Terrain einer ehem. römischen **Thermenanlage** errichtet wurde, beeindruckt durch schöne Erker und Wasserspeier sowie einen begrünten Innenhof mit Kreuzgang. Der am besten erhaltene Teil der Thermen ist das Kaltbad *(Frigidarium)*.

Prominentestes Exponat des Museums ist (neben mittelalterlichem Mobiliar, Kunstgewerbe und Buchschmuck) der Wandteppich ***Die Dame mit dem Einhorn*** *(La Dame à la Licorne)*: Der sechsteilige, um 1500 in den Niederlanden gewebte Gobelin zeigt auf einem rosa »Tausendblüten«-Teppich die Dame, flankiert von Löwe und Einhorn, in sechs allegorischen Bildern aus dem Themenkreis der ritterlich-höfischen Welt (Fünf Sinne und »Mein einziger Wunsch« als Entsagung an weltliche Freuden).

Panthéon

Nach dem Vorbild des Pantheon in Rom begann man Mitte des 18. Jhs. mit dem Bau einer Kirche zu Ehren von *Sainte-Geneviève* (hl. Genoveva), der Schutzheiligen von Paris, auf dem nach ihr benannten Hügel nahe der Seine. Als der Bau 1790 vollendet war, hatte inzwischen die Revolution stattgefunden, deren Führer ihn umwidmeten zur nationalen **Ruhmeshalle**. Hier ruhen die Gebeine bedeutender Persönlichkeiten Frankreichs, wie die Philosophen Voltaire und Jean-Jacques Rousseau und die Romanciers Victor Hugo und Émile Zola (sowie als einzige Frau die Naturwissenschaftlerin Marie Curie).

Boulevard Saint-Michel

Boulevard Saint-Michel und Boulevard Saint-Germain bilden die Magistralen der *Rive Gauche*, wobei Ersterer – von den Parisern lässig-liebevoll **»Boul' Mich«** genannt – die Grenze des 5. (Quartier Latin) und 6. Arrondissements (St-Germain-des-Prés) markiert. Beide waren Hauptschauplatz der Studenten-Unruhen des Mai 1968, und beide Viertel sind

Place de la Sorbonne – Oase im Quartier Latin

Straßenstände am »Boul' Mich«, dem Boulevard St-Michel

seit Mitte des 19. Jhs. ein Zentrum des Pariser Künstlerlebens und seiner Geselligkeit in Lokalen wie dem *Café de Flore* oder *Les Deux Magots* (➤ 66).

KLEINE PAUSE

Gute traditionelle französische Küche bietet das gediegene, alteingesessene **Café de la Nouvelle Mairie** (19 Rue des Fossés Saint-Jacques, Tel. 01 44 07 04 41).

---

219 E1–E2

Sorbonne
Rectorat de Paris, 47 Rue des Ecoles, 75005
01 40 46 22 11; www.sorbonne.fr Führungen (Voranmeldung: Tel. 01 40 46 23 48, visites.sorbonne@ac-paris.fr) 9/4 €

Musée National du Moyen-Âge – Thermes de Cluny
6 Place Paul Painlevé 01 53 73 78 00; www.musee-moyenage.fr
tägl. außer Di 9.15–17.45 Uhr St-Michel, Cluny – La Sorbonne
RER St-Michel–Cluny-Sorbonne 8/6 €

Panthéon
Place du Panthéon 01 44 32 18 00;
www.pantheon.monuments-nationaux.fr tägl. 10–18/18.30 Uhr
Maubert–Mutualité, Cardinal-Lemoine 7,50/4,50 €

BAEDEKER TIPP

- Wenn Sie keine Zeit haben, das **Musée National du Moyen Âge** zu besuchen, lohnt sich zumindest ein Blick in den **Innenhof** des spätmittelalterlichen *Hôtel de Cluny* mit seinen Treppentürmen, Arkaden und Wasserspeiern.
- Am Ticket-Schalter erhält man einen **Flyer** mit Übersichtsplan und Informationen zu den wichtigsten Exponaten.
- Sehenswert neben den **Römischen Thermen** und der ***Dame mit dem Einhorn***: **Statuen der »Königs-Galerie«** von der Westfassade Notre Dames (Erdgeschoss, Saal 8) und die prächtige spätgotische **Kapelle der Mönche von Cluny** (1. Etage, Saal 20).

12 Musée d'Orsay

Wer nur wenig Zeit hat für die Kunstschätze von Paris, sollte zumindest dieses Museum besuchen: In den weiträumigen Hallen eines ehemaligen Bahnhofs der Jahrhundertwende überwältigt es den Besucher mit einer Vielzahl hochkarätiger Kunstwerke aus dem 19. Jh., darunter einer exzellenten Sammlung von Gemälden des Impressionismus.

Gebäude und Sammlung

Das Museumsgebäude ist die ehemalige, von Victor Laloux anstelle des ausgebrannten Palais d'Orsay erbaute **Gare d'Orsay**. 1900 eröffnet, verlor sie nach der Elektrifizierung

Den stilvollen Rahmen bildet die historische Bahnhofsarchitektur – hier die Mittelallee für Skulpturen

der Eisenbahn an Bedeutung, war nach 1939 zunehmend dem Verfall preisgegeben. Zu Beginn der 1980er-Jahre schließlich erfolgte der Umbau zum Museum, wobei ein großer Teil der originalen Industriearchitektur beibehalten wurde.

Innerhalb eines groß angelegten Gesamtprojekts – beginnend mit den alten Meisterwerken des Louvre (➤ 53f.) und fortgeführt mit der Moderne im Centre Georges Pompidou (➤ 64f.) – umfasst dieses Museum **Französische Kunst des 19. Jhs.** (1848–1914). Auf drei Ebenen werden seine Sammlungen chronologisch präsentiert, ergänzt durch zusätzliche Ausstellungen.

Vincent van Gogh, Porträt seines Arztes *Dr. Paul Gachet*, 1870

Rundgang durch das Museum

Als früheste Exponate des Museums demonstrieren im **Erdgeschoss** Gemälde und Skulpturen die stilistische Bandbreite der französischen Kunst von 1848 bis 1870 – so findet man einerseits Gustave Courbets provokante weibliche Geschlechtsdarstellung *Ursprung der Welt*, andererseits Eugène Boudins heiteren *Strand von Trouville*.

In der **mittleren Etage** erwarten einen Meisterwerke des **Jugendstils**, wie Glaskunst und Schmuck von René Lalique, verteilt über das ganze Museum außerdem Skulpturen von Auguste Rodin oder Edgar Degas.

Zum Publikumsmagneten allerdings entwickelte sich die aus der Galerie du Jeu de Paume übernommene einzigartige **Impressionisten-Sammlung** im lichtdurchfluteten **Obergeschoss** mit Meisterwerken wie Claude Monets *Mohnfeld* und *Blaue Seerosen*, Auguste Renoirs *Tanz in der Stadt* oder Alfred Sisleys *Überschwemmung in Port-Marly*. Zeugnissen des Künstlerlebens auf dem Montmartre begegnet man in Renoirs *Bal du Moulin de la Galette*, Edgar Degas' *L'Absinthe* oder Henri de Toulouse-Lautrecs *Tanz im Moulin Rouge*, dem Genie Vincent van Goghs mit *Schlafzimmer in Arles* und in *Luxus, Stille und Begierde* einem pointillistischen Frühwerk von Henri Matisse.

---

218 C3 1 Rue de la Légion d'Honneur
01 40 49 48 14; www.musee-orsay.fr Di–So 9.30–18, Do bis 21.45 Uhr
Cafeteria, Café, Restaurant Solférino RER Musée d'Orsay
11/8,50 €; Kombiticket mit Musée de l'Orangerie (16 €) oder Musée Rodin (15 €); 1. So des Monats frei

BAEDEKER TIPP

- Ein **Übersichtsplan** hilft bei der Orientierung in dem recht komplexen Museum (interaktiver Plan mit Möglichkeit zur **Werksuche** auf der Website).
- **Eintrittskarten** für die ständige Sammlung gelten ganztägig und berechtigen nach Belieben zum Betreten und Verlassen des Museums.
- **Führer**: Empfehlenswert ist ein Erwerb des exzellenten Taschenbuch-**Kurzführers**, der über alle wichtigen Kunstwerke der Sammlungen informiert, ausführlicher die opulent illustrierte **Gesamtübersicht** über die Gemälde.
- **Audioguides** informieren ebenfalls recht ansprechend (auch auf Deutsch).
- Bei Zeitknappheit sollte man direkt die **Impressionisten-Sammlung** im Obergeschoss auf der dem Fluss zugewandten Seite der Galerie ansteuern.

13 Tour Eiffel

Kaum vorstellbar erscheint es heute – angesichts eines jährlichen Stroms von 6 Mio. Besuchern –, dass Gustave Eiffels berühmtes Bauwerk bei seiner Einweihung 1889 vielen prominenten Bürgern von Paris als Schandfleck galt. Inzwischen ist es längst zum Wahrzeichen der französischen Hauptstadt geworden.

Die filigrane, 320 m hohe Eisenkonstruktion des Eiffelturms ist ein Meisterstück der Ingenieurskunst, und wenn man die Fahrt mit verschiedenen **Aufzügen** zu den Aussichtsplattformen bewältigt hat, bieten sich **Blicke** auf Paris, die nicht ihresgleichen haben.

Die Idee zu diesem Turm entstand 1885, als die Stadt Paris anlässlich der 1889 anstehenden **Weltausstellung** einen Wettbewerb zur Errichtung eines 300 m hohen

Wuchtig und filigran zugleich wirkt die Eisenkonstruktion der Tour Eiffel

STAHLKOLOSS
Gewicht: 7000 Tonnen
Gesamthöhe: 320 m (bedingt durch Ausdehnung des Metalls an heißen Tagen 15 cm höher)
Metall-Elemente: 18 000
Nieten: 2,5 Mio.
Nietlöcher: 7 Mio.
Stufen: 1710
Sichtweite (von der Spitze): 75 km
Maximale Schwankung der Spitze: 12 cm

Bauwerks ausschrieb. Hieran beteiligte sich auch das Ingenieurbüro des im Brückenbau erfahrenen Gustave Eiffel, der den Zuschlag erhielt und nach knapp zweijähriger Bauzeit im März 1889 seinen gusseisernen Turm vollendete. Bis zur Errichtung des Chrysler Building in New York 1930 war der Eiffelturm das höchste Gebäude der Welt und wurde hinsichtlich seiner ausgefeilten Technik international bewundert. Nur die Einwohner von Paris taten sich schwer mit dem (ursprünglich für einen Verbleib von zwanzig Jahren geplanten) dominanten Turm, der ihnen als »tragische Straßenlaterne« (Léon Bloy) und »Skelett eines Glockenturms« (Paul Verlaine) erschien. Der Schriftsteller Guy de Maupassant, einer der entschiedensten Gegner, soll gar Stammgast im Restaurant auf der zweiten Plattform geworden sein, weil man wenigstens von dort den Turm nicht sah.

Unerwartet erwies sich das metallene Monstrum dann als idealer Sendemast: 1898 gelang eine drahtlose Telegrafenverbindung zum 4 km entfernten Panthéon, und 1921 wurde eine Radiostation eingerichtet, 1935 gefolgt von einer ersten Fernsehübertragung.

KLEINE PAUSE

Neben den Restaurants **58 Tour Eiffel** (Tel. 08 25 56 66 62) und **Le Jules Verne** (Tel. 01 45 55 61 44) auf Ebene 1 und 2 gibt es dort und im Erdgeschoss auch Snacks (zum Mitnehmen), ganz oben eine **Champagner-Bar** (www.restaurants-toureiffel.com).

---

218 A3 Quai Branly 01 44 11 23 23; www.tour-eiffel.fr tägl. 9/9.30–23/23.45/0.45 Uhr (variabel) Bir-Hakeim RER Champ-de-Mars mit Aufzug: 2. Etage (115 m) 9/7,50/4,50 €; 3. Etage (276 m/) 15/13,50/10,50 €; Treppe (2. Stock): 5/4/3 €

BAEDEKER TIPP

- Den ärgsten Andrang vermeidet man frühmorgens und spätabends, die **schönste Sicht** bietet sich kurz vor Sonnenuntergang.
- Die **dritte Ebene** ist nur interessant an ganz klaren Tagen – sonst verschwimmt Paris von hier oben häufig im Dunst.
- Der Turm selbst sieht am schönsten aus, wenn er **abends angestrahlt** wird.
- **Poststempel** mit Eiffel-Turm-Motiv erhält man am Schalter auf Ebene 1 (tägl. 10–19.30 Uhr).
- **Schnelldurchgang** Gerade einmal 5 Minuten Aufstieg über die **Treppe** zur **Ebene 1** ersparen Wartezeit in der Schlange vor dem Aufzug. Kurz durchatmen im »Eiffel-Kino« **Cineiffel**, wo ein Kurzfilm zur Geschichte des Bauwerks läuft, dann zu Fuß oder per Lift zur **Ebene 2**. Eintrittskarten für beide Ebenen bekommt man am Schalter des »südlichen Fußes« (Pilier Sud).

14 Champs-Élysées & Arc de Triomphe

Vom Verkehr umbraust, erhebt sich majestätisch der Arc de Triomphe auf der Place de l'Étoile (heute Place Charles-de-Gaulle) am westlichen Ende der Avenue des Champs-Élysées. Im Osten mündet diese Prachtstraße, von einem Park gesäumt, in die Place de la Concorde im Herzen des historischen Paris.

Arc de Triomphe

Errichtet wurde der Triumphbogen ab 1806 auf Initiative **Napoleons** als Denkmal seiner militärischen Erfolge, doch erst nach seinem Tod 1836 vollendet. Der umliegende Platz erhielt seine heutige Gestalt 1854, als Ausgangspunkt für 12 sternförmig abzweigende Avenuen: *L'Étoile* (»Stern)«, wie er auch heute noch im Pariser Volksmund heißt, ungeachtet der Umbenennung 1970 in *Place Charles-de-Gaulle*.

Seit 1920 befindet sich am Fuße des Bogens ein **Grabmal des Unbekannten Soldaten** – gemeinsam mit diesem wichtigste nationale Gedenkstätte Frankreichs.

Grabmal des Unbekannten Soldaten

Von der **Aussichtsplattform** in 55 m Höhe hat man einen ausgezeichneten Blick über das Weichbild von Paris: Schaut man westwärts über die Avenue des Armées, fällt der Blick auf die Grande Arche eingangs des Hochhausviertels La Défense! Nach Osten entfaltet sich die **Historische Sichtachse** *(Axe historique)* über die Tuilerien und den kleinen Arc de Triomphe du Carrousel bis zum Louvre, entlang der berühmtesten Prachtmeile der Stadt.

Avenue des Champs-Élysées

Ursprünglich angelegt als **Promenade** von den Tuilerien ins freie Feld, erlebte die Straße noch vor der Französischen Revolution (als sie ihren heutigen Namen erhielt) einen großzügigen Ausbau und entwickelte sich im späten 19. Jh. zur Flaniermeile der Wohlhabenden und Laufsteg für die Schönheitsköniginnen von Paris, mit exquisiten Läden und Restaurants. In den Parkanlagen beiderseits der Avenue entstanden zur Weltausstellung 1900 **Petit** und **Grand Palais** als neue architektonische Glanzpunkte der Hauptstadt.

Arc de Triomphe bei Nacht

Von diesem Flair hat die Avenue des Champs-Élysées viel eingebüßt, ist aber nach wie vor Schauplatz großer **Paraden**, etwa zum Nationalfeiertag am 14. Juli. Traditionell endet hier auch alljährlich die letzte Etappe der Tour de France.

KLEINE PAUSE

Zu den letzten verbliebenen Nobel-Restaurants auf den Champs-Élysées zählt **Le Fouquet's** (Nr. 99, www.lucienbarriere.com), wo viel Film-Prominenz verkehrt.

Arc de Triomphe

218 A4 Place Charles-de-Gaulle-Étoile

01 55 37 73 77; www.arc-de-triomphe.monuments-nationaux.fr

tägl. 10–22.30/23 Uhr

Charles-de-Gaulle-Étoile 9,50/6 €

Avenue des Champs-Élysées

218 A4–C3

George V, Franklin D Roosevelt, Charles-de-Gaulle-Étoile

BAEDEKER TIPP

- Am schönsten ist ein Besuch des Arc de Triomphe am **frühen Morgen** oder **späten Nachmittag**, wenn das Licht den Skulpturenschmuck des Bauwerks ganz plastisch hervortreten lässt und beim Blick auf die Stadt deren typische silbrig-graue Dächer leuchten.
- Zur Überquerung gibt es eine **Unterführung** am oberen Ende der Champs-Élysées.
- Von der **Plattform** genießt man eine traumhafte Aussicht.
- Wer die **Champs-Élysées** zur Gänze erkunden möchte, sollte dies mit bequemen Schuhen tun – vom Arc de Triomphe bis zur Place de la Concorde sind es fast 2 km!

15 Centre Georges Pompidou

Auch fast vier Jahrzehnte nach seiner Entstehung setzt die gewagte Stahl- und Glas-Architektur des von den Parisern »Beaubourg« genannten Kunst- und Kulturzentrums einen markanten städtebaulichen Akzent und lockt als exzellent bestücktes Museum moderner Kunst alljährlich Millionen Besucher an.

Nach der Umsiedlung der alten Markthallen von Paris Ende der 1960er-Jahre fasste der damalige Staatspräsident Georges Pompidou den Plan, auf dem frei gewordenen Areal im Quartier *Beaubourg* ein Museum für moderne Kunst zu errichten (die bislang im Palais de Tokyo höchst unzureichend untergebracht war) und gemeinsam mit anderen Institutionen ein einmaliges **Kulturzentrum** entstehen zu lassen.

Die Architekten Renzo Piano und Richard Rogers entwarfen eine Art »Kreativitätsmaschine« – ein spektakuläres **Bauwerk**, dessen wuchtige Dimensionen in ein spannungsreiches Zusammenspiel mit der Transparenz weiter Gebäudeteile treten: ein Skelett aus Stahl und Glas mit riesiger überdachter Außenrolltreppe. Was die Pariser bei der Eröffnung 1977 besonders empörte, war die ostentative

ORIENTIERUNGSHILFE

- Regelmäßige **Wechselausstellungen** finden in der 1. und 6. Etage statt.
- Dauerausstellung des **MNAM** in der 4. Etage: zeitgenössische Kunst (ab 1960) mit Medien-Abteilung (s. Kasten rechts). 5. Etage (nur über 4. Etage erreichbar): »Historische Sammlung« von 1905–1960.

Daneben beherbergt das Centre Georges Pompidou:

- die öffentliche **Bibliothèque Publique d'Information** (BPI, Eingang: Rue Beaubourg; www.bpi.fr)
- das Musikforschungszentrum **IRCAM** mit Mediathek (1 Place Igor-Stravinsky; www.ircam.fr).

Das avantgardistische Gebäude

Plexiglas-verkleidete Rolltreppe hoch über der Stadt

Zurschaustellung des technischen Systems im Außenbereich, mit Röhren für die Belüftungsschächte (blau), Transportwege (rot), Elektroleitungen (gelb) und Wasserleitungen (grün). Die Gemüter beruhigten sich jedoch spätestens 1983, als auf dem Vorplatz der dynamisch-verspielte **Strawinsky-Brunnen** mit beweglichen Plastiken von Jean Tinguely und Niki de Saint-Phalle in Betrieb genommen wurde.

Musée National d'Art Moderne (MNAM)

Das Museum verfügt über eine ausgedehnte Sammlung von über 50 000 Werken von der klassischen Moderne (Matisse, Chagall, Picasso, Braque, Ernst) bis zur zeitgenössischen Kunst (Beuys, Newman, Warhol, Richter), von denen in jährlichem Wechsel rund 2000 ausgestellt sind – in Ergänzung zu Louvre (➤ 53f.) und Musée d'Orsay (➤ 58f.). Einbezogen sind dabei auch die Bereiche Architektur (Rem Kolhaas, Jean Nouvel), Fotografie (Gursky) und Industriedesign (Eileen Gray, Colani, Starck).

KLEINE PAUSE

Außer einem **Café** im 1. Stock gibt es das ultra-coole Dach-Restaurant **Georges** im 6. Stock mit herrlichem Blick über Beaubourg und Marais (www.beaumarly.com).

---

219 E3 · 19 Place Georges-Pompidou
01 44 78 12 33; www.centrepompidou.fr
MNAM und Ausstellungen tägl. außer Di 11–21 Uhr
Rambuteau, Hôtel de Ville
13/11 €, Panorama (6. Etage) 3 €

BAEDEKER TIPP

- Wer wenig Zeit hat, sollte sich auf das **MNAM** im **4. Stock** beschränken mit teilweise witzig-ironischen Exponaten wie ***Josephine Baker*** (um 1928), einem der frühen Mobiles ihres Erfinders Alexander Calder.
- Die Mediensammlung des Espace des Collections **Nouveaux Médias** (4. Etage) mit Videos, CD-Roms, Websites, Installationen und Sound-Dokumenten von Medien-Künstlern ist eine der weltweit bedeutendsten ihrer Art.

Nach Lust und Laune!

Gartenansicht des Hôtel Biron, wo Rodin lebte und arbeitete

16 St-Germain-des-Prés

Von der Benediktiner-Abtei **St-Germain-des-Prés** (6. Jh.), die dem Viertel seinen Namen gab, steht nur noch die Kirche – und ein wenig eingebüßt hat es auch von seinem einstigen Glanz als Mekka des literarischen Paris. In der Zwischenkriegszeit war das 6. Arrondissement Treffpunkt für Maler, Schriftsteller, Philosophen und Politiker, die in den noblen Künstlerlokalen entlang des **Boulevard St-Germain** verkehrten: *Café de Flore* (Nr. 172), *Brasserie Lipp* (Nr. 151) oder *Les Deux Magots* (6 Pl. St-Germain-des-Prés).

Interessante Lokale und Läden findet man nach wie vor rund um den legendären Boulevard, der das Universitätsviertel *Quartier Latin* mit dem Regierungsviertel *Faubourg St-Germain* verbindet. Das Publikum ist neben Studenten, Künstlervölkchen und wohlhabenden Kulturschaffenden durchsetzt von Angehörigen des Geldadels, die sich (teils als Sponsoren) einen Hauch von Bohème gönnen möchten.

219 D2 St-Germain-des-Prés

17 Musée Rodin

In diesem schönen Anwesen, dem 1730 erbauten **Hôtel Biron**, lebte und arbeitete der geniale Bildhauer Auguste Rodin (1840–1917). Manche seiner hier ausgestellten 500 Meisterwerke – wie *Der Kuss* oder *Das Eherne Zeitalter* – wirken so lebensecht, dass man bei Letztgenanntem den Künstler verdächtigte, einen Jüngling aus Fleisch und Blut in den Stein gebannt zu haben. Im weitläufigen **Park**, der das Gebäude umgibt, begrüßt einen am Eingang, als bekannteste von Rodins Skulpturen, der *Denker* – und als Kontrast das *Höllentor*.

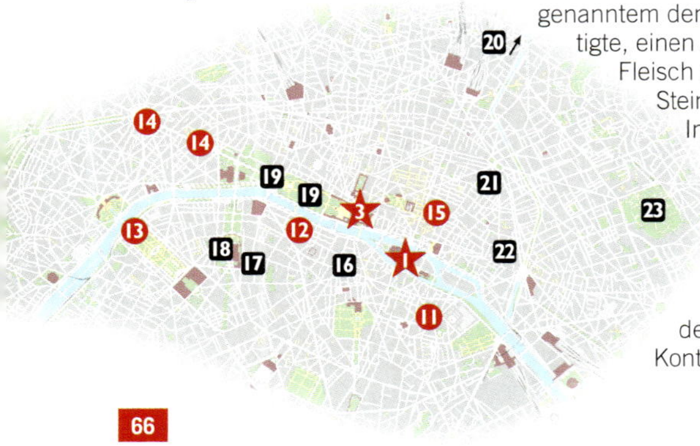

Kuppel des Invalidendoms

218 C2 · 79 Rue de Varenne
01 44 18 61 10; www.musee-rodin.fr
tägl. außer Mo 10–17.45 Uhr · Café (9.30–16.30/18.30 Uhr) · Varenne
10/8 €; Kombiticket (mit Musée d'Orsay) 15 €

18 Hôtel des Invalides

Bis 1676 entstand auf Initiative Ludwigs XIV. die gewaltige Anlage des **Hôtel National des Invalides** für kriegsversehrte Soldaten, nach 1800 als Ruhmestempel der französischen Armee genutzt. Herzstück ist der **Invalidendom** *(Église du Dôme)* mit seiner goldenen Kuppel, seit 1840 Mausoleum Napoleons – sechs ineinander geschachtelte Särge in einem Sarkophag aus rotem Porphyr in der runden Krypta. Inzwischen ruhen hier auch zahlreiche militärische Würdenträger der Grande Nation. Der Komplex mit dem weiten Aufmarschplatz der *Esplanade* beherbergt heute mehrere Museen, darunter **Musée de l'Armée** und **Musée de l'Ordre de la Libération**. Einen Besuch wert ist auch die dem Dom benachbarte schlichte Soldatenkirche **Saint-Louis-des-Invalides**.

218 B2 · Esplanade des Invalides
08 10 11 33 99; www.invalides.org
tägl. 10–17/18 Uhr (geschl. 1. Mo im Monat)
Café · La Tour Maubourg, Varenne, Invalides · RER Invalides · 9,50/7,50 €

NAPOLÉON BONAPARTE

Die Person Napoleons ist eng mit diesem Komplex verknüpft. Hier feierte er militärischen Erfolge, inszenierte eindrucksvolle Militärparaden auf dem »Marsfeld« **Champ de Mars**, präsentierte seine Kriegsbeute auf der Esplanade – in Wien erbeutete Waffen oder eine Löwenstatue vom Markusplatz in Venedig – und erwies seinen siegreichen Armeen die Ehre im **Soldatenheim** und der nahen **École Militaire**, die er selbst als junger Offizier besucht hatte.

19 Place de la Concorde und Jardin des Tuileries

Die **Place de la Concorde**, größter Platz der Stadt, 1776 eingeweiht als Place Louis XV., erlangte als *Place de la Révolution* traurige Berühmtheit durch über tausend hier guillotinierte Angeklagte und 1795, nach Ende der Schreckensherrschaft, ihren heutigen Namen. Nach der Juli-Revolution 1830 ließ Bürgerkönig Louis Philippe sie mit Denkmälern (weiblichen Allegorien der acht größten französischen Städte) und einer Brunnenanlage schmücken sowie den rosa **Obelisken** vom Ramses-Tempel in Luxor ins Zentrum setzen. Von hier aus östlich bis zum Louvre, nördlich begrenzt von der Rue de Rivoli, südlich von der Seine, erstreckt sich der **Jardin des Tuileries**, im

Grünes Idyll: Jardin des Tuileries an der Westseite der Place de la Concorde

16. Jh. angelegt von der damaligen Königin Katharina de' Medici. Hundert Jahre später ließ Ludwig XIV. ihn barock umgestalten durch den auch in Versailles tätigen Gartenarchitekten André Le Nôtre (➤ 74). Im 19. Jh. kamen *Orangerie* und Ballhaus *Jeu de Paume* dazu (heute beide Museen).

Place de la Concorde
218 C3 Concorde

Jardin des Tuileries
218 C3–219 D3 01 40 20 90 43; www.musee-orangerie.fr; www.jeudepaume.org
Park tägl. 7/7.30–19.30/21/23 Uhr
Tuileries, Concorde

20 La Villette

Auf dem Gelände eines ehemaligen Schlachthofs wurde 1984 ein 55 ha großer **Freizeitpark** eröffnet – mit dem Naturkunde- und Technologie-Museum **Cité des Sciences et de l'Industrie** als Besuchermagnet. Während im *Explora* genannten Teil etwa optische Illusionen und ein Flugsimulator warten und man Zwiesprache mit einem Roboter halten kann, bietet die *Cité des Enfants* im Parterre eine wissenschaftliche Entdeckungswelt für Kinder. Die dürften auch begeistert sein von *La Géode*, einem Omnimax-Kino im Gehäuse einer riesigen Stahlkugel.

219, außerhalb F5 Parc de la Villette
Cité de la Musique: Tel. 01 44 84 45 00; www.cite-musique.fr; Cité de Sciences: Tel. 01 40 05 70 00; www.cite-sciences.fr
tägl. außer Mo 10–19/20 Uhr
Mehrere Cafés Porte de la Villette Explora, Cité des Enfants: je 8/6 €; Géode: 12/9 €

FÜR KINDER

- **Aquaboulevard** – Wasserpark mit Rutschen und Wellenmaschinen, wo man auch Tennis und Golf spielen kann (4–6 Rue Louis Armand, Tel. 01 40 60 10 00, www.aquaboulevard.fr; tägl. 8/9–23/24 Uhr, Kasse bis 21 Uhr; 28/23/15 €).
- **Jardin d'Acclimatation** im Bois de Boulogne – mit Minigolf und Themenplätzen (Boulevard des Sablons, www.jardindacclimatation.fr; Garten: 3/1,50 €).

21 Musée Picasso

In einem schönen Palais des 17. Jhs., dem Hôtel Salé im Marais, ist seit 1985 eines der bedeutendsten Museen von Paris beheimatet: Die Erben des 1973 verstorbenen wohl bekanntesten Künstlers der Moderne vermachten der Stadt Paris über 3500 seiner Gemälde, Zeichnungen, Skizzenbücher, Collagen, Keramiken und Skulpturen aus allen Schaffensperioden und dessen eigene, umfangreiche Kunstsammlung mit Werken u. a. von Georges Braque, Paul Cézanne und Henri Matisse. Diese Schenkung wurde nach dem Tod seiner Witwe 1986 nochmals erheblich erweitert.

219 F3 Hôtel Salé, 5 Rue de Thorigny
01 42 71 25 21; www.museepicassoparis.fr
tägl. außer Di St-Paul, Chemin Vert, St-Sébastien-Froissart Vorraussichtlich ab Ende 2014 wieder eröffnet. s. Website.

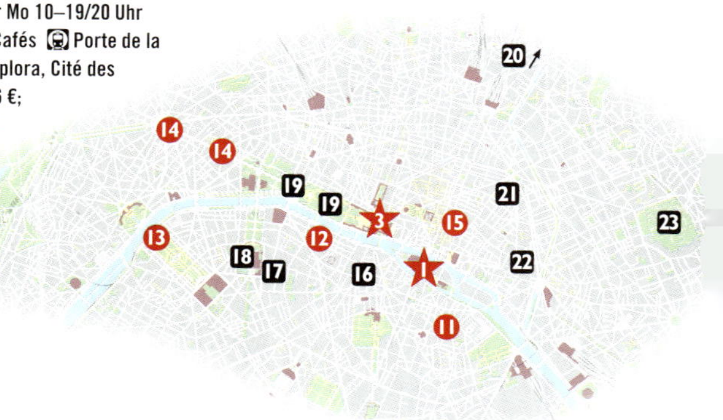

Brunnen auf der Place des Vosges

22 Place des Vosges
Schmucke Palais aus rotem Backstein wurden zu Beginn des 17. Jhs. von Heinrich IV. als streng symmetrische Kulisse um einen bestehenden Park herum geplant – für die **Place des Vosges**, den ältesten und idyllischsten der fünf »königlichen Plätze« von Paris. Im Haus Nr. 6 wohnte 1832 bis 1848 der Dichter Victor Hugo, und unter den Arkaden haben sich edle Läden und stilvolle Cafés angesiedelt.

Das umliegende **Marais** (3./4. Arr.), seit dem 13. Jh. Zentrum jüdischen Lebens in Paris, hat viel von seinem historischen Charme bewahrt, seit es in den 1960er-Jahren dem Verfall entrissen wurde, und ist heute beliebtes Ausgehviertel. Zu den in restaurierten Herrschaftssitzen untergebrachten Museen gehören das Musée Picasso (► 68) und die *Maison Européenne de la Photographie* (5–7 Rue de Fourcy; www.mep-fr.org).

219 F2 St-Paul, Bastille, Chemin Vert

23 Cimetière du Père-Lachaise
Anfang des 19. Jhs. angelegt, gilt der Père Lachaise als erstes parkähnlich gestaltetes **Begräbnisareal** der Welt. Schier unüberschaubar ist der Reigen von Berühmtheiten, die hier ihre letzte Ruhestätte fanden – darunter die Maler Camille Corot, Eugène Delacroix, Camille Pissaro und Max Ernst, Schriftsteller wie Molière, Alphonse Daudet, Honoré de Balzac, Guillaume Apollinaire, Oscar Wilde und Marcel Proust, die Komponisten Georges Bizet und Fréderic Chopin neben Sängern wie Maria Callas, Edith Piaf oder Doors-Frontman Jim Morrison.

219, außerhalb F3
Boulevard de Ménilmontant
01 55 25 82 10; www.pere-lachaise.com (mit virtuellem Rundgang)
tägl. 8/8.30/9–17.30/18 Uhr
Père-Lachaise, Philippe Auguste, Gambetta

Grabstatue auf dem Friedhof Père Lachaise

Etwas außerhalb

24 Chantilly

Süße Schlagsahne heißt im Französischen »*chantilly*« – nach dem für seine gute Küche berühmten Städtchen knapp 50 km nördlich von Paris. Das herrliche **Petit Château** im Renaissance-Stil (16. Jh.) beherbergt zusammen mit dem **Grand Château** (Neo-Renaissance, 19. Jh.) das **Musée Condé** mit bedeutender Gemäldesammlung (u. a. Raffael, Poussin, Delacroix) und Bibliothek (weltbekanntes Stundenbuch *Les Très Riches Heures* des Duc de Berry).

Die ehem. Großen Stallungen (18. Jh.), in denen das **Musée Vivant du Cheval** eingerichtet wurde, bieten bei Jung und Alt beliebte Pferde-Dressur-Vorführungen.

221 F3

Schloss: 03 44 27 31 80; Pferdemuseum: 03 44 27 31 63; www.domainedechantilly.com; www.musee-conde.fr

Schloss/Museen: tägl. außer Di 10/10.30–17/18 Uhr, Park bis 18/20 Uhr

Züge von Paris, Gare du Nord **Gesamt-Ticket (Park, Schloss, Museen) 18/7,50 € (Pferde-Show +10/9,50 €), auch Einzel-Tickets**

25 Disneyland® Resort Paris

Man glaubt es kaum, doch dieser finanziell stets gebeutelte US-Import ist Europas beliebtestes Touristen-Ziel. Das liegt an Sensationen wie *Big Thunder Mountain*, *Indiana Jones im Tempel des Todes* (mit 360°-Looping rückwärts) sowie als größtem Nervenkitzler *Space Mountain: Mission 2*. Für Kleinkinder gibt es Peter Pan oder Dumbo den Fliegenden Elefanten.

Speiselokale, Läden und Paraden amerikanischen Stils runden das Bild einer Erlebniswelt ab, in der vor allem Kinder sich nach Herzenslust amüsieren können (allerdings zu happigen Preisen). Nicht an Wochenenden und frühmorgens kommen, dann ist der Andrang in der Regel am schlimmsten.

221 F2 **Marne-la-Vallée**

09 09 03 03 03; www.disneylandparis.de

nach Jahreszeiten wechselnd (s. Website)

RER-Linie A nach Marne-la-Vallée oder Chessy (Eingang Disneyland 100 m vom Bahnhof); Shuttlebus u. a. von Gare du Nord

Tagesticket (1 Park) 61/55 € (auch Mehrtages-Pauschalangebote)

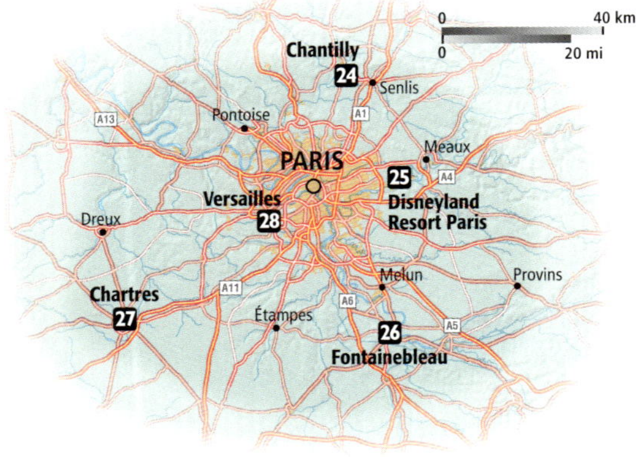

Prachtvolles Interieur im Königsschloss Fontainebleau

26 Fontainebleau

Ein Besuch der prachtvollen Königsresidenz 65 km südöstlich von Paris ist eine gute Alternative zum überlaufenen Versailles (➤ 72ff.). Einst als **Jagdschloss** erbaut im Revier des **Waldes von Fontainebleau**, wurde sie von Franz I. großzügig im Stil der Renaissance erweitert: Fast 2000 Zimmer umfasst der Gebäudekomplex mit prächtigem Interieur und ausgedehntem Park (heute UNESCO-Welterbe).

Hier wurden Mitte des 19. Jhs. bedeutende Akzente für die Landschaftsdarstellung gesetzt durch die Schule von **Barbizon** – in jenem Dörfchen wirkten Künstler wie Camille Corot, Charles-François Daubigny und Jean-François Millet.

221 F2

01 60 71 50 70; www.musee-chateau-fontainebleau.fr tägl. außer Di 9.30–17/18, Park bis 17/18/19Uhr Züge nach Fontainebleau-Avon stdl. von Paris, Gare de Lyon, dann Busse zum Schloss (Fahrzeit: ca. 1 Std.) 10/8 (+ Führung 6,50) €

27 Chartres

Die Kathedrale **Notre-Dame de Chartres** mit unterschiedlich hohen Türmen (seit 1979 UNESCO-Welterbe) gilt als Musterbeispiel hochgotischer Kirchenarchitektur, richtungweisend für Nachfolgebauten im ganzen Land. Errichtet in der ersten Hälfte des 13. Jhs., dominiert ihre mächtige Silhouette das Bild des Städtchens 90 km südwestlich von Paris. Überwältigend wirkt, im Kontrast zum nüchternen Baumaterial des Kalksteins, der Reigen von 176 Buntglasfenstern und drei Fenster-Rosetten. Dargestellt sind biblische Szenen vom Alten Testament bis zum Jüngsten Gericht – entgegen dem Uhrzeigersinn, ausgehend von der Nordwand. Eine Rarität ist das begehbare Labyrinth im Boden des Hauptschiffs (das die Pilger auf Knien durchquerten).

Tritt man durch die opulent verzierten Portale hinaus, so erlebt man eine sorgsam restaurierte mittelalterliche Stadt, die mit der Kirche **St-Pierre** ein weiteres Kleinod der Hochgotik aufzuweisen hat und im **Centre International du Vitrail** ein hervorragendes Museum für Glasmalerei besitzt (www.centre-vitrail.org).

221 E2 Züge von Paris, Gare Montparnasse (Fahrzeit: 1 Std.)

Touristen-Information

Place de la Cathédrale, BP289, 28005
02 37 18 26 26; www.chartres-tourism.com/de
tägl. 9.30/10–17/17.30/18 Uhr

Spiegelsaal *(Galerie des Glaces)*, prächtigster Repräsentationsraum: Hier wurden Bälle gefeiert und 1871 der deutsche Kaiser proklamiert

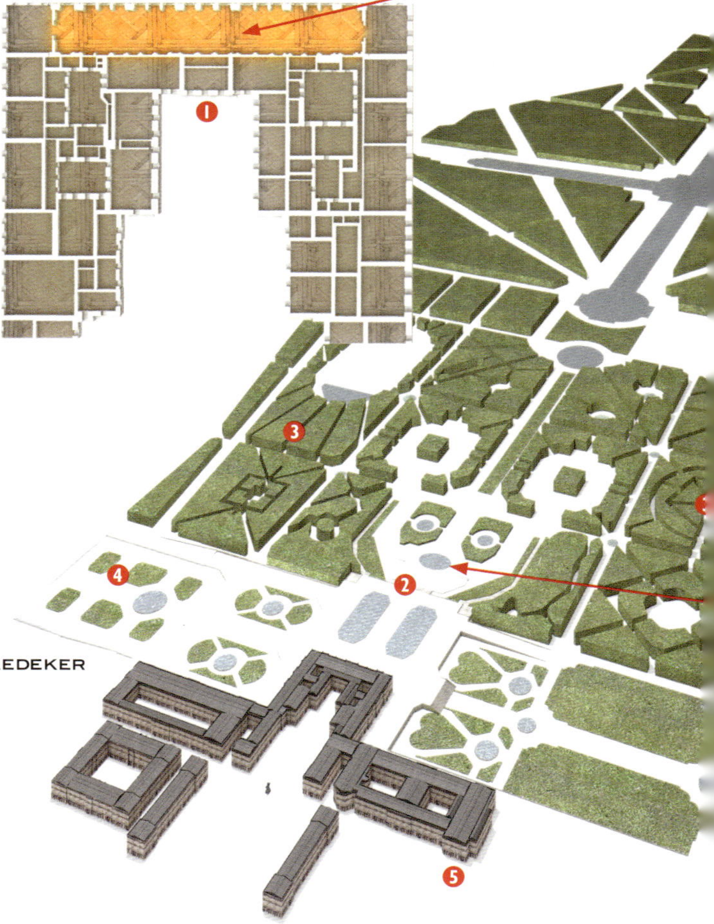

Das Schloss des Sonnenkönigs

Das größte und berühmteste Schloss ganz Frankreichs entstand als märchenhafte Residenz König Ludwigs XIV. Bis ins 20. Jh. war es symbolisches Zentrum des französischen Staats.

1 Chambre du Roi: Exakt im Zentrum des Schlosskomplexes lag das in Gold gehaltene Schlafzimmer des Sonnenkönigs, wo sich dieser auch seinen Höflingen präsentierte. Eine Balustrade teilte den »privaten« vom »öffentlichen« Bereich.

2 Wasserparterre: Die Wasserbecken vor der Hauptfassade zieren monumentale Bronzefiguren, die die Flüsse Frankreichs darstellen.

3 Boskette: Zu beiden Seiten der Hauptachse bildeten unterschiedlich gestaltete »Wäldchen« aus Buchenhecken intime Räume für Festlichkeiten und Vergnügungen.

4 Orangerie: Unterhalb des Südparterres zwischen den »Treppen der 100 Stufen« versteckte Hofarchitekt Jules Hardouin-Mansart die doppelt verglaste Orangerie, Gewächshaus für exotische Pflanzen.

5 Opernhaus: Als letzte Baumaßnahme anlässlich der Hochzeit des späteren Königs Ludwig XVI. mit Marie-Antoinette wurde der Bau 1770 als Theater- und Bankettsaal fertig gestellt. Er besteht ganz aus Holz und verfügt so über eine ausgezeichnete Akustik. Die blaue Bespannung der 700 Sitze harmoniert mit dem prächtigen Golddekor.

Wasserspiele: Latona-Brunnen mit Blick zum Grand Canal

Die der Stadt zugewandte Fassade des Schlosses von Versailles

28 Versailles

Inbegriff barocker Palastarchitektur ist das unter Ludwig XIV. erbaute **Residenzschloss** von Versailles (gut 20 km südwestl. von Paris), unübertroffenes Monument absolutistischer Herrschaft, mit dessen Opulenz und Extravaganz der »Sonnenkönig« sich ein repräsentatives Denkmal zu Lebzeiten schuf – heute UNESCO-Welterbe.

Als Architekten verpflichtete er Louis Le Vau und Jules Hardouin-Mansart, für die Innengestaltung Charles Le Brun und für die Anlage des 100 ha großen **Parks** den Gartenspezialisten André Le Nôtre (der auch die Jardins des Tuileries anlegte, ➤ 68). Sie verwandelten ein bescheidenes Jagdschloss Ludwigs XIII. ab 1661 in mehreren Bauabschnitten in ein prächtiges Gesamt-Ensemble aus Bau- und Gartenkunst. Die Wohnräume des gewaltigen Komplexes, mit zahlreichen Flügelbauten und Sälen, boten mehreren Tausend Höflingen Platz, Gäste brachte man in den kleineren Schlössern **Grand Trianon** und **Petit Trianon** unter.

Versailles diente ein Jahrhundert lang als Regierungssitz und kulturelles Zentrum Frankreichs, bis während der Revolution 1789 ein aufgebrachter Mob den Palast stürmte und Ludwig XVI. sowie seine Gattin Marie-Antoinette inhaftierte.

Glanzstück des **Schlosses** ist der Spiegelsaal ***(Galerie des Glaces)***, wo 17 gigantische Spiegel ebenso vielen Fenstern gegenüberstehen (und 1919 der Friedensvertrag von Versailles den Schluss-Strich unter den Ersten Weltkrieg zog). Versailles wurde vorbildlich für diverse Residenzen und Lustschlösser in ganz Europa.

221 E2 78000 Versailles
01 30 83 78 00; www.chateauversailles.fr
tägl. außer Mo, Schloss: 9–17.30/ 18.30 Uhr, Trianons: 12–17.30/18.30 Uhr (letzter Einlass 30 Min. vor Schließung); Park: tägl. 7–18/20.30 Uhr
RER Linie C nach Versailles-Rive Gauche; Züge von Gare Montparnasse bis Gare des Chantiers oder von Gare St-Lazare nach Versailles-Rive Droite (via La Défense). Alle drei Bahnhöfe in fußläufiger Entfernung zum Schloss
(mit Audioguide) Schloss: 15 €, Trianons: 10 €, Gärten: 8 €; Ein-/Zwei-Tagespass: 18/25 €; Nov.–Febr. 1. So des Monats: Schlösser und Gärten frei

Wohin zum …
Übernachten?

Preise
für ein Doppelzimmer pro Nacht:
€ unter 120 Euro **€€** 120–220 Euro **€€€** über 220 Euro

L'Atelier Montparnasse €/€€

Der Kunst (die ja einmal Montparnasse beherrschte) kommt man tatsächlich fast so nahe wie in einem Atelier, was die ausgefallene Einrichtung des Hotels angeht, die zeitgenössisches Design mit Zitaten der 1930er verknüpft, bis hin zu den Kacheln der Bäder. 17 gediegene Zimmer mit Kabel-TV und Mini-Bar.
218, südlich B1 84 Rue Raymond Losserand, 75014 (Observatoire) 01 45 42 16 03; www.ateliermontparnasse.com Pernety, Montparnasse

L'Hôtel €€€

Diskreter, geschichtsträchtiger Luxus in einem stillen Eckchen von St-Germain-des-Prés: In diesem Hotel starb am 30. November 1900 Oscar Wilde! Die 20 Gastzimmer sind ausgestattet mit barocker Opulenz (teils mit Himmelbett und schweren Armsesseln) – und erreichbar über eine spektakuläre Wendeltreppe. Mit einem Michelin-Stern gekrönt ist das Restaurant des Hauses (»Le Restaurant«) unter Küchenchef Julien Montbabut.
219 D2 13 Rue des Beaux-Arts, 75006 (Luxembourg) 01 44 41 99 00; www.l-hotel.com St-German-des-Prés

Hôtel Atlantis €€/€€€

Elegantes Hotel mit 27 ansprechend eingerichteten Zimmern unterschiedlicher Kategorien (alle mit Satelliten-TV), von denen die meisten auf die belebte Place St-Sulpice hinausgehen, mit schönem Brunnen und Cafés.
219 D2 4 Rue du Vieux-Colombier, 75006 (Luxembourg) 01 45 48 31 81; www.hotelatlantis-sg.com St-Sulpice

Hôtel Cluny Sorbonne €/€€

Zentral und trotzdem ruhig gelegen nahe der Sorbonne ist dieses familiengeführte Hotel mit 23 einfachen, aber komfortablen Gastzimmern – eine schöne Adresse mitten im Quartier Latin, und Freunde der Dichtung werden zu schätzen wissen, dass in diesem Haus einst Arthur Rimbaud wohnte.
219 E2 8 Rue Victor Cousin, 75005 (Panthéon) 01 43 54 66 66; www.hotel-cluny.fr Cluny La Sorbonne

Hôtel du Jeu de Paume €€€

Ein Domizil für romantische Naturen in unnachahmlicher Lage auf der idyllischen Île de Saint Louis (und damit nahe Notre-Dame), in einem Palais des 17. Jhs., wo man einst *jeu de paume* (eine Vorform des Tennis) spielte. Das Hotel verfügt über Bibliothek, Musik- und Billardzimmer sowie ein schönes Gärtchen, und seine 30 Gastzimmer sind individuell eingerichtet mit hochwertigen Stoffen und Möbeln.
219 F2 54 Rue Saint Louis en l'Île, 75004 (Hôtel de Ville) 01 43 26 14 18; www.jeudepaumehotel.com Pont Marie

Hôtel Franklin Roosevelt €€/€€€

Stilvoller Luxus mit dicken Teppichen und opulenten Textilien bestimmt das Bild in diesem Hotel, das seinen Gästen auch ein gemütliches Lesezimmer und Wintergarten bietet – sowie eine sehr günstige Lage zum Bummeln und Einkaufen nahe der Avenue des

Champs-Élysées. Alle Zimmer mit Klimaanlage.
218 B3 · 18 Rue Clément Marot, 75008 (Gobelins) · 01 53 57 49 50; www.hroosevelt.com · Franklin D. Roosevelt, Alma – Marceau

Hôtel St-Merry €€/€€€

Deckenbalken und Holzschnitzereien lassen das Alter dieses Hauses in einer stillen Straße des Marais erahnen, das ursprünglich in der Renaissance als Presbyterium erbaut wurde. Ganz in der Nähe liegt das Centre Georges Pompidou.
219 E3 · 78 Rue de la Verrerie, 75004 (Hôtel de Ville) · 01 42 78 14 15; www.hotelsaintmerryparis.com · Hôtel-de-Ville, Châtelet

Pavillon de la Reine €€€

Luxus, der einer Königin würdig ist, erwartet den Gast hier an der Place des Vosges: Eingerichtet wurde die ehem. Königsresidenz mit schönem Garten von Anna von Österreich, der Gattin Ludwigs XIII., einschließlich des grandiosen Kamins im Salon. Im Frühstücksraum speist man umgeben von schönen alten Wandbehängen, und natürlich hat diese Nobel-Herberge entsprechende Preise.
219 F2 · 28 Place des Vosges, 75003 (Temple) · 01 40 29 19 19; www.pavillon-de-la-reine.com · Notre-Dame-des-Champs, Montparnasse

Relais-Hotel du Vieux Paris €€€

In den 1950ern und 1960ern Anlaufstation für Dichter der amerikanischen »Beat Generation«, ist das Hotel nach wie vor eine ideale Basis zur Erkundung von St-Germain-des-Prés, Quartier Latin and Île de la Cite. Seine 12 ruhigen, individuell gestalteten und gemütlichen Zimmer und 7 Suiten sind längst renoviert (teils mit groß gemusterten Tapeten und dunklen Balken), von dreien genießt man einen großartigen Blick.
219 E2 · 9 Rue Gît-le-Coeur, 75006 (Luxembourg) · 01 44 32 15 90; www.vieuxparis.com · Saint Michel

Residence Foch €/€€

Charmantes 3-Sterne-Haus mit 18 Zimmern im hübschen Wohnviertel des 16. Arrondissements, mit vielen guten Restaurants in der Nähe. Im Gegensatz zu den Stilmöbeln der Gastzimmer ist die Hausbar im Look der 1930er gehalten und das Frühstück für ein Hotel dieser Kategorie schlicht exzellent.
218, außerhalb A4 · 10 Rue Marbeau, 75116 (Vaugirard) · 01 45 00 46 50; www.foch-paris-hotel.com · Porte Maillot

Sélect Hôtel-Rive Gauche €€/€€€

Mediterranen Touch besitzt der zweistöckige Atriumbau des schicken Hotels im Herzen des *Quartier Latin*, durch Glasdach, Palmen und Kakteen. Nackte Mauern kontrastieren in den 66 Gastzimmern effektvoll mit modernen Bädern und zeitgenössischem Inventar. (Von denjenigen im Obergeschoss genießt man einen schönen Blick über die Stadt.) Es gibt eine Lounge mit kleiner Bibliothek, und das Frühstück nimmt man unter einem Gewölbe des 16. Jhs. ein.
219 E2 · 1 Place de la Sorbonne, 75005 (Panthéon) · 01 46 34 14 80; www.selecthotel.fr · Cluny – La Sorbonne, Saint-Michel, Odéon

Le Vert Galant €/€€

Im 13. Arrondissement südöstlich des Quartier Latin nahe der Place d'Italie direkt gegenüber einem Park situiert, bietet das kleine Hotel 15 angenehme, komfortable Zimmer – in warmen Tönen gehalten, manche ausgestattet mit Kitchenette, alle mit WLAN. Im Sommer Frühstück auf der hübschen Gartenterrasse. Empfehlenswert nebenan ist das baskische Spezialitäten-Restaurant »Auberge Etchegorry« (► rechts), mit südwest-französischer Küche.
219 südl. E1 · 43 Rue Croulebarbe, 75013 (Gobelins) · 01 44 08 83 50; www.vertgalant.com · Place d'Italie

Wohin zum …
Essen und Trinken?

Preise
für ein Drei-Gänge-Menü ohne Getränke:
€ unter 30 Euro **€€** 30–60 Euro **€€€** über 60 Euro

Auberge Etchegorry €€

Seit 50 Jahren erwartet den Gast hinter dem roten, mit Pflanzenkübeln dekorierten Vorbau im typisch baskischen Stil ausgezeichnete Küche des französischen Südwestens: Im mit gewaltigen Schinken und Knoblauch-Girlanden dekorierten Restaurant (und sommers auf der Terrasse) serviert man *Pimientos del piquillo* (Gefüllte Paprika vom Holzkohlengrill), *Haricots Tarbais* (Dicke Bohnen aus den Pyrenäen), *Piperade* (Omelette mit Zwiebeln, Paprika und Tomaten), *Foie gras chaud* (Gänsestopfleber) oder mit Stockfisch gefüllte Paprikaschoten, schmackhaft gewürzt mit frischen Kräutern. Gleich nebenan: das dazugehörige Hotel »Le Vert Galant« (➤ links).

219 südl. E1 541 Rue Croulebarbe, 75013 (Gobelins) 01 44 08 83 51; www.etchegorry.com Di–So 12–14, 19–21 Uhr Place d'Italie

Bofinger €€

Nahe der Opéra de la Bastille residiert die vorgeblich älteste Brasserie von Paris: In sehenswertem Jugendstil-Ambiente kommen hier Klassiker der französischen Küche auf den Tisch, wie Austern und Schalentiere, Entenleber, *Beef tatare*, elsässisches Sauerkraut *(choucroute)* mit deftigem Fleisch und Grill-Gerichte, abgerundet mit köstlichen Desserts und Eis-Kreationen. Besonders empfehlenswert: das dreigängige Festpreis-Menü mit passenden Weinen.

219 außerhalb F2 5–7 rue de la Bastille, 75004 (Hôtel de Ville) 01 42 72 87 82; www.bofingerparis.com tägl. 12–15, 18.30–24, So bis 23 Uhr Bastille

Brasserie Flo €€

Auch eine legendäre Brasserie, mit Dependancen im noblen Kaufhaus Au Printemps (➤ 78), am Flughafen Roissy und in Straßburg (wie es sich für eine »Brasserie alsacienne« gehört). Atmosphärisch aber bleibt natürlich das Stammhaus nicht weit von der schillernden Rue du Faubourg St-Denis unerreicht: Es geht pariserisch-turbulent zu in stilvollem Ambiente – ein aufmerksamer wie unaufdringlicher Service versorgt den Gast mit saftigen Steaks und frischem Fisch, wobei vor allem *Sole meunière* (Seezunge Müllerin-Art) ein Klassiker des Hauses ist. Als Nachtisch empfiehlt sich etwa *Vacherin* (Eis-Meringue) mit Pflaumen in Armagnac. Makellose Weinkarte. Viel Betrieb herrscht am Wochenende bis spät in die Nacht.

219 E4 7 Cour des Petites-Écuries, 75010 (Entrepôt) 01 47 70 13 59; www.brasserieflo-paris.com tägl. 12–15, 19–23, Fr, Sa bis 24 Uhr, Château-d'Eau

Café Procope €€

Einst ältestes Kaffeehaus der Stadt und seit Jahrhunderten ein Refugium der geistigen Elite von Paris, ist das Lokal nahe der Comédie Française heute ein ausgezeichnetes Spezialitäten-Restaurant mit hinreißend nostalgischem Ambiente, wo man sich etwa Kalbskopf-Eintopf, mariniertes Hühnchen und hausgemachte Eiscreme schmecken lassen kann.

219 D2 ✉ 13 Rue de l'Ancienne Comédie 13, 75006 (Luxembourg) ☎ 01 40 46 79 00; www.procope.com tägl. 11.30–24 Uhr Odéon

Le Flaubert €€/€€€

Fünf gut gehende Lokale seiner Kette »Les Bistrots d'à Côté« (Bistro nebenan) unterhält Maître Michel Rostang in Paris, mit modernen Varianten von Klassikern der französischen Küche (und Spezialitäten des Lyonnais) – so auch das »Michel Rostang« (20 Rue Rennequin, 75017 Paris, Tel. 01 47 63 40 77; weitere Adressen siehe Website: www.michelrostang.com). Neben ausgezeichneten Fischgerichten gibt es etwa Huhn, Gänseleber oder Kalbsnieren in Rotweinsauce und zum Dessert ein zart auf der Zunge schmelzendes Schokoladen-Soufflé. Gute, nicht überteuerte Weinkarte. Di–Fr günstige Festpreis-Menüs.

218 A5 ✉ 10 Rue Gustave-Flaubert, 75017 (Batignolles-Monceau) ☎ 01 42 67 05 81; www.bistrotflaubert.com Di–Fr 12.30–14, 19.30–22, Sa 19.30–22 Uhr Courcelles

Taillevent €€€

Das nach dem Chefkoch Karls V. im 14. Jh. benannte Lokal ist die wohl älteste Gourmet-Adresse großen Stils in der Stadt. Hier trifft sich die Crème von Paris in vornehm-gediegenem Ambiente, dem auch die Küche entspricht: vorwiegend nach alten Rezepten, mit nur behutsamen Experimenten. Mit *foie gras*, Hummer und Trüffeln fährt man schließlich immer gut, nicht anders mit einem Schokoladen-Dessert – bei den Nachspeisen lockt indes auch einmal eine vergleichsweise exotische Thymian-Eiscreme! Gemessen am Niveau des Lokals sind die Preise durchaus vertretbar (besonders beim mittäglichen Festpreis-Menü mit oder ohne Weine).

218 A4 ✉ 15 Rue Lamennais, 75008 (Gobelins) ☎ 01 44 95 15 01; www.taillevent.com Mo–Fr 12.15–14, 19.15–21.30 Uhr. Geschl. Sa, So und Aug. George V

Wohin zum ... Einkaufen?

Einkaufsbummel in Paris können immer ein Erlebnis sein – ob man nun durch die Boutiquen der Haute-Couture flaniert (➤ 28f.) oder über einen der schönen Märkte der Stadt streift, wie den Marché aux Fleurs bei Notre-Dame, der sonntags zum Vogelmarkt Marché aux Oiseaux wird (➤ 52), den berühmten Flohmarkt Marché aux Puces de St-Ouen in Montmartre oder den sonntäglichen Marché biologique (Bio-Markt) auf dem Boulevard Raspail, nahe der Métro-Station Rennes.

KAUFHÄUSER

Ein Besuch in den legendären Warenhäusern der Stadt gehört einfach dazu bei einem Paris-Aufenthalt! Beste Adresse der *Rive Gauche* ist das **Bon Marché** (24 Rue de Sèvres; Sèvres-Babylone) mit der Lebensmittelabteilung Grand Epicerie.

Allein ein Fest für die Augen sind die beiden Konsum-Tempel der Belle Époque, die einander fast benachbart am Boulevard Haussmann liegen: **Printemps** (Nr. 64, www.printemps.fr) mit seiner herrlichen Fassade öffnete in der 1870ern seine Pforten, **Galeries Lafayette** (Nr. 40, www.galerieslafayette.com) mit der bombastischen Glaskuppel folgten 1912. Beide sind ausgezeichnet sortiert, besonders bei Mode, Parfüm oder Schmuck. Also, auf zur Havre-Caumartin, dann ein Bummel zur nächsten Adresse und heim mit vollen Tüten von Chaussée d'Antin, Opéra oder Trinité!

LEBENSMITTEL

An der Place de la Madeleine (Ⓜ) beheimatet sind zwei der renommiertesten Luxus-Gourmet-Läden von Paris: **Fauchon** (Nr. 24–26, www.fauchon.com) und **Hédiard** (Nr. 21, www.hediard.fr), deren Auslagen jedem Feinschmecker das Wasser im Mund zusammenlaufen lassen.

Alléosse nördlich der Avenue des Ternes (13 Rue Poncelet, www.alleosse.com; geschl. So nachm., Mo; Ⓜ Ternes) ist ein Paradies für **Käse**-Freunde, mit breiter Auswahl vom Camembert, Époisses, Reblochon bis zum gereiften Ziegenweichkäse, ebenso **La Ferme St-Aubin** auf der Île Saint-Louis (76 Rue St-Louis-en-l'Île, Mo geschl.; Ⓜ Pont-Marie) mit über 200 Sorten aus Frankreich und ganz Europa, alle optimal gereift. In der alteingesessenen *crèmerie* **Barthélémy (Sté)** kaufen sogar Staatspräsident und Premierminister des Landes ihren Brie, Mont d'Or oder Roquefort (51 Rue de Grenelle, So/Mo geschl.; Ⓜ Rue du Bac).

Schokoladen-Liebhaber kommen bei **Christian Constant** (37 Rue d'Assas, www.christianconstant.fr; Ⓜ Rennes) oder **Debauve et Gallais** (30 Rue des Saints-Pères; Ⓜ St-Germain-des-Prés) auf ihre Kosten.

Die älteste **Wein**-Handlung von Paris ist **Les Caves Augé** (116 Boulevard Haussmann; Ⓜ St-Augustin).

MODE UND ACCESSOIRES

Mode und Heimtextilien vom Feinsten führt **Colette** (213 Rue St-Honoré, www.colette.fr; Ⓜ Palais-Royal, Tuileries, Pyramides), mit Marken von Alexander McQueen (Givenchy) bis Tom Dixon und Sony. Hier kann man in der »Water Bar« im Basement stilvoll pausieren, die (neben einem breiten Kaffeehaus-Angebot) auch über 100 verschiedene Mineralwasser bereithält.

Exklusivster Laufsteg der Stadt für **Haute-Couture** ist die **Rue St-Honoré** im 1. Arrondissement, westlich des Palais-Royal. In einer Querstraße residiert **Chanel** (31 Rue Cambon, www.chanel.com; Ⓜ Concorde, Madeleine) – sündhaft teuer die Konfektion, ein wenig erschwinglicher die Accessoires.

Den Laden von **Louis Vuitton** auf den **Champs-Élysées** erkennt man schon an der langen Schlange davor (Nr. 101; Ⓜ George V), auf der **Avenue Montaigne** (die die Champs-Élysées quert) tummeln sich, neben dem Stammhaus von **Christian Dior** (Nr. 30), Niederlassungen von **Dolce & Gabbana** (Nr. 54), **Givenchy** (Nr. 36), **Nina Ricci** (Nr. 39), **Ungaro** (Nr. 2) und **Valentino** (Nr. 17–19), sowie (in Nr. 18) **Giorgio Armani**.

Yves Saint Laurent kleidet in der **Rue du Faubourg Saint-Honoré** Nr. 38 die Damenwelt ein (www.ysl.com; Ⓜ Concorde/Madeleine), die Herren ein paar Schritte weiter in Nr. 12 (Ⓜ Mabillon).

Eine ganze Reihe von Designer-Boutiquen reiht sich um die **Place de la Victoire** (an Rue des Petits Champs und Rue Étienne Marcel), darunter in der Galerie Vivienne (www.galerie-vivienne.com; Ⓜ Bourse) eine Filiale von **Jean-Paul Gaultier**, dessen Stammhaus in der Avenue George V Nr. 44 liegt (Ⓜ George V).

Einen Namen mit aparter Mode machte sich auch die Kette **Agnès B**, mit einer Niederlassung nahe Forum des Halles (6 Rue du Jour; Ⓜ Réaumur Sébastapol).

Eine schicke Adresse der *Rive Gauche* ist das Geschäft von **Sonia Rykiel** (175 Boulevard St-Germain; Ⓜ St-Germain-des-Prés), mit breit gefächertem Angebot auch an Accessoires und Kosmetik.

Wohin zum ... Ausgehen?

KINO

Mainstream- und Programm-Kinos gibt es jede Menge, Informationen auf den entsprechenden Seiten von *Pariscope*.

Ein Multiplex-Zentrum mit 19 Kinos ist **UGC Cine Cité Les Halles** (7 Place de la Rotonde; www.ugc.fr), und hinter **La Pagode** (57 bis Rue de Babylone, www.etoile-cinemas.com/pagode/salles; Ⓜ St-François Xavier) verbirgt sich ein charmanter Japan-Import, mit Samtsesseln, kunstvoll bemalten Wandpaneelen und Garten. Gespielt werden anspruchsvolle Klassiker und neue Streifen in Originalsprache. Technisch und ästhetisch interessant ist das futuristische Omnimax-Kino **La Géode** (26 Avenue Corentin-Cariou, www.lageode.fr; Ⓜ Porte de la Villette) im Parc de la Villette (► 68).

THEATER UND KONZERTE

Zentrum des Pariser Bühnenlebens ist die Meile zwischen Louvre und Arc de Triomphe auf der *Rive Droite*: Hier residiert in der **Maison de Radio-France** (116 Avenue du Président-Kennedy, Tel. 01 56 40 12 12; www.radiofrance.fr) das *Orchestre Nationale de France*.

Das **Théâtre des Champs-Élysées** bietet Oper, Ballett, Symphonien und Kammermusik (www.theatrechampselysees.fr), die alte **Opéra Palais Garnier** Ballett-Inszenierungen (Place de l'Opéra, Tel. 08 92 89 90 90, www.opera-paris.fr; Ⓜ Opéra).

Musikalisch hat ihr inzwischen die moderne **Opéra Bastille** (Place de la Bastille, www.operadeparis.fr; Ⓜ Bastille) unbestritten den Rang abgelaufen, was an der einmaligen Akustik liegt.

In vielen schönen **Kirchen** der Stadt finden zudem oft gratis Konzerte statt.

Einen Besuch wert ist die ehrwürdige **Comédie Française** (2 Rue de Richelieu, geschl. Juli–Sept., www.comedie-francaise.fr; Ⓜ Palais Royal), wo meist Klassiker der Theaterbühne auf dem Spielplan stehen.

NACHTLEBEN

Im Zentrum findet man ein breites Angebot für jeden Geschmack (alle Ⓜ St-Michel): So lauscht man im Nightclub **Caveau de la Huchette** in mittelalterlichen Mauern (5 Rue de la Huchette, So geschl.; www.caveaudelahuchette.fr) Swing, Boogie und Rock, und **Aux Trois Maillets** (56 Rue Galande, www.lestroismailletz.fr) ist ein ausgezeichnetes Jazz-Café. Als Dance-Club (Angebot von R&B bis Techno) empfiehlt sich **Le Saint** (7 Rue St-Séverin, So, Mo geschl.; www.lesaintdisco.com).

Wer des Französischen mächtig ist, den zieht es sicher zu den *Chansonniers* genannten kleinen Etablissements mit Musik und scharfzüngigem Cabaret, wie dem alteingesessenen **Au Lapin Agile** (22 Rue des Saules, Mo geschl.; www.au-lapin-agile.com; Ⓜ Lamarck-Caulaincourt). Klassischer Amüsier-Tempel auf dem Montmartre ist das legendäre **Moulin Rouge** (82 Boulevard de Clichy, www.moulinrouge.fr; Ⓜ Blanche), während man im **Lido de Paris** (116 bis Avenue des Champs-Élysées, www.lido.fr; Ⓜ George V) zum Tanz des hauseigenen Bluebell-Girls-Balletts exzellent speist.

Beliebter Dance Spot der Gay Society ist das **Le Dépôt** im Herzen des Marais (10 Rue aux Ours; www.ledepot-paris.fr; Ⓜ Etienne-Marcel) – und immer ein Ereignis die Fahrt auf der Seine durch das nächtlich erleuchtete Paris mit den Aussichts-Schiffen **Bateaux-Mouche** (www.bateaux-mouches.fr)!

Der Nordwesten

Erste Orientierung	82
In drei Tagen	84
TOP 10	86
Nicht verpassen!	90
Nach Lust und Laune!	96
Wohin zum …	99

Kleine Erlebnisse

Bretonische Leckerbissen

Zur Meeresbrise an der **Côte d'Albâtre** (➤ 96) Krebse, Landbrot mit *beurre salé*, Cidre und Apfel-Karamell-Crêpes!

Marktatmosphäre in Rouen

Bummeln, stöbern, ein Gläschen Wein genießen auf dem **Wochenmarkt von Rouen** (➤ 90ff.), vor malerischer Fachwerk-Kulisse.

Abendruhe am Watt

Köstliche Ruhe senkt sich über den **Mont Saint-Michel**, wenn abends der Strom der Tagestouristen verebbt (➤ 86ff.).

Erste Orientierung

Durchsetzt mit kleinen Sandbuchten und hübschen Fischerorten, wendet sich der Nordwesten Frankreichs dem Meer zu. Während die *Bretagne* im Westen dominiert wird von schroffen Felsen und mit den endlosen Steinreihen von Carnac glänzt, erstrecken sich in *Normandie* und *Picardie* weitläufige Strände mit traditionsreichen Nobel-Kurorten.

Strahlen Brest und Le Havre, größte Häfen der Region, die Nüchternheit der Nachkriegszeit aus, so haben Rouen und Rennes beachtliche historische Substanz zu bieten. Auf Autobahnen gelangt man schnell landeinwärts oder die Küste entlang nach Calais und in die anderen Küstenstädte am Ärmelkanal, genussvoller ist allerdings eine Fahrt über Landstraßen durch Städtchen und Dörfer in Normandie und Bretagne.

Hinter geschützten Buchten, malerischen Häfen und Fischerorten findet man im Landesinnern alte Kulturlandschaften mit kleinen Gemeinden wie Saint-Thégonnec, die sich prächtiger Steinmetz-Arbeiten in ihren Kalvarienbergen und umfriedeten Kirchhöfen rühmen. Reicher entfaltet sich das normannische Bauernland, mit Fachwerkhäusern und schmucken Abteien, umgeben von Obstgärten mit Apfel- und Birnbäumen.

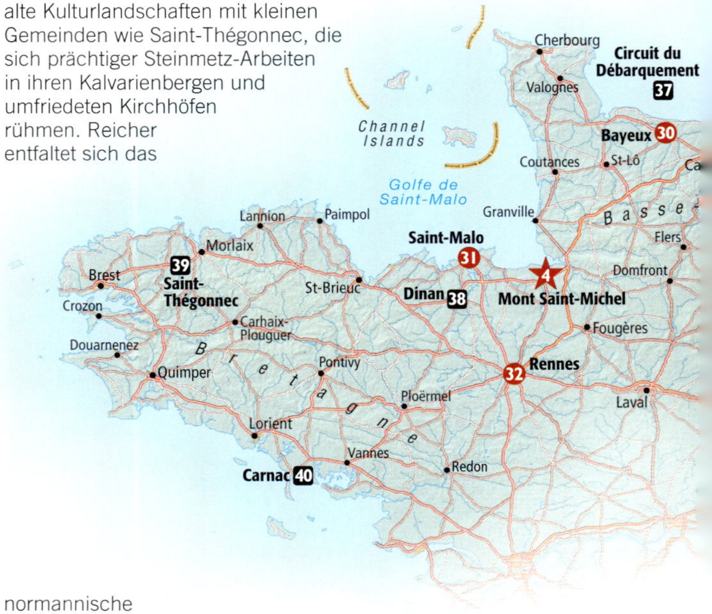

Über Jahrhunderte war die Gegend Zankapfel verschiedener Mächte, wovon aus neuerer Zeit Schlachtfelder des Ersten Weltkriegs um Amiens und nördlich von Caen die Landeplätze der Alliierten im Zweiten Weltkrieg zeugen.

TOP 10

4 Mont Saint-Michel ➤ 86

Nicht verpassen!

29 Rouen ➤ 90
30 Bayeux ➤ 93
31 Saint-Malo ➤ 94
32 Rennes ➤ 95

Nach Lust und Laune!

33 Vallée de la Somme ➤ 96
34 Giverny ➤ 96
35 Côte d'Albâtre ➤ 96
36 Honfleur ➤ 97
37 Circuit du Débarquement ➤ 97
38 Dinan ➤ 97
39 Saint-Thégonnec ➤ 98
40 Carnac ➤ 98

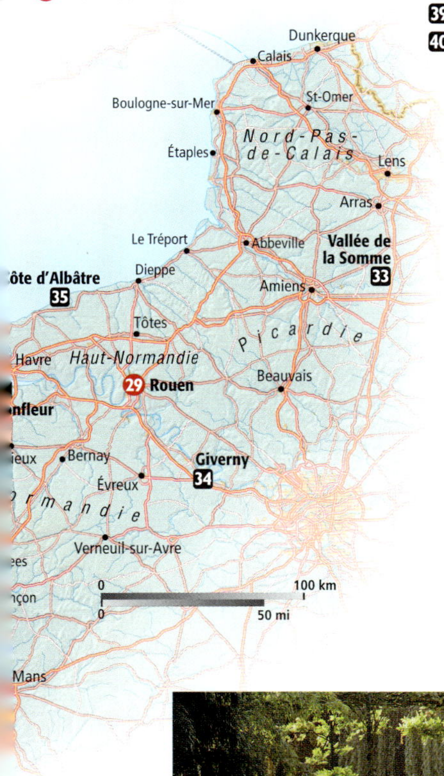

Bogenbrücke in Claude Monets Gartenidyll in Giverny

In drei Tagen

Die folgende Route ist eine Möglichkeit, wie Sie einige der interessantesten Sehenswürdigkeiten im Nordwesten Frankreichs an drei Tagen besuchen können. Die einzelnen Highlights werden im Folgenden näher beschrieben (➤ 86ff.).

Erster Tag

Vormittag

Ein großer Teil des Tages gehört 29 **Rouen** (➤ 90ff.), auf einem Erkundungsgang von der Touristen-Information an der Place de la Cathédrale (➤ 92) durch die **Altstadt** im Nordosten, samt Besichtigung der Kathedrale.

Nachmittag

Besuch im Teesalon **Dame Cakes** (➤ 100) und im **Musée des Beaux-Arts** (➤ 91f.).

Abend

Über D 982, N 15 und D 929 nach 36 **Honfleur** (oben; ➤ 97) zum Abendessen in einem der Restaurants am malerischen Hafen.

Zweiter Tag

Vormittag

Auf Küstensträßchen geht es westwärts über Ouistreham zu den Landeplätzen der Alliierten am 37 **Circuit du Débarquement** (➤ 97), danach auf der D 516 nach 30 **Bayeux** (➤ 93) mit seinem berühmten Bildteppich. Mittagessen im alten Gasthof **Le Lion d'Or** (➤ 93).

Nachmittag
Auf der D 572 nach St-Lô, dann südwärts die Küste entlang nach Avranches, von dort über die D 43 zur weltbekannten Insel-Abtei 4 **Mont Saint-Michel** (➤ 86ff.).

Abend
Wenn die Tagestouristen fort sind, lässt sich hier die Abendstille genießen, dann (via D 797 und 155) zur Übernachtung nach **Saint-Malo** aufbrechen.

Dritter Tag

Vormittag
Besichtigung des historischen Hafens von 31 **Saint-Malo** (➤ 94) mit Blick von der Stadtbefestigung. Hier eventuell noch einen Tag anhängen, mit Ausflug zum **Cap Fréhel** (links, ➤ 199f.). Zum Mittagessen gibt es *Crêpes* im **Le Gallo** (➤ 94).

Nachmittag
Richtung Westen der Küste folgen, dann südwärts auf der D 2 über Ploubalay zum mittelalterlichen Städtchen 38 **Dinan** (➤ 97f.). Weiter auf D 68 und N 137 nach 32 **Rennes** (➤ 95), mit der von Fachwerkhäusern gesäumten *Rue de la Psallette* und dem *Musée des Beaux-Arts* als bedeutendstem Kunstmuseum der Bretagne.

4 Mont Saint-Michel

Wie ein Traumbild aus ferner Zeit erhebt sich die Abtei Mont St-Michel auf einem Fels im seichten Gewässer der normannischen Küste, überragt von der Spitze ihres 157 m hohen Kirchturms. Seit Jahrhunderten ist das Kloster Ziel zahlloser Pilger und in neuerer Zeit auch Touristen, als eine der herausragenden Sehenswürdigkeiten in Frankreich (seit 1979 UNESCO-Welterbe).

Nach einer Vision des Erzengels Michael ließ St. Aubert, Bischof von Avranches, hier 708 eine erste Kapelle errichten. Zwischen 11. und 17. Jh. erfolgte durch Benediktiner-Mönche neben Errichtung der romanischen **Kirche** ein großzügiger, festungsartiger Ausbau des dreistöckigen gotischen **Abteikomplexes** »La Merveille«. Als Baumaterial diente vorwiegend Granit, herbeigeschafft in vorbehauenen Blöcken von den nahen Îles Chausey. Der **Vierungsturm** wurde erst Ende des 19. Jhs. neu errichtet. Seine Spitze schmückt eine 4 m hohe *Goldstatue* des Erzengels Michael (1897).

Über einen **Straßendamm** ist die Abtei (wo ungeachtet des Touristenrummels im Ort wieder Mönche leben) mit dem Festland verbunden – binnen Kurzem dürfte sich Mont Saint-Michel allerdings, durch Ausbaggerung, wieder in eine echte Insel verwandeln, die nur über eine Brücke über das Wasser für Fußgänger und per Elektrobahn zugänglich ist (Infos über den Stand der Arbeiten unter: www.projetmontsaintmichel.fr). Parkplätze liegen etwas entfernt im Hinterland (Zubringerbus zur Abtei in der Parkgebühr enthalten).

KLEINE PAUSE

Feinen Fisch mit Panoramablick (und Kinderteller) gibt es im Hotel-Restaurant **Du Guesclin** an der Grande Rue (April–Okt., www.hotelduguesclin.com).

SALZLAMM BRETONISCH

Als besondere Delikatesse von landesweitem Ruf findet man auf der Speisekarte hiesiger Restaurants ***Mouton pré-salé*** (»vorgesalzenes Schaf«) – **Salzlamm** auf bretonische Art. Das Fleisch dieser Tiere, die auf den Salzwiesen und in den Marschen der Bucht von Mont St-Michel grasen, ist zart und von so köstlich-natürlichen Aroma, dass weiteres Würzen sich erübrigt.

Rittersaal (Salle des Chevaliers) im Abteikomplex »Le Merveille«

Mont St-Michel erhebt sich eindrucksvoll aus dem Golf von St-Malo

220 A2

Touristen-Information

BP4, Mont St-Michel 50170 02 33 60 14 30; www.ot-montsaintmichel.com; www.bienvenueaumontsaintmichel.com; www.baie-mont-saint-michel.fr
tägl. 9/9.30–17/18 Uhr (teilweise mit Mittagspause) Busse von Rennes und St-Malo (dort TGV nach Rennes), nächste Bahnstation: Pontorson (9 km)

Abtei

02 33 89 80 00; www.mont-saint-michel.monuments-nationaux.fr
tägl. 9/9.30–18/19 Uhr (letzter Einlass 1 Std. vor Schließung)
9/5,50 €; Kinder, EU-Bürger bis 25: frei; Audioguides

BAEDEKER TIPP

- Von der oft überlaufenen Grand Rue führt eine steile Treppe zu den **Festungsmauern** der Abtei, die herrliche Ausblicke bieten.
- Die Bucht unterliegt extremen **Gezeiten** – Informationen über Wasserhöhe und sicher zugängliche Bereiche bei der Touristen-Information (und auf der Website).
- **Nächtliche Öffnung** der illuminierten Abtei im Juli/Aug. (tägl. außer So 19–24, letzter Einlass 22.30 Uhr).

Der Klosterberg des hl. Michael

Der Erzengel Michel selbst soll das Kloster auf dem Felsen im Watt in Auftrag gegeben haben. Sieht man den Kegel über den Marschen aus dem Dunst auftauchen, ist man geneigt, dieser Legende zu glauben.

❶ **Romanische Kirche:** Das vom romanischen Bau erhaltene Langhaus strahlt trotz Kürzung um drei Joche im 18. Jh. und Restaurierung im 19. Jh. Kraft und Würde aus. Die Wandgliederung in drei Geschosse, mit Arkaden, doppelten Triforien und Obergadenfenstern, folgt dem in der Normandie verbreiteten Schema.

❷ **Krypten:** Die Errichtung der romanischen Kirche 1023–80 machte Unterbauten nötig. Unter den Querarmen liegen daher zwei Krypten: Notre-Dame-des-Trente-Cierges im Norden und St-Martin mit Tonnengewölbe im Süden.

❸ **Crypte des Gros-Pilliers:** Nach Einsturz des romanischen Chors entstand 1446–1513 ein Neubau im spätgotischen Flamboyant. Sein Fundament bildet die »Krypta der Dicken Pfeiler«, Wartesaal für das Gericht: Jeder der 2 m dicken Zylinder trägt eine Säule des Chors, die Doppelsäule den Hauptaltar.

❹ **La Merveille:** Ergebnis des Wiederaufbaus der teilzerstörten Abtei Anfang des 13. Jhs. ist der eindrucksvolle mehrstöckige gotische Komplex.

❺ **Vierungsturm:** Der die Klosterpyramide wirkungsvoll beschließende Turm wurde 1890–97 neu aufgeführt, die 4 m hohe, 450 kg schwere Goldstatue des Erzengels Michael in 156 m Höhe montiert.

Mont Saint-Michel, mächtige Maue

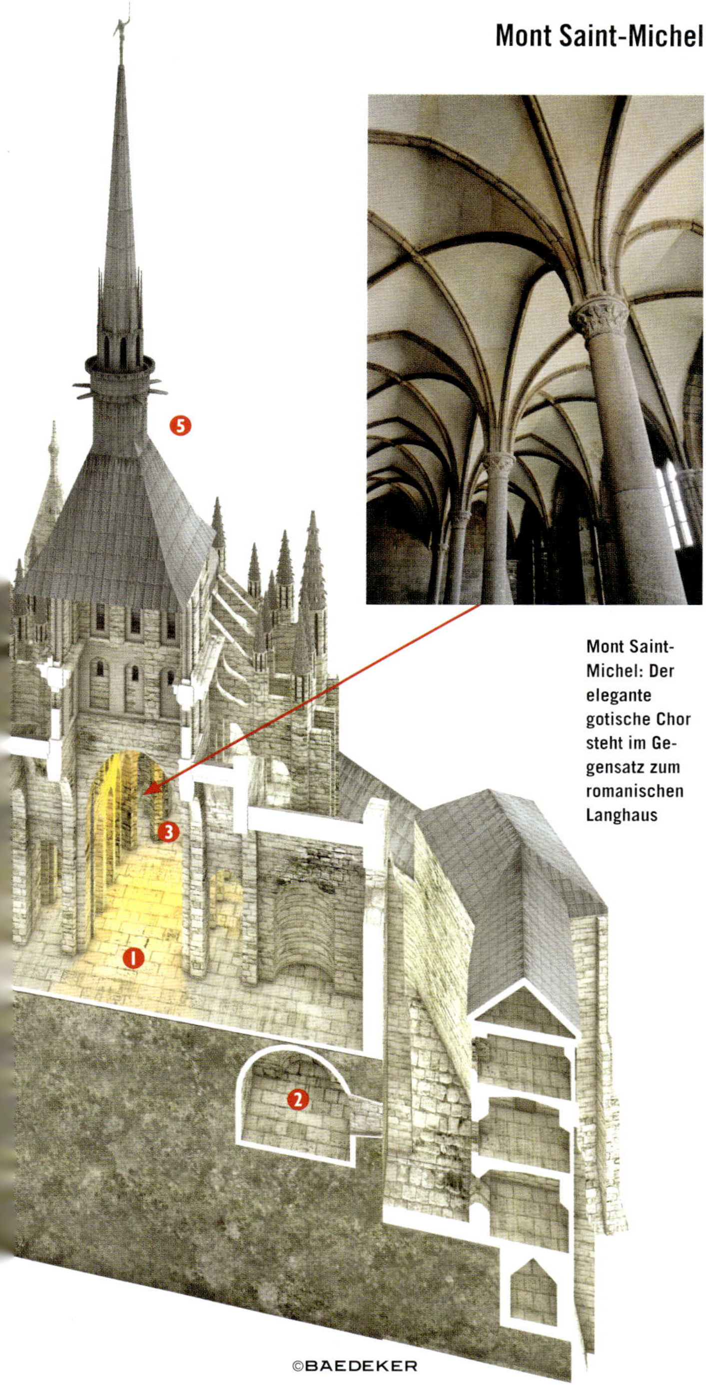

Mont Saint-Michel: Der elegante gotische Chor steht im Gegensatz zum romanischen Langhaus

29 Rouen

Rouen, lebendige Hauptstadt der Normandie an der Seine mit einem nach schweren Zerstörungen im Krieg sorgsam wieder aufgebautem attraktivem historischen Kern, hat Besuchern viel zu bieten: Neben der mächtigen gotischen Kathedrale zählt zu seinen Hauptsehenswürdigkeiten die Place du Vieux Marché, wo am 30. Mai 1431 die gerade einmal neunzehnjährige Nationalheldin Jeanne d'Arc verbrannt wurde – vordem siegreiche Feldherrin gegen die englisch-burgundischen Besatzer.

Sehenswürdigkeiten

Ein **Hafen** existierte in Rouen bereits zur Römerzeit, ihre erste Blüte erlebte die Stadt jedoch erst im Mittelalter unter der Regentschaft der Herzöge der Normandie. Eindrucksvolle **Fachwerkbauten** zeugen von ihrer späteren Bedeutung als viertgrößte Hafenstadt Frankreichs, und Höhepunkt jeder Besichtigung ist die großartige Kathedrale

Hauptstraße Rue du Gros-Horlage

Notre-Dame (12.–16. Jh.) mit ihrem 151 m hohen Turm.

Einen Blickfang bildet an der *Rue du Gros-Horloge* (Fußgängerzone) die reich verzierte **Große Uhr** *(Gros Horloge)*, die, im 14. Jh. mit einem einzigen (Stunden-) Zeiger gefertigt, seit dem 16. Jh. über einem Renaissance-Bogen prangt.

Westlich mündet die Straße auf die **Place du Vieux Marché** (Alter Markt), wo seit deren Rehabilitation 1456 ein großes Kreuz den Ort des Martyriums der Jeanne d'Arc markiert. Sie ist auch Schutzheilige der modernen Kirche *Ste-Jeanne-d'Arc* (1979), die Bleiglasfenster des im Krieg zerstörten Vorgängerbaus St-Vincent besitzt.

Die berühmte Große Uhr aus dem 14. Jh.

Einen Blick wert ist auch die nordöstlich der Kathedrale gelegene Benediktiner-Abteikirche **St-Ouen** mit markantem *Vierungsturm*, auf deren Friedhof Jeanne d'Arc sechs Tage vor ihrer Hinrichtung angesichts der Androhung des Feuertodes ihre Überzeugungen widerrief.

Ein schmuckes Ensemble von Fachwerkbauten bildet der ehem. Friedhof **Aître St-Maclou** nördlich der gleichnamigen Kirche (Zugang über Rue Martainville). Im Pestjahr 1348 als Beinhaus errichtet, beherbergt er heute die örtliche Kunstakademie.

Eine eindrucksvolle Gemäldesammlung besitzt das **Musée des Beaux-Arts**, darunter Werke von Caravaggio, Rubens, Velázquez, Renoir und Monet, der mehrmals die hiesige Kathedrale festhielt.

Berühmter Sohn der Stadt

Berühmtester Sohn Rouens ist der Schriftsteller **Gustave Flaubert** (1821–1880), geboren in Haus Nr. 51 Rue de Lecat. Dort verfasste er, mit unbestechlichem Blick auf die bürgerliche Gesellschaft und in Gesellschaft seines Papageis, wegweisende Meisterwerke wie den Roman *Erziehung des Herzens* (1869) oder die Erzählung *Ein einfaches Herz* (1877).

Die Veröffentlichung seines Ehebruch-Romans *Madame Bovary* (1857) entfachte einen Skandal und brachte dem Autor eine Anklage wegen Unmoral ein, die jedoch erfolglos blieb, während Flauberts literarisches Debüt zu seinem meistgelesenen Buch wurde. Sein Geburtshaus dient heute zugleich als medizinhistorisches **Musée d'Histoire de la Médicine**, da der Vater seinerzeit angesehener Chirurg war.

KLEINE PAUSE

Der Teesalon **Dame Cakes** bei der Kathedrale (70 Rue Saint-Romain, ➤ 100) bietet das perfekte Ambiente für Mittagessen oder Teepause.

Türmchen am Palais de Justice (frühes 16. Jh.), einem Meisterwerk der Gotik

221 D3

Touristen-Information
25 Place de la Cathédrale, 76008
02 32 08 32 40; www.rouentourisme.com; www.rouen.fr

Musée des Beaux-Arts
Esplanade Marcel-Duchamp, 76000
02 35 71 28 40, www.rouen-musees.com; www.mbarouen.fr
tägl. außer Di 10–18 Uhr 5/3 €

Musée Flaubert / Musée d'Histoire de la Médicine
51 Rue de Lecat, 76000 02 35 15 59 95
Di 10–18, Mi–Sa 10–12, 14–18 Uhr
3/1,50 €, unter 18 Jahre: frei

BAEDEKER TIPP

- Die **Altstadt** von Rouen lässt sich bequem **zu Fuß** erkunden – ohne öffentliche Verkehrsmittel (Busse, Tram, Métro). Auch der Bahnhof ist zentral gelegen, mit guter Anbindung an Paris.
- Die Besichtigung sollte an der **Touristen-Information** gegenüber der Kathedrale beginnen. Sie residiert im ältesten Renaissance-Gebäude der Stadt (1509), von wo Claude Monet ab 1892 seine berühmte Bilderserie *Kathedrale von Rouen* schuf.
- Die **Carte Rouen Vallée de Seine en Liberté** (10 €) bietet bis zu 50 % Ermäßigung auf Übernachtung und Museumseintritt (www.monpassenliberte.com).
- Am letzten So im Mai findet in Rouen das **Jeanne-d'Arc-Fest** *(Fêtes Jeanne d'Arc)* statt, mit Musik, Theater und mittelalterlichem Markt. Zur Erinnerung an die Hl. Johanna streuen Kinder Blumen von der Brücke Pont Boïeldieu, wie es am 30. Mai 1431 (ihrem Hinrichtungs- und Gedenktag) mit ihrer Asche geschehen war.
- Der typischen weiß-blauen Fayence aus Rouen, wie man sie hier allenthalben in den Läden sieht, ist ein eigenes Museum gewidmet, das **Musée de la Céramique** (94 Rue Jeanne d'Arc, www.rouen-musees.com, tägl. außer Di 14–18 Uhr; 3/2 €).
- Das **Musée Pierre Corneille** im Geburtshaus des Barock-Dramatikers (4 Rue de la Pie, www.rouen.fr/corneille; frei) ist einem weiteren bekannten Sohn der Stadt gewidmet.

30 Bayeux

Das Städtchen Bayeux im Département *Calvados* ist ein wahres Museum des Mittelalters, vom bestens erhaltenen historischen Stadtkern mit wuchtiger Kathedrale bis zum berühmten »Teppich von Bayeux« aus dem 11. Jh.

TEPPICH VON BAYEUX
Auftraggeber Bischof Odo, Halbbbruder Wilhelms des Eroberers
Maße ca. 70 m (Länge) × ca. 50 cm (Breite)
UNESCO-Welterbe seit 2007

Kathedrale Notre Dame

Auf dem leinenen, von Nonnen mit Wolle bestickten Fries-**Teppich von Bayeux** (1070–80), ausgestellt im eigens errichteten Museum im *Centre Guillaume-le-Conquérant* (Wilhelm der Eroberer), ist auf fast 70 m Länge in 58 Szenen die Eroberung Englands durch die Normannen dargestellt, gipfelnd in der Schlacht von Hastings (1066). Neben der Bilderfolge ist auch der (teils abstrakt) ornamentale Schmuck der oberen und unteren Randstreifen einen Blick wert. Über die Entstehung des Kunstwerks und seiner einzelnen Szenen (wie die Erscheinung des Halleyschen Kometen) informiert das **Musée de la Tapisserie** ausführlich (auch mit mehrsprachigen Audio-Guides).

Der Teppich schmückte einst die Kathedrale **Notre Dame**, einen der bedeutendsten gotischen Sakralbauten der Normandie (11.–15. Jh.). Ein Relief zeigt die Ermordung Thomas Beckets, des Erzbischofs von Canterbury, 1170.

Die militärisch entscheidende Landung der Alliierten 1944 an der normannischen Küste ist dokumentiert das **Musée Mémorial de la Bataille de Normandie**.

KLEINE PAUSE

Ausgezeichnete Spezialitäten der Region serviert die ehemalige Poststation **Le Lion d'Or** (71 Rue St-Jean, www.liondor-bayeux.fr; auch Hotelzimmer).

---

220 B3

Touristen-Information
Pont St-Jean, 14400 02 31 51 28 28; www.bayeux-bessin-tourisme.com
tägl. 9/9.30/10–12.30/13, 14–17.30/18 Uhr, Juli/Aug. Mo–Sa ohne Mittagspause

Musée de la Tapisserie de Bayeux
Centre Guillaume-le-Conquérant, 13 bis Rue de Nesmond
02 31 51 25 50; www.tapisserie-bayeux.fr Mitte März–Mitte Nov. 9–18.30 (Mai–Aug. bis 19) Uhr, sonst 9.30–12.30, 14–18 Uhr 9/7,50/4 €

Musée Mémorial de la Bataille de Normandie
Boulevard Fabien Ware, 14400 02 31 51 46 90
10–12.30, 14–18, Mai–Sept. 9.30–18.30 Uhr (ohne Pause) 6,50

31 Saint-Malo

Heute einer der wichtigsten, attraktivsten Häfen der Kanalküste, blickt die Stadt im Norden der Bretagne auf eine lange, auch von Abenteurern und Piraten bestimmte Geschichte zurück. Der Bezirk von *Vieux Malo* innerhalb des Mauerrings (»Intra muros«) lockt mit Straßencafés und eleganten Läden.

Saint-Malo, Hafenszene

Nach schwerem Bombardement im 2. Weltkrieg wurde St-Malo wieder aufgebaut, samt Befestigungsanlagen und **Kathedrale St-Vincent** (12./13. Jh.) mit ihren schönen Buntglasfenstern. Dort erinnert ein Mosaik an den Seefahrer Jacques Cartier (1491–1557), Entdecker Kanadas und Eroberer Neufundlands. Die Stadtgeschichte lässt sich nachverfolgen im *Musée d'Histoire* im wehrhaften grauen **Schloss**, wobei auch Korsaren wie René Duguay-Trouin und Robert Surcouf nicht zu kurz kommen, die St-Malo einst Wohlstand brachten.

Schönen Ausblick auf Altstadt und Meer (sowie den Badeort Dinard an der gegenüberliegenden Seite der Rance-Mündung) genießt man von den 1,6 km langen **Wehrmauern** (14. Jh.). Auf der vorgelagerten Felseninsel **Grand Bé** liegt der Politiker und romantische Schriftsteller François-René de Châteaubriand (1768–1848), ein Sohn der Stadt, begraben.

KLEINE PAUSE

Eine typisch bretonische Spezialität sind *Crêpes*, mit herzhafter oder süßer Füllung, wie sie im **Le Gallo** in der Altstadt (21 Rue de Dinan, www.creperie-gallo.com) serviert werden.

---

225 E5

Touristen-Information
Esplanade St-Vincent, 35400
08 25 13 52 00; www.saint-malo-tourisme.com; www.ville-saint-malo.fr
tägl. 9/10–18/19.30 Uhr (teils Mittagspause), Okt.–März So geschl.

Cathédrale St-Vincent
Place Jean de Châtillon 02 99 40 82 31
tägl. 9.45–18 Uhr

Musée d'Histoire de la Ville
Château de St-Malo 02 99 40 71 57
tägl. außer Mo 10–12/12.30, 14–18 Uhr 6 €

32 Rennes

Die betriebsame Hauptstadt der Bretagne wartet in der Altstadt mit prächtigen Fachwerkhäusern auf, neben eindrucksvollen klassizistischen Bauten, die nach dem verheerenden Brand des Jahres 1720 entstanden.

Rennes: Stolze Fachwerk-Bürgerhäuser des 17. Jhs. – hier an der Place Sainte-Anne

Rennes ist heute eine moderne Industriestadt (über 200 000 Einw.), mit Autobahnring und Métro. Bei der Touristen-Information beginnt man die Erkundung der Altstadt um die **Place des Lices** und die vom Feuer damals weitgehend verschonten Ufer von Ille und Vilaine. Auf dem Platz selbst herrscht samstags großes Markttreiben (bis 13 Uhr) mit reichem Lebensmittel- und Blumenangebot. Hier kann man sich eindecken für ein Picknick im schön angelegten öffentlichen **Parc du Thabor**.

Wichtigstes Kunstmuseum der Bretagne ist das **Musée des Beaux-Arts**, mit hochkarätiger Sammlung des 14.–20. Jhs. (u. a. Veronese, Rubens, Gauguin, Picasso). Sehenswert sind zudem die **Kathedrale St-Pierre** mit vergoldetem flämischen Schnitzaltar (16. Jh.), der aufwendig restaurierte bretonische Gerichtshof im **Palais de Justice** (ehem. *Palais du Parlement de Bretagne)* – und nicht zuletzt die prächtigen alten **Fachwerkhäuser**, etwa entlang der Rue de la Psallette und um die Place Ste-Anne.

KLEINE PAUSE

Traditionelles wie *Bratwurst mit Apfelkompott* schlemmt man im **Le Bocal** (6 Rue d’Argentré, Tel. 02 99 78 34 10, Métro: République).

---

225 E4

Touristen-Information

11 Rue St-Yves, 35000 02 99 67 11 11; www.tourisme-rennes.com
tägl. geöffnet

Musée des Beaux-Arts

20 Quai Émile Zola, 35000 02 23 62 17 45; www.mbar.org
Mo geschl. 5/3 €

Nach Lust und Laune!

33 Vallée de la Somme

Im Tal der Somme in der beschaulichen Agrarlandschaft der *Picardie* weist heute nur wenig darauf hin, dass hier die **Westfront des 1. Weltkriegs** verlief: In der fünfmonatigen *Schlacht an der Somme* verloren 1916 eine Mio. Soldaten ihr Leben, in der *Schlacht bei Amiens* entschied sich im August 1918 die Niederlage der Deutschen Wehrmacht.

Ein **Circuit de Souvenir** (»Rundgang der Erinnerung«, mit Mohnblüte als Emblem), der vom Städtchen **Albert** nach **Péronne** führt (Stationen in **Thiepval** und **Vimy)**, erinnert an die Geschehnisse von damals, in Museen, an Ehrenmalen, auf Soldatenfriedhöfen und einstigen Schlachtfeldern.

221 F4

Touristen-Information
9 Rue Léon Gambetta, Albert, BP 82, 80300
03 22 75 16 42; www.ville-albert.fr; www.musee-somme-1916.eu
Mo–Sa 9/10–12/12.30, 13.30/14/15 bis 17/18.30, April–Sept. auch So 10–12.30 Uhr

34 Giverny

Ein lohnendes Ziel vor allem für Kunstfreunde ist das ehem. Domizil von **Claude Monet** (1840–1926) in Giverny, wo der Mitbegründer des Impressionismus 1895–1926 seine letzten Lebensjahrzehnte verbrachte. Außer der heiteren Atmosphäre des geschmackvoll gestalteten **Hauses** kündet vor allem der fantasievoll mit weidenumstandenen Teichen angelegte, 15 000 m² große **Garten** von der Präferenz des Malers für Licht- und Farbphänomene – besonders populär wurde, neben Darstellungen der hölzernen Brücken (Abb. ► 26, 83), Monets Motiv der geliebten Seerosen.

221 E3

Touristen-Information
80 Rue Claude Monet, 27620 Giverny
02 32 51 39 60; www.cape-tourisme.fr
April–Okt. tägl. 9.45/10–18/18.30 Uhr (sonst Mittagspause und So geschl.)

Fondation Claude Monet
84 Rue Claude Monet, 27620
02 32 51 28 21; www.fondation-monet.com
April–Okt. tägl. 9.30–18 Uhr **9,50/5 €**

35 Côte d'Albâtre

Markante weiße Kreideklippen zwischen **Le Havre** und Le Tréport charakterisieren die »Alabaster-Küste« der Haute-Normandie, am schönsten wohl im Seebad **Étretat**, das lange Magnet für Schriftsteller und Maler (Courbet, Monet) war. Sehenswert unweit des Orts ist der durch maritime Erosion geformte gewaltige Felsbogen *Falaise d'Aval*.

Während die betriebsame Hafenstadt **Dieppe** mit einem zum Kunstmuseum umgewidmeten Schloss aufwartet, kann man in **Fécamp** die Destillerie des hier produzierten Likörs »Bénédictine« besichtigen, die im prächtigen *Palais Bénédictine* (110 Rue A. Legrand) logiert.

220 C4

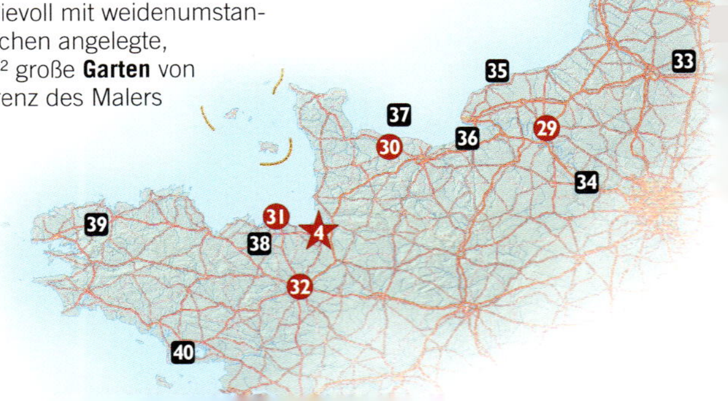

Touristen-Informationen
✉ Pont Jehan Ango, 76200 Dieppe
☎ 02 32 14 40 60; www.dieppetourisme.com
✉ Quai Sadi Carnot, 76400 Fécamp
☎ 02 35 28 51 01; www.fecamptourisme.com
www.seine-maritime-tourisme.com;
www.normandie-tourisme.fr

36 Honfleur

An der Mündung der Seine in den Ärmelkanal liegt das malerische Hafen- und Fischerstädtchen Honfleur (Abb. ➤ 84) mit stattlichen Fachwerkhäusern, dessen Stadt- und Strandlandschaften bereits der hier geborene Eugène Boudin (1824–1898) als früher Freilichtmaler ins Bild setzte. Das **Musée Eugène Boudin** liegt an der Place Erik Satie, benannt nach dem Komponisten als zweitem berühmten Sohn der Stadt, dessen Leben sich die **Maisons Satie** am Boulevard Charles V widmen. Ebenfalls erkundenswert: die vielen Fischlokale.
220 C3

Touristen-Information
✉ Quai Lepaulmier, 14600
☎ 02 31 89 23 30, www.ot-honfleur.fr
Mo–Sa 9.30–18.30/19 Uhr, So 10–17 Uhr (teils mit Mittagspause)

Musée Eugène Boudin
✉ Place Erik Satie
☎ 02 31 89 54 00, www.musees-honfleur.fr
tägl. außer Di 10–12, 14/14.30–17.30/18 Uhr (Okt.–Mitte März Mi–Fr nur nachmittags)
6,50/5 €

Maisons Satie
✉ 67 Boulevard Charles V
☎ 02 31 89 11 11, www.normandie-tourisme.fr
tägl. außer Di 10/11–18/19 Uhr; Jan.–Mitte Febr. geschl. frei

37 Circuit du Débarquement

War die Picardie Schlachtfeld des 1. Weltkriegs, so wurde die normannische Küste entlang der **Baie de la Seine** Schauplatz des entscheidenden Wendepunkts im 2.: Am 5. Juni 1944 begann dort, an fünf Buchten mit Code-Namen Sword,

Steilküste bei Fécamp an der Côte d'Albâtre (Alabasterküste)

Juno, Gold, Omaha und Utah, die Invasion US-amerikanischer Truppen zur Befreiung Frankreichs von der deutschen Besatzung. Einen Eindruck von den Ereignissen dieses sog. »D-Day« vermitteln Unterlagen der hiesigen Touristen-Büros sowie ein »Rundweg der Landung« zur den wichtigsten Schauplätzen: darunter die Bucht von **Arromanches-les-Baines** (wo die Alliierten einen Hafen anlegten) oder das *Mémorial Pegasus* in **Ranville** (www.memorial-pegasus.org).
220 B3

Touristen-Information
✉ Place St-Pierre, 14000 Caen
☎ 02 31 27 14 13; www.caen.fr/tourisme

38 Dinan

Ein pittoreskes mittelalterliches Kleinod ist das über der Rance thronende Städtchen Dinan, dessen **Rue de Jerzual** wohl zu den meist fotografierten Motiven der ganzen Bretagne gehört. Seine Kopfsteinpflastergässchen lassen sich gut zu Fuß erkunden, mit Sehenswürdigkeiten wie der **Place Merciers**, der gotischen **Église St-Malo** und der Basilika **St-Sauveur**, wo der Lokalmatador Bertrand du Guesclin (14. Jh.) begraben liegt. Auch die mächtigen Stadtmauern sind teilweise erhalten, und einen weiteren

Blickfang bildet die **Tour d'Orloge**, ein Glockenturm aus dem 15. Jh., von dem man herrliche Aussicht auf Stadt und Umgebung genießt.
225 D5

Touristen-Information
9 Rue du Château, 22105
02 96 87 69 76; www.dinan-tourisme.com

39 Saint-Thégonnec

Hier findet man ein sehenswertes Paradebeispiel **Umfriedeter Pfarrbezirke**, wie sie für die Bretagne typisch (und in der Rundtour *Circuit des Enclos Paroissiaux* erschlossen) sind, bestehend aus Kirche, Umfriedungsmauer, opulent gestaltetem Beinhaus und Kalvarienberg (1610) mit Steinfiguren in mittelalterlichen Gewändern. Dargestellt sind die Ereignisse der Passion Christi, in etwas eigenwilliger Abfolge (das Kreuz wurde während der Französischen Revolution sicherheitshalber entfernt und vermutlich falsch wieder eingesetzt).

Die reiche Innenausstattung der Kirche **Notre-Dame** mit Skulpturen und Altären zeugt vom Wohlstand des Gemeinwesens im 17./18. Jh., allen voran eine grandiose holzgeschnitzte Kanzel.
220 B3
tägl. 9–18/19 Uhr (außer bei Messen); www.saint-thegonnec.fr

FÜR KINDER

- **Carnac:** Während die Erwachsenen die Menhire bewundern, freut sich der Nachwuchs über eine **Niniche** – ein langer schmaler Lutscher mit Frucht- oder Karamellgeschmack (Spezialität der bretonischen Halbinsel Quiberon).
- **Dinan:** Der Park des östlich der Stadt in Pleugueneuc gelegenen ***Château de La Bourbansais*** bietet Zoo, Spielplätze und gastronomische Betriebe (www.labourbansais.com; Zoo 19/13,50 €).
- **Plailly:** Die Comic-Helden Astérix und Obélix sind Stars des ***Parc Astérix***, der mit einer Vielzahl von Attraktionen aufwartet (ausgeschildert; über A1 30 km nördl. Paris; Shuttlebus; www.parcasterix.fr; April–Okt.; 44/35 €).

Kopfsteinpflaster-Gässchen Rue de Jerzual in der Altstadt von Dinan

40 Carnac

Berühmt für seine rund 3000 prähistorischen Granit-Stelen und andere **Megalith-Anlagen** ist Carnac an der Südküste der Bretagne. Die Mehrzahl der *Menhire*, deren religiöse, astrologische oder rituelle Funktion ungeklärt ist, entstand zwischen 5000 und 2000 v. Chr. In größtenteils paralleler Reihung *(alignements)* bilden sie drei Gruppen (Kerlescan, Le Ménec und Kermario), ergänzt um die nahe gelegenen Großsteingräber *(Dolmen)* von Kerluir und Beaume. Umfassende Informationen zur Megalith-Kultur im Musée de Préhistoire (10 Place de la Chapelle, Carnac; www.museedecarnac.com). Im Badeort **Carnac-Plage** finden sich zahlreiche Bars, Restaurants und luxuriöse Villen.
224 C3

Touristen-Information
74 Avenue des Druides, Carnac
02 97 52 13 52 (Carnac-Plage); www.carnac.fr; www.ot-carnac.fr

Wohin zum … Übernachten?

Preise
für ein Doppelzimmer pro Nacht:
€ unter 120 Euro **€€** 120–220 Euro **€€€** über 220 Euro

L'Absinthe €€

Gemütlichkeit im alten Stil bietet dieses kleine Hotel (11 Zimmer, 1 Suite) in einem ehemaligen Pfarrhaus von Honfleur: Holzpaneele, Deckenbalken, Buntglasfenster und opulente Vorhänge beherrschen den Rezeptionsbereich. Zeitgemäßer Komfort, alle Gastzimmer mit Whirlpool. Frühstück wird separat berechnet.
220 C3
1 Rue de la Ville, 14600 Honfleur
02 31 89 23 23; www.absinthe.fr

L'Hôtel de La Digue €

Seit 1922 eine schöne Unterkunft auf dem Mont St-Michel: 35 geräumige Zimmer mit Blick auf Bucht und Abtei (ebenso vom Restaurant) und eine Oase der Ruhe, wenn die Tagestouristen sich verzogen haben. WLAN und Parkgebühr im Preis inbegriffen.
220 A2
24 Grande Rue, 50116 Le Mont St-Michel
02 33 60 14 02; www.ladigue.eu

Hôtel des Abers €/€€

Freundliche Adresse im Herzen der Altstadt von St-Malo, mit 14 ansprechend eingerichteten, komfortablen Zimmern in einem Haus aus dem 16. Jh. Kaffee und Tee aus der Maschine an der Rezeption, empfehlenswert auch das (zum Hotel gehörige) indonesische Restaurant nebenan.
225 E5 **10 Rue de la Corne-du-Cerf, 35400 St-Malo** **02 99 40 85 60**

Hôtel Gradlon €/€€

20 individuell eingerichtete Zimmer im klassischen Stil, günstig im Zentrum von Quimper gelegen. Das gemütliche Hotel in einer ehemaligen Poststation besitzt einen hübschen Garten, wo man im Sommer frühstücken kann, allerdings kein Restaurant.
224 B4
30 Rue de Brest, 35400 Quimper
02 98 95 04 39; www.hotel-gradlon.fr

Manoir de Lan Kerellec €€/€€€

Stilvoller, sorgsam renovierter Landsitz mit Panoramablick auf die bretonische *Côte de Granit Rose* mit ihren bizarren rötlichen Granitformationen, teils auch von den 19 individuell eingerichteten Zimmern. Im Restaurant (an einigen Tagen nur Abendbetrieb) speist man unter einem markanten hölzernen Gewölbe, gleichfalls mit herrlichem Ausblick, wie er sich außerdem vom wunderbaren Park des Hotels bietet.
224 C5
Allée Centrale de Lan-Kerellec, 22560 Trébeurden
02 96 15 00 00; www.lankerellec.com

Le Relais de Fréhel €

Restauriertes Bauernhaus mit fünf Gastzimmern am windumtosten Cap Fréhel an der »Smaragd-Küste« (*Côte d'Émeraude*, ➤ 199f.) – eine *longère,* also ein lang gestrecktes Farmgebäude, wie es typisch ist für diesen Teil der Bretagne, mit großzügigem Garten und Tennisplatz.
225 D5
Route du Cap, Plévenon, 22240 Fréhel
02 96 41 43 02; www.relaiscapfrehel.fr

Wohin zum ... Essen und Trinken?

Preise
für ein Drei-Gänge-Menü ohne Getränke:
€ unter 30 Euro **€€** 30–60 Euro **€€€** über 60 Euro

Brasserie Paul €/€€
Nur einen Steinwurf von der Kathedrale entfernt residiert seit 1911 Rouens älteste Brasserie, deren delikate Traditionsgerichte schon Berühmtheiten wie Marcel Duchamp und Simone de Beauvoir genossen. Als Vorspeise empfiehlt sich, außer aparten Salaten, *Chausson de Madame Paul* (Blätterteig mit Camembert-Apfel-Füllung), als Hauptgang, neben deftigeren Fleischgerichten, *Steak Tartare à la Normande* (Tartar mit Apfel und Calvados). Abschließend eine *Grande crème au Caramel Blond?* Magnifique!
221 D3 1 Place de la Cathédrale, 76000 Rouen 02 35 71 86 07; www.brasserie-paul.com Di–So 10–23/24 Uhr

Dame Cakes €
Herrlich nostalgischer *Salon de thé* (samt Restaurant und Laden) nahe der Kathedrale von Rouen, bestens geeignet für kleine Mahlzeiten (monatlich wechselnde Karte). Bei schöner Witterung wird auch im begrünten Innenhof serviert.
221 D3 70 Rue Saint Romain, 76000 Rouen 02 35 07 49 31; www.damecakes.fr Mo–Sa 10/10.30–19/19.30, Restaurant 12–15 Uhr

Les Embruns €€
Das Restaurant in der Hotel-Meile an der Bucht von St-Malo ist zugleich Kunstgalerie: Die Gemälde, die hier an der Wand hängen, stehen zum Verkauf. Selbst aussuchen kann man sich einen frischen Hummer aus dem Wasserbecken und sich Scampi mit Mayonnaise oder Lachs mit Spargel gönnen. Eine Delikatesse sind die Lamm-Nierchen mit purpurfarbenem *Brive*-Senf.
225 E5
120 Chaussée du Sillon, 35400 St-Malo
02 99 56 33 57; www.restaurant-les-embruns.com tägl. außer Mo 12–14, 19–21,45 Uhr, So nur mittags

Ferme Saint-Siméon €€€
Feine Gourmet-Adresse in Honfleur mit Meerblick in einem Haus aus dem 19. Jh. (zugleich Luxus-**Hotel** mit Beauty Spa), wo angeblich schon Claude Monet und seine Künstlerfreunde weilten. Das hat seinen Preis, doch eben auch seine Qualität, mit Gerichten aus besten Zutaten der Normandie, wie Hummer-Risotto, Austern oder Langustinen mit Kaviar.
220 C3
4 Rue Adolphe Marais, 14600 Honfleur
02 31 81 78 00; www.fermesaintsimeon.fr
Mi–So 12.30–14, 19.30–21.30 Uhr, Di nur abends

La Marine €/€€
Modernes, luftiges Restaurant mit Aussichtsterrasse auf Fluss und Schloss im mittelalterlichen Städtchen Josselin südwestlich von Rennes, spezialisiert auf *Crêpes* wie »La Josselinoise« (mit Blutwurst und Bratäpfeln) oder »L'Automne« (mit Maronenpüree, Apfel- und Birnengelee). Angeboten werden auch vegetarische Gerichte, und für Kinder gibt es eine eigene Karte. Im Sommer reservieren.
225 D4 8 Rue du Canal, 56120 Josselin 02 97 22 21 98 Anfang Jan. geschl.

Les Marissons €€/€€€

Eine ehemalige Schiffswerft am Ufer der Somme bildet den ungewöhnlichen Rahmen für das Lokal in Amiens mit seinem heiteren blau-weißen Anstrich und schönem Garten. Die Karte wechselt saisonbedingt, oft stehen darauf Aale aus heimischem Fang (geräuchert oder in Kräutersauce), sowie Entenpastete und *Gâteau battu* – eine gezuckerte Brioche. Bei schönem Wetter lässt es sich wunderbar auf der Terrasse speisen.

221 F4 ✉ Rue de la Dodane, 8000 Amiens
☎ 03 22 92 96 66, www.les-marissons.fr
geschl. So und Sa mittags

Le Relais Saint Aubin €€

Gediegenes Landhotel-Restaurant in einem Anwesen aus dem 17. Jh. nahe dem Cap Fréhel, wo man im stilvoll-behäbigen Speisezimmer oder auf der schönen Terrasse diniert. Spezialitäten des Küchenchefs sind Fisch, Meeresfrüchte und regionale Gerichte, wie Austern, Jakobsmuscheln *(Coquilles de St Jacques)*, Hummer oder Terrinen mit Enten- oder Schweinefleisch.

225 D5
✉ Lieu dit Saint Aubin, 22430 Erquy
☎ 02 96 72 13 22; www.relais-saint-aubin.fr
Mi–So abend, Juli/Aug. auch Di

Wohin zum ... Einkaufen?

Regionale Delikatessen sind hier in Stadt und Land allgegenwärtig, darunter weltbekannte wie Calvados, Camembert und Cidre.

LEBENSMITTEL & GETRÄNKE

Eine der besten Pâtisserien der Bretagne findet man beim Cap **Fréhel** (► 199) im gleichnamigen Ort: ***Pâtissier-Chocolatier Jouault*** (11 Place de Chamblis). Ungeachtet ihres bescheidenen Domizils gewann sie zweimal höchste internationale Auszeichnungen für den Butterkuchen *kouignamann*. Eine weitere Spezialität sind *Palets de Fréhel* – schokoladenüberzogener Mandelnougat. Bretonische Leckereien beziehen ihren Reiz ansonsten oft aus der Kombination von gesalzener (!) Butter und Karamell: unwiderstehlich!

Samstägliche **Wochenmärkte** mit Produkten aus dem Umland findet man in ganz Frankreich, wenn auch nicht durchweg vor so pittoresker Kulisse wie den ***Marché Traditionnel*** in **Honfleur** (Place Sainte-Catherine, Sa vormittags), wo neben dem üblichen Obst und Gemüse auch frischer Fisch feilgeboten wird. Am gleichen Ort findet am Mittwochvormittag ein Bio-Markt *(**Marché Bio**)* statt.

Einen Besuch wert ist auch der freitägliche ***Bauernmarkt*** in **Dury** (Picardie), wo man hausgemachte Gänseleberpastete *(foie gras)*, Eingemachtes, Honig, Blumen und Bio-Gemüse bekommt (gegenüber IME, Route de Paris, Fr 8.30–13.30 Uhr).

Die Normandie ist übersät mit Apfelbäumen, und in **Villerville** westlich von Honfleur ist das hiesige Traditionsobst auch als Cidre, Calvados und *Pommeau* (Calvados mit Apfelsaft) im Angebot.

SOUVENIRS

Nautische Bekleidungsklassiker der Bretagne sind gestreifte Pullis und Caban-Jacken. Man bekommt sie bei ***Armor Lux*** in **Quimper**, Hauptstadt des Département Finistère im äußersten Nordwesten (u. a. Centre Commercial Géant; www.armorlux.com), wo die Traditionsfirma seit 1938 ansässig ist. Eine gute Konfektionsadresse (nicht nur für

Skipper) sind auch die ***Galeries de Ker Iliz*** im nordbretonischen Ferienort **Perros-Guirec** (8 Rue du Général de Gaulle, Tel. 02 96 91 00 96), wo man zudem bretonische Handwerksprodukte in extenso erwerben kann, wie Porzellan, keltischen Schmuck und Drechselarbeiten.

Wohin zum ... Ausgehen?

Während Familien die schlichten Freuden des Strandlebens in *St-Malo* und anderen Badeorten genießen werden, zieht es jüngere Reisende eher auf die Glitzermeile der Bars und Clubs von *Rennes*. Seit je ein mondänes Pflaster mit Rennbahn, Casino und Film-Festival ist *Deauville*.

CASINOS

Spielernaturen versuchen ihr Glück im ***Casino Barrière*** von **Dinard** (4 Boulevard Wilson, www.lucienbarriere.com), bei Roulette, Blackjack und Stud Poker oder an einarmigen Banditen, mit Blick auf die Bucht von der Cocktail-Bar.

Wer es vornehmer liebt, strebt zum berühmten ***Strand-Casino*** von **Deauville** (Rue Edmond Blanc, www.lucienbarriere.com) aus der Belle-Époque, wo man (formell gekleidet) in drei Restaurants auch ausgezeichnet speist und einen Nachtclub vorfindet.

THEATER & KINO

Eines der größten Theater der Region ist das ***Theâtre de St-Malo*** im Touristenort **St-Malo**, mit Konzert, Oper und Gastspielen (6 Place Bouvet; www.theatresaintmalo.com; tägl. außer Mo).

Die Regionalhauptstadt **Rennes** verfügt mit dem ***Théâtre Nationale de Bretagne (TNB***, 1 Rue St-Hélier, www.t-n-b.fr) über einen Komplex aus Bühnen, Konzerthallen und Kino sowie das ***Péniche Spectacle*** aus den beiden umgebauten Lastkähnen *(péniches)* »L'Arbre d'Eau« und »La Dame Blanche« – Veranstaltungsorte für Live-Musik, Jazz, Cabaret, Lesungen und vieles mehr (30 Quai St-Cyr, www.penichespectacle.com).

Von Regional- und Weltmusik bis Schauspiel, Kino und Tanz reicht das Spektrum des ***Théâtre du Pays*** im nordwestbretonischen **Morlaix** (20 Rue Gambetta, www.theatre-du-pays-de-morlaix.fr; Vorstellungen ab 20 Uhr), das an Mittwochabenden im Sommer auch Straßentheater inszeniert.

Neben gängigen Blockbustern laufen in den vier **Kino**-Sälen des ***Le Drakkar*** in **Saint-Lô** (Basse-Normandie, 29 Rue Alsace-Lorraine, Tel. 08 92 68 01 31) immer wieder einmal Arthouse-Filme in Originalsprache.

CLUBS

Die Nacht abhängen oder durchtanzen kann man in der Piano-Bar ***Le Pub*** des bretonischen Hafenstädtchens **Paimpol** an der Kanalküste: Bar im Erdgeschoss, Tanz und Musik für alle Altersklassen im 1. Stock (3 Rue des Islandais Grundarfjordur, Tel. 02 96 20 82 31).

In der bretonischen Hafenstadt **Quiberon** bietet die ***Bar le Nelson*** in (20 Place Hoche, Tel. 02 97 50 31 37) dem Gast nicht weniger als 54 verschiedene Rumsorten – zu Beats mit Retro-Pop.

Ein betriebsamer Nachtclub ist ***Les Planches*** in **Blonville-sur-Mer** (westl. von Deauville). Einer der beiden Dance Floors gehört Musik der 1960er bis 1990er (Domaine du Bois Lauret, www.lesplanches.com; So und Juli/Aug. geschl.).

Der Nordosten

Erste Orientierung 104
In vier Tagen 106
Top 10 108
Nicht verpassen! 110
Nach Lust und Laune! 118
Wohin zum … 123

Kleine Erlebnisse

Münsterblick

Die **Münster-Plattform** (➤ 113) bietet einen Blick auf das stolze Straßburg, der schon den jungen Goethe begeisterte.

Mystischer Farbrausch

Eindrucksvoll ist sie besonders, wenn das Licht durch die **Buntglasfenster** fällt: die gotische Kathedrale von Reims (➤ 112).

Burgundische Landlust

Weinselig übernachten und morgens frühstücken auf dem Landsitz **La Gremelle** bei Beaune (➤ 123): perfektes Idyll.

Erste Orientierung

Frankreichs wohlhabender Nordosten, geprägt von der Nachbarschaft zu den Ländern Belgien, Luxemburg, Deutschland und der Schweiz, besticht durch kulturelle wie kulinarische Vielfalt und hat Besuchern eine Menge zu bieten.

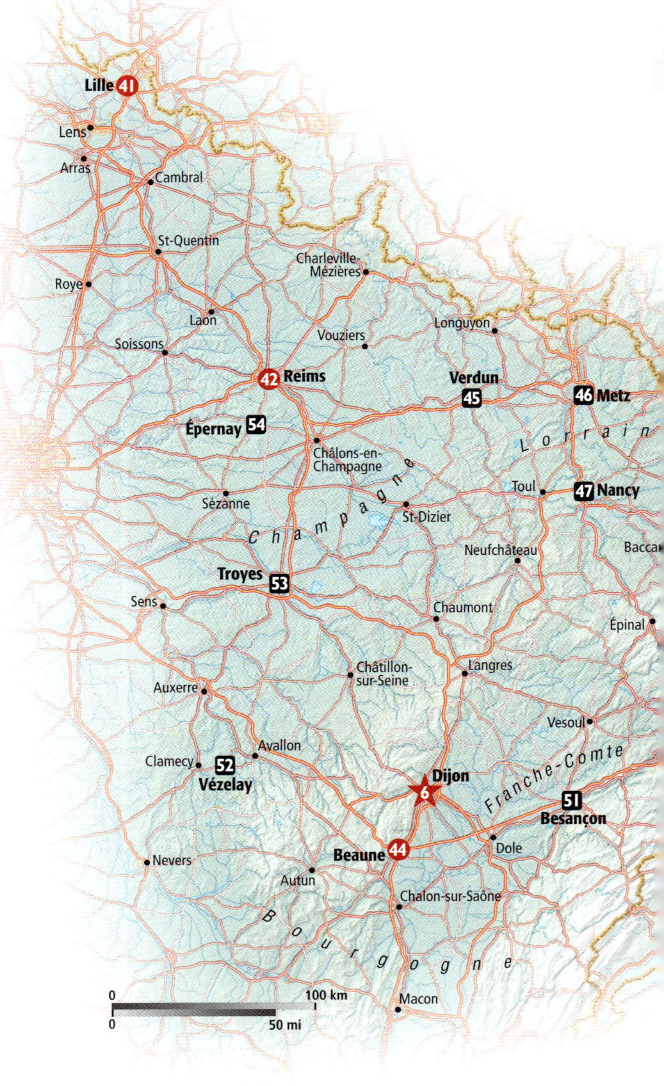

Straßburg, Ausflugsboot in La Petite France

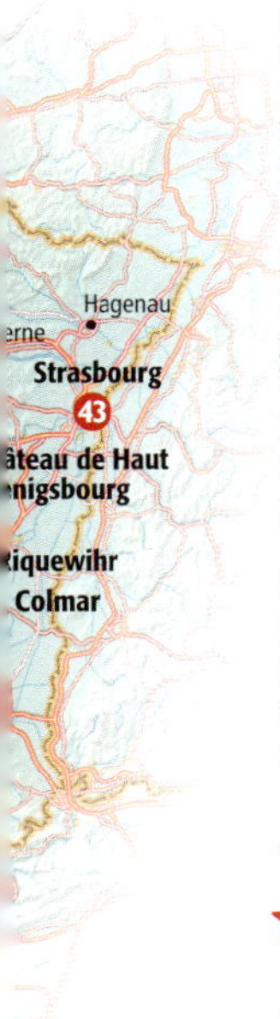

Herausragend im Norden ist Lille, als Hauptstadt der Region Nord-Pas-de-Calais, während in Strasbourg (Straßburg) das Europäische Parlament zu Hause ist. Das Zentrum des Nordostens bilden die Kalksteinfelsen der Champagne-Ardenne, die sich südwärts bis nach Reims mit seiner großartigen Kathedrale erstrecken. Noch weiter südlich verlaufen einige der bedeutendsten Wasserwege Frankreichs, darunter die Flüsse Seine und Marne sowie der Canal de Bourgogne.

Sehenswert im Osten der Gegend sind Metz und Nancy, ehemalige wie aktuelle Hauptstadt der Lorraine (Lothringen), und im Südosten erheben sich am Rhein, gegenüber den Bergen des Schwarzwaldes, diejenigen der Vosges (Vogesen). Weltbekannt für seinen Senf ist das alte Dijon, auf römischen Fundamenten im Mittelalter erbaut, und mit einem ebenso schönen historischen Stadtbild prangt Beaune im äußersten Südwesten.

Alle größeren Städte hier sind durch Autobahnen verbunden, auch westlich nach Paris und südlich Richtung Lyon und bis ins Ausland. Eine Genussroute ist die 170 km lange *Route des Vins d'Alsace* (Elsässer Weinstraße), die von Marlenheim (westlich von Strasbourg) Richtung Süden nach Thann (bei Mulhouse) führt.

TOP 10

6 Dijon ➤ 108

Nicht verpassen!

41 Lille ➤ 110
42 Reims ➤ 112
43 Strasbourg ➤ 113
44 Beaune ➤ 116

Nach Lust und Laune!

45 Verdun ➤ 118
46 Metz ➤ 118
47 Nancy ➤ 119
48 Château de Haut Kœnigsbourg ➤ 119
49 Riquewihr ➤ 119
50 Colmar ➤ 120
51 Besançon ➤ 121
52 Vézelay ➤ 121
53 Troyes ➤ 121
54 Épernay ➤ 122

In vier Tagen

Die folgende Route ist eine Möglichkeit, wie Sie einige der interessantesten Sehenswürdigkeiten im Nordosten Frankreichs an vier Tagen besuchen können. Die einzelnen Highlights werden im Folgenden näher beschrieben (➤ 108ff).

Erster Tag

Vormittag
Starten Sie mit der Besichtigung von 41 **Lille** (➤ 110f.) und bummeln Sie durch das moderne Geschäftsviertel **Euralille** (➤ 111). Mittagessen im »La Chicorée« (➤ 111).

Nachmittag
Nach Besuch des **Palais des Beaux-Arts** (➤ 110f.) mit seiner Sammlung alter Meister geht es über die Autobahn A26/E17 (oder gemächlich via N43/N44) nach Reims als erstem Nachtquartier.

Zweiter Tag

Vormittag
Früh aus den Federn zu einem Rundgang durch die Altstadt von 42 **Reims** (➤ 112) mit ihren Weltkulturerbe-Stätten und Kurzbesuch einer Champagner-Kellerei. Mittagessen im »Le Grand Café« (➤ 112).

Nachmittag
Über die A4 südlich Richtung Metz, mit 45 **Verdun** (➤ 118) und dessen Erinnerungsstätten an den 1. Weltkrieg als Zwischenstation. Im schönen alten 46 **Metz** (➤ 118) bleibt man über Nacht, geht abends vielleicht ins Konzert, oder man fährt über die A31 weiter nach 47 **Nancy** (➤ 119).

Dritter Tag

Vormittag

Südöstlich führt nun der Weg nach 43 **Strasbourg** (➤ 113ff.), lebendige Metropole im Herzen der Europäischen Union. Am besten bei der Touristen-Information an der **Kathedrale** (linke Seite, ➤ 115) Räder mieten und damit die Stadt erkunden. Pause in einem Lokal am Wasser.

Nachmittag

Moderne Kunst und Kunsthandwerk in den Top-**Museen** der Stadt (➤ 114f.), anschließend Fahrt mit einem **Ausflugsschiff** *(bateau-mouche,* ➤ 115).

Abends

Nach dem Abendessen stürzt man sich ins Nachtleben (➤ 126).

Vierter Tag

Vormittag

Über die N83/E25 nach 50 **Colmar** (➤ 120), wo man im Musée d'Unterlinden den berühmten *Isenheimer Altar* (Abb. oben) bewundern kann. Dann auf der A36/E60 via 51 **Besançon** (➤ 121) nach 6 **Dijon** (➤ 108f.) zum späten Abendessen, gekrönt von einem Gläschen *Kir*, der hier erfunden wurde.

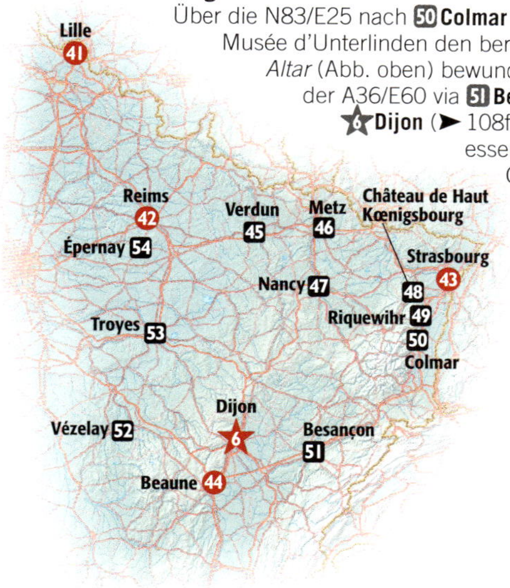

Nachmittag

Entspannter Bummel durch Dijon, bevor es weitergeht ins mittelalterliche 44 **Beaune** (➤ 116f.), mit seinem prachtvollen Hôtel-Dieu.

6 Dijon

Die Hauptstadt von Burgund, mit schmucken Häusern, schönen Läden, netten Lokalen, Grünzonen und Museen, ist für Besucher ideale Flanierzone – und zur Erfrischung kann man sich einen *Kir* gönnen: Weißwein mit *Crème de cassis*.

Boutiquen und Restaurants säumen die Rue de la Liberté, Hauptachse der Altstadt

Dijon, von den Römern gegründet, erhoben die mächtigen Herzöge Burgunds im 14. Jh. zu ihrer Residenz, von deren einstigem Glanz stolze Bauten im historischen Kern der **Altstadt** zeugen. Präsent ist noch die damalige Blüte von Handwerk und Handel in Sträßchen um den Herzogspalast (unten), die mit Namen wie *Rue Verrerie* und *Rue des Forges* auf Glasmacher- und Eisenhandwerk hinweisen. Nach dem Stadt-Emblem der Eule ist die *Rue de la Chouette* benannt – als Motiv findet man das Wappentier auch an der Fassade der gotischen Kathedrale **Notre-Dame** (13. Jh.).

Mittelpunkt der Stadt ist die weitläufige **Place de la Libération** mit Herzogspalast und Patrizieranwesen aus dem 17. Jh. Unter den Arkaden locken hübsche Geschäfte und Restaurants, ebenso auf der Haupteinkaufsmeile *Rue de la Liberté* und deren Nebenstraßen. Einen Besuch wert ist auch die Markthalle **Les Halles** aus dem 19. Jh.

Musée des Beaux-Arts

Im ehemaligen **Herzogspalast** *(Palais des Ducs)* residiert das hiesige Kunstmuseum, eines der ältesten Frankreichs, mit einer bedeutenden Gemälde- und Skulpturensammlung (14.–20. Jh.). Der Gardensaal *(Salle des Gardes)* birgt die *Grabmäler* Philipps des Kühnen, erster Herzog von Burgund, und dessen Sohn Johann Ohnefurcht, der 1419 ermordet wurde.

Herzogspalast, Hort bedeutender Kunstschätze

SENF AUS DIJON

Aus dem 18. Jh. datiert das Rezept für den pikanten Tafelsenf *Moutard de Dijon*, gewonnen aus nicht entölten braunen und schwarzen Senfkörnern, die nicht in Essig, sondern in *Verjus* (Saft unreifer Trauben) eingelegt und gemahlen werden. **Dijon-Senf**, der keinem Markenschutz unterliegt, wird heute in der Stadt selbst nicht mehr hergestellt – ein schöner alter Laden (und ideal zum Einkaufen) ist jedoch die »Senf-Boutique« *La Maison Maille* (32 Rue de la Liberté, www.maille.com).

KLEINE PAUSE

An Tierfiguren auf dem Dach erkennt man schon von Weitem die spätgotische **Maison Millière** mit Läden für heimische Produkte samt Restaurant und Teesalon (10 Rue de la Chouette, www.maison-milliere.fr).

228 C3

Touristen-Information

15 Cour de la Gare, 21000
08 92 70 05 58, www.visitdijon.com
tägl. 9.30/10–16/18/18.30 Uhr (Okt.–März Mo–Sa 13–14 Uhr geschl.)

Musée des Beaux-Arts

Palais des Ducs et des États de Bourgogne
03 80 74 52 70, http://mba.dijon.fr tägl. außer Di 9.30/10–17/18 Uhr (durch Umgestaltung bis 2016 Einschränkungen möglich)
frei; Audioguides (4 €)

BAEDEKER TIPP

- Der bei der Touristen-Information erhältliche **Pass Dijon-Côte de Nuits** (1–3 Tage; ab 16/8 €) bietet freien Eintritt in viele Museen und Sehenswürdigkeiten von Dijon und Umgebung sowie freie Nutzung des öffentlichen Nahverkehrs neben diversen Führungen (www.visitdijon.com).
- Auch auf eigene Faust lässt sich Dijon erkunden, wenn man den 22 Etappen des »**Eulenwegs**« folgt und die mehrsprachigen Info-Tafeln an den Sehenswürdigkeiten studiert. Im Verkehrsbüro erhältlich: die Broschüre *Parcours de la Chouette* (3,50 €) in verschiedenen Sprachen.

41 Lille

Das betriebsame Lille an der Grenze zu Belgien, »Hauptstadt von (Französisch) Flandern«, glänzt mit einem der angesehensten Kunstmuseen Frankreichs und zahlreichen sehr schmucken historischen Bauten. Hier kann man herrlich bummeln im Einkaufszentrum Euralille oder auf dem Sonntagsmarkt von Wazemmes: ein ideales Kurzreiseziel.

»Grand' Place«: Komplex der Alten Börse aus 24 zweistöckigen Mansardenhäusern im flämischen Barock

Lille war seit je lebendige Handels- und später Industriestadt – seit seiner ersten Blüte im ausgehenden Mittelalter begehrtes Besitztum wechselnder Herren: Franzosen, Spanier, Burgunder, Flamen, Holländer und (im 2. Weltkrieg) Deutsche. Hier kreuzen sich mehrere wichtige europäische Land- und Wasserwege, und seit Jahren ist es angeschlossen an das Netz der TGV- und Eurostar-Züge.

Das Herz der Altstadt bildet die weiträumige **Grand' Place**, gesäumt von **Alter Börse** (mit schönem Innenhof) und anderen Bauten des 17. Jhs. aus rotem Ziegel und weißem Werkstein sowie kleinen Seitensträßchen mit Cafés und Bars. Heute ist sie benannt nach dem berühmtesten Sohn der Stadt, ***Place du Général*** (Charles) ***de Gaulle*** (1890–1970), Held im Felde, der Frankreichs Erneuerung nach dem Krieg symbolisiert und 1958 erster Präsident der Fünften Republik wurde. Sein Geburtshaus ist heute Museum. An verschiedenen Tagen finden in Lille **Märkte** statt (► 125), und nur zwei U-Bahn-Stationen von der Grand' Place entfernt liegt das moderne Einkaufszentrum Euralille (► rechts).

Palais des Beaux-Arts

Das stolze Palais von 1892 beherbergt mit dem **Musée des Beaux-Arts** eine Kunstsammlung von Weltrang mit Gemälden des 12.–20. Jhs.: flämische und niederländische Meister

Lebensmittelmarkt in Lille

(Rubens, van Dyck), Italiener (Veronese, Tintoretto), Spanier (Goya, El Greco, Ribera) und natürlich Franzosen (David, Delacroix, Courbet, Monet, Renoir, Seurat), neben Grafik (30 Zeichnungen Raffaels) und Skulpturen (Houdon, Rodin, Bourdelle). Interessant im stadtgeschichtlichen Kontext ist unter Vaubans *Stadtmodellen* das der von ihm westlich des Zentrums für Ludwig XIV. angelegten **Zitadelle** von 1670 (► unten).

Zentrum Euralille

Das 70 ha große futuristische Büro-, Wohn- und Geschäftsviertel Euralille, 1994 eröffnet und seinerzeit entworfen vom niederländischen Star-Architekten Rem Koolhaas, bietet neben dem markanten Bahnhof *Gare de Lille Europe* (wo TGV und Eurostar halten) mit **Turm** in Form eines »Skistiefels« ein **Einkaufszentrum** mit rund 140 Einzelhandelsgeschäften, zudem eine Konzerthalle und zahlreiche Restaurants, wo man sich regenerieren kann (www.euralille.com).

KLEINE PAUSE

Zwiebelsuppe oder Kaninchen kann man sich in der zentral gelegenen Brasserie **La Chicorée** schmecken lassen (15 Place Rihour, Tel. 03 20 54 81).

---

222 B5

Touristen-Information
Palais Rihour, Place Rihour, BP 205, 59002 ☎ 08 91 56 20 04; www.lilletourism.com Mo–Sa 9.30–18, So 10–12, 14–17 Uhr

Maison Natale Général de Gaulle
9 Rue Princesse ☎ 03 28 38 12 05, www.charles-de-gaulle.org Mo, Di geschl. 6/4 €

Palais des Beaux-Arts
Place de la République ☎ 03 20 06 78 00, www.pba-lille.fr Mo 14–18, Mi–So 10–18 Uhr 6,50 €

BAEDEKER TIPP

- Lille ist gut mit dem **Zug** erreichbar: per TGV von Brüssel (40 Min.) und Paris (60 Min.), zum Hauptbahnhof Lille Flandres oder Bahnhof Lille Europe (in Euralille).
- Mit dem **City Pass** »Lille Metropole« der Touristen-Information benutzt man kostenlos öffentliche Verkehrsmittel und kommt gratis in viele Museen und Sehenswürdigkeiten. 25/35/45 € (24/48/72 Std.).
- Die **Zitadelle** werden eher militärgeschichtlich Interessierte besichtigen – die fünfeckige, von Vauban Ende des 17. Jhs. gestaltete Anlage lässt sich kostenlos gut vom umliegenden Stadtpark *Bois de Boulogne* bewundern. Dort gibt es auch einen **Zoo** (tägl. 9/10–17/18/19 Uhr; frei).

42 Reims

Acht Jahrhunderte lang wurden in Reims die Könige Frankreichs gekrönt, seit Langem glitzern hier auch die Schaumkronen des Champagners, eines der wichtigsten Erzeugnisse der geschichtsträchtigen alten Handelsstadt.

Krönungsort war die ehrwürdige Kathedrale **Notre-Dame de Reims**, begonnen 1211, eines der beeindruckendsten hochgotischen Bauwerke Frankreichs. Meisterwerk der Bildhauerkunst ist der reiche Schmuck der filigranen Westfassade, der sich im Inneren fortsetzt. Das Gotteshaus (seit 1991 UNESCO-Welterbe) wurde nach erheblichen Schäden im 1. Weltkrieg wieder aufgebaut – das Ende des 2. Weltkriegs wurde im Mai 1945 in Reims besiegelt durch bedingungslose Kapitulation der Deutschen Wehrmacht.

In der benachbarten ehem. Erzbischöflichen Residenz **Palais de Tau** (Mo geschl.) sind Skulpturen der Kathedrale ausgestellt, sowie Zeugnisse der Krönungsakte. Zu den UNESCO-Stätten zählt auch die frühromanische Basilika **St-Rémi** (11. Jh.).

Reims, Notre Dame: Blick ins Innere der längsten Kathedrale Frankreichs

Neben Épernay (➤ 122) ist Reims seit drei Jahrhunderten wichtigstes Zentrum der **Champagner**-Produktion: 1729 begründete Charles Ruinart das älteste Unternehmen, später gefolgt u. a. von den Traditionsmarken Veuve Cliquot, Mumm & Cie, Piper-Heidsieck und Taittinger. Besichtigungen der *Maisons de Champagne* (mit Verkostung) über die Touristen-Information.

KLEINE PAUSE

Im prachtvollen Belle-Époque-Ambiente der Brasserie **Le Grand Café** (92 Place Drouet d'Erlon, Tel. 03 26 47 61 50) mundet alles vortrefflich, von den 13 Muschelgerichten bis zu den *Gâteaux*.

---

222 C3

Touristen-Information

2 Rue Guillaume de Machault ☎ 08 92 70 13 51; www.reims-tourism.com

Basilique St-Rémi

Place St-Rémi, http://stremi-reims.cef.fr 8–19 Uhr (außer bei Messen)

Cathédrale Notre-Dame de Reims

Place du Cardinal-Luçon 7.30–19.30 Uhr (außer bei Messen)

43 Strasbourg

Im Grenzbereich zweier Kulturen angesiedelt, zeigt sich die Stadt am Rhein obendrein als lebendige Metropole im Spannungsfeld von Tradition und Moderne: Neben einer großartigen Kathedrale und einer pittoresken Altstadt bestimmen die Quartiere europäischer Institutionen Erscheinungsbild und Geist ihres Gemeinwesens.

Einst römische Garnison, erlebte die Stadt ihren Aufstieg unter der Herrschaft von Patrizierfamilien im späten Mittelalter, als das heute *La Petite France* oder *Klein Frankreich* genannte Viertel auf der *Grand Île* mit seinen schmucken **Fachwerkhäusern** entstand. Besten Ruf genoss bald die Universität, die Gutenberg und Goethe zu ihren Absolventen zählt. Lange wechselnd zu Frankreich oder Deutschland gehörig, ist die Hauptstadt der Region Bas-Rhin heute Sitz von Europarat, Europäischem Gerichtshof für Menschenrechte sowie Tagungsort des Europäischen Parlaments.

Cathédrale de Notre-Dame (Liebfrauenmünster)

Architektonisches Wahrzeichen der Stadt ist der **Turm** (1439) des 1015 begonnenen Liebfrauenmünsters, von dessen Aussichtsterrasse in 142 m Höhe sie sich ideal überblicken lässt. Besonders die **Westfassade** beeindruckt durch filigrane Plastik (wie die *Portalfiguren),* die sich im **Inneren** fortsetzt. Dort beachtenswert: »Schwalbennest«-*Orgel* am Langhaus mit gotischen Gehäuse, *Engelspfeiler* mit Darstellung des Weltgerichts (südliches Querhaus) und

Straßburg: Die pittoreske Altstadt wird überragt vom Liebfrauen-münster

Straßburg, Musee d'Art Moderne et Contemporain

Astronomische Uhr daneben – um 12.30 Uhr werden die Figuren in Gang gesetzt, darunter ein Hahn, der kräht und die Flügel bewegt, sowie der Tod, der die Stunde schlägt.

Museenlandschaft

Unter den sehenswerten Museen der Stadt residieren drei im ehemaligen erzbischöflichen **Palais Rohan** (18. Jh.): Archäologisches Museum, Kunstgewerbemuseum und Gemäldegalerie mit Werken alter Meister wie Giotto, Botticelli, Veronese, El Greco. Grafik, Fotografie, moderne und zeitgenössische Kunst findet man im **Musée d'Art Moderne et Contemporain** (westlich von Petite France) mit Werken von Impressionismus bis Gegenwart (Monet, Liebermann, Picasso). Schwerpunkt: Werke des Surrealismus (Hans Arp) neben Zeichnungen Gustave Dorés.

Elsässischer Kultur und Volkskunst begegnet man im **Musée Alsacien**, im **Museum Tomi Ungerer** einem Zeichner als berühmtem Sohn der Stadt.

Stadt der Brücken

Typisch für Straßburg sind die großen und kleinen Brücken über die Ill und ihre Seitenarme, am bekanntesten die drei **Gedeckten Brücken** *(Ponts Couverts)* an der Westspitze der Grand Île mit ihren wuchtigen Wehrtürmen (die ihre Holzdächer schon im 19. Jh. verloren). Ursprünglich waren sie Teil der Stadtbefestigung und dienten später als Gefängnis. Auf dem ***Pont de Corbeau*** (Rabenbrücke) wurden früher Delinquenten hingerichtet: In Käfige eingeschlossen, warf man sie in den Fluss, wo sie ertranken.

KLEINE PAUSE

Gute elsässische Küche in einem ehem. Zollhaus serviert das Restaurant **À l'Ancienne Douane** (6 Rue de la Douane, www.anciennedouane.fr): *flameküche* (Flammkuchen) und *choucroûte* (Sauerkraut) ...

---

229 F5

Touristen-Information
17 Place de la Cathédrale, 67082
03 88 52 28 28; www.ot-strasbourg.fr, www.strassburg.eu tägl. 9–19 Uhr

Cathédrale de Notre-Dame
Place de la Cathédrale 03 88 43 60 32, www.cathedrale-strasbourg.fr
Aussichtsplattform: Okt.–März 10–17.15, April–Sept. 9–19.15 Uhr
Aussichtsplattform: 4,60/2,30 €, frei 1. So des Monats

Palais Rohan (Musée Archaeologique, Musée des Arts Décoratifs, Musée des Beaux-Arts)
2 Place du Château
www.musees.strasbourg.eu
10–18 Uhr; Di geschl. Einzeln: 6/3 €; 1- u. 3-Tage-Pass (10 €/15 €)

Musée d'Art Moderne et Contemporain
1 Place Hans-Jean Arp www.musees.strasbourg.eu

Musée Alsacien
23–25 Quai St-Nicolas www.musees.strasbourg.eu

Musée Tomi Ungerer in der Villa Greiner
2 Avenue de la Marseillaise www.musees.strasbourg.eu

BAEDEKER TIPP

- Drei Tage ab Erwerb gültig ist der **Strasbourg Pass**, erhältlich für € 13,40 € (Junior-Pass 6,70 €) bei der Touristen-Information. Er gewährt freien Eintritt (u. a. ein Museum der Wahl, Leih-Fahrrad, Bootsfahrt) neben zahlreichen Ermäßigungen.
- Wochentags gibt es einstündige Gruppen-Führungen durch das **Europa-Parlament** (Informationsbüro: Allée du Printemps, 67070 Strasbourg, www.europarl.europa.eu/visiting/de).
- Ab Ende November finden schöne **Weihnachtsmärkte** statt: auf der Place Broglie, vor dem Hauptbahnhof und um das Münster.
- In rund einstündigen **Bootsfahrten** auf der Ill mit *Bateaux-mouches* kann man die Stadt vom Wasser erleben (Anlegestelle nahe Palais Rohan; www.batorama.de).
- Im ehem. Universitätsviertel präsentiert sich auf 3,5 ha der **Botanische Garten** (*Jardin Botanique*, 28 Rue Goethe; http://jardin-botanique.u-strasbg.fr) als Ort der Stille und lebendiges Museum für über 6000 Pflanzenarten. Mo–Fr 8–18/19.30, Sa, So 10–18/19.30 Uhr; Nov.–Febr. Mo–Fr 8–12, 14–16, Sa, So 14–16 Uhr frei
- In der **Maison Kammerzell** (16 Pl. de la Cathédrale, www.maison-kammerzell.com), einem der prächtigen Fachwerkhäuser am Münsterplatz, gibt es eine stimmungsvolle »Winstub«. Man kann dort nicht nur gut essen (€€), sondern auch übernachten (€€).

44 Beaune

Die »Weinhauptstadt« Burgunds war wie Dijon lange Sitz burgundischer Herzöge und hat mit dem Hôtel-Dieu eines der schönsten mittelalterlichen Bauwerke Frankreichs zu bieten.

Der Wohlstand der Stadt gründete sich auf Tuch-, Eisen- und Senfherstellung, was eine Besichtigung der noch in Betrieb befindlichen **Moutarderie Fallot** zeigt. Über die aus römischer Zeit datierende Weinkultur unterrichtet das **Musée du Vin de Bourgogne** im ehem. Palast des Herzogs von Burgund, gute Tropfen kann man in diversen Kellereien probieren, und schmucke Gassen und Plätze laden zum Flanieren ein.

Prächtige Dach-»Landschaft« des Hôtel-Dieu

Hôtel-Dieu

Man glaubt es kaum, doch der prachtvolle Komplex wurde 1443 als Armenhospiz gegründet von Nicolas Rolin und dessen Gattin Guigone de Salins: Rolin, Kanzler Philipps des Guten und einer der mächtigsten Männer seiner Zeit, gedachte auf seine alten Tage ein Zeichen zu setzen und initiierte den großzügigen Bau des Hôtel-Dieu nach dem Vorbild flämischer Hospitäler, die er kennengelernt hatte. Es diente bis 1971 als Spital.

Blickfang des weitläufigen, um einen Innenhof angelegten Gebäudes ist das steile **Dach** aus mehrfarbig glasierten Ziegeln in geometrischen Mustern, unter dem auf schlanken

Säulen eine Galerie verläuft. Die Gewölbe im **Innern**, die u. a. Krankenzimmer und die historische Küche beherbergen, sind mit altem Mobiliar, medizinischem Gerät und Wandbehängen bestückt. Die Kapelle des Großen Armensaals schmückte einst der opulente ***Flügelaltar*** des flämischen Meisters Rogier van der Weyden mit Darstellung des Jüngsten Gerichts.

In den Weinbergen bei Beaune

KLEINE PAUSE

Ein hübsches Restaurant ist **La Grilladine** (17 Rue Maufoux, http://lagrilladine.free.fr), wo man *Bœuf bourguignon, Œufs en meurette* (pochierte Eier an Burgundersauce) oder Schnecken speist.

---

228 C2

Touristen-Information
6 Boulevard Perpreuil, 21203 ☎ 03 80 26 21 30; www.ot-beaune.fr

Musée du Vin de Bourgogne
Rue d'Enfer, Hôtel des Ducs de Bourgogne ☎ 03 80 22 08 19; www.musees-bourgogne.org tägl. 9.30–17/18 Uhr, Dez.–März Di geschl.
5,40/3,50 €. Kombiticket mit Museé des Beaux-Arts (► Baedeker-Tipp)

Hôtel-Dieu
2 Rue de l'Hôtel-Dieu ☎ 03 80 24 45 00; www.hospices-de-beaune.com
9–17.30/18.30 Uhr (Mitte Nov.–Mitte März Mittagspause) 7/5,30/3 €

Moutarderie Fallot
31 Rue du Faubourg Bretonnière ☎ 03 80 22 10 02
www.fallot.com 10/8 €

BAEDEKER TIPP

- Alle hiesigen **Weinkellereien** (*caves*) bieten Verkostungen an (Auskunft bei der Touristen-Information).
- Während der **Weinlese** (Sept./Okt.) ist Beaune ein beliebtes Ziel, weshalb man für Besuche in dieser Zeit rechtzeitig reservieren sollte.
- Mit dem **Pass Pays Beaunois** erhält man zahlreiche Ermäßigungen: vom Kellereibesuch samt Verkostung über Fahrten mit dem Bähnchen *Visiotrain* (www.visiotrain 2000.com) bis zu Helikopterflügen und Ballonfahrten.
- Bei einer **Weinauktion** am 3. Nov.-Wochenende werden Weine der 60 ha Anbaufläche des Hôtel-Dieu zugunsten der Hospiz-Stiftung versteigert – eine Gelegenheit, die sich kaum ein Weinhändler (und Burgunder-Freund) entgehen lässt.
- Kunstinteressierte finden im **Museé des Beaux-Arts** im Süden u. a. flämische und französische Gemälde des 17.–19.Jhs. (Porte Marie de Bourgogne, 6 Bd. Perpreuil, ☎ 03 80 24 56 92 5,60/3,60 €. Kombiticket mit Museé du Vin, ► oben).

Nach Lust und Laune!

45 Verdun

Das lothringische Verdun, bereits im Mittelalter Bischofssitz und blühende Handelsstadt, wurde 1916 durch die fast ein Jahr währende *Schlacht von Verdun* an der Meuse (Maas) nördlich der Stadt mit Hunderttausenden Gefallenen zum Symbol menschenverachtender Militärstrategie des 1. Weltkriegs. Auch am massiven Befestigungssystem scheiterte der Plan der deutschen Armee, die Stadt einzunehmen. Eine Rolle als Kommandoposten bei der Verteidigung spielte die (im 17. Jh. von Vauban angelegte) **Citadelle Souterraine** (Av. du 5ème RAP; www.citadelle-souterraine-verdun.fr; Jan. geschl.).

Eines der während der Kämpfe »Zerstörten Dörfer« *(Villages détruits)* war der kleine Ort **Fleury-devant-Douaumon** (6 km NO), woran ein Museum erinnert. Zu Schlachtfeldern und **Gedenkstätten** fahren Tourbusse (Auskunft: Touristen-Information).

223 D3

Touristen-Information

Pavillon Japiot, Av. du Général Mangin, 55100
03 29 84 55 55; www.verdun.fr, www.de.verdun-tourisme.com, www.tourisme-verdun.fr/de

46 Metz

Eine bewegte Geschichte spiegelt die wohlhabende alte Hauptstadt Lothringens (Lorraine): im Mittelalter deutsche Reichsstadt, ab dem 17. Jh. zu Frankreich gehörig, 1871–1918 erneut zu Deutschland, wovon u. a. die Neustadt Wilhelms II. *(Quartier Impérial)* mit dem 1908 eröffneten Bahnhof zeugt. Schöne **Brücken** aus dem typischen gelben Kalkstein überspannen die Seille. Blickfang an der Place d'Armes ist die gotische Kathedrale **St-Étienne** (12. Jh.) – wegen ihrer großzügigen *Buntglasfenster* (6500 m²) »Lanterne du Bon Dieu« (Laterne Gottes) genannt, einige nach Entwurf von Marc Chagall.

Als Kulturstadt präsentiert sich Metz beim Festival ***Metz en Fête*** (Juli/Aug.), Ende August findet die ***Fête de La Mirabelle*** statt, zu Ehren der lokalen Obstsorte, die hier auch als Destillat erhältlich ist. Südlich des Bahnhofs residiert seit 2010 das **Centre Pompidou Metz** (Di geschl.; 7 €; www.centrepompidou-metz.fr).

223 E3

Touristen-Information

2 Place d'Armes, BP 80367, 57007
03 87 55 53 76; http://tourisme.metz.fr

Nancy: Palais an der Place Stanislas

Blick ins waldige Hügelland um die Hochkönigsburg

47 Nancy

Im 18. Jh. erlebte Nancy einen bedeutenden Aufschwung als Residenz des exilierten polnischen Königs Stanislas I. Leszczyński. Der neue Herzog von Lothringen setzte sich mit der nach ihm benannten **Place Stanislas**, einem repräsentativen schmucken Barock-Ensemble des aufgeklärten Absolutismus mit Palais, Triumphbogen und Brunnen, ein repräsentatives Denkmal (heute UNESCO-Welterbe).

Später avancierte Nancy zum wichtigsten Zentrum des französischen Jugendstils ***(Art Nouveau)*** – nach Übernahme der väterlichen Werkstatt durch den Glaskünstler Émile Gallé (1874). Im **Musée de l'École de Nancy** kann man sich über die Werke jener von ihm mitbegründeten Institution informieren und eine Besichtigung der kühnen Jugendstil-**Villa Majorelle** vereinbaren.

229 D5

Touristen-Information
Place Stanislas, BP 810, 54011
03 83 35 22 41; www.ot-nancy.fr

Musée de l'École de Nancy
36–38 Rue du Sergent Blandan
03 83 40 14 86, www.ecole-de-nancy.com
Mi–So 10–18 Uhr 6/4 €

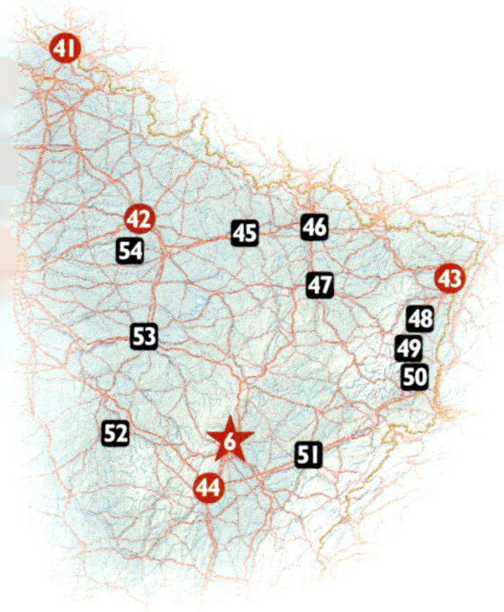

48 Château de Haut-Kœnigsbourg/ Hochkönigsburg

Die Geschichte der bedeutendsten Burganlage des Elsass, die 757 m hoch bei **Orschwiller** (10 km von Sélestat) am Ostrand der Vogesen thront, geht bis auf das 12. Jh. und die Staufer zurück, die hier eine Reichsburg errichteten (im Dreißigjährigen Krieg zerstört).

Nachdem das Elsass 1871 an Deutschland gefallen war, erhielt Kaiser Wilhelm II. sie als Geschenk und ließ sie – trotz heftiger Proteste – 1901–1908 in Form einer romantischen Ritterburg aufwendig rekonstruieren (als Hommage an das Rittertum und die eigene Herrscherdynastie), wobei sich der Architekt eng an die Ursprungspläne hielt.

229 E4 67600 Orschwiller
03 88 82 50 60; www.haut-koenigsbourg.fr
tägl. 9.15/9.30–17/18, Nov.–Febr. 9.30–12, 13–16.30 Uhr 8 €

49 Riquewihr/Reichenweier

Der im fruchtbaren Hügelland am Fuß der Vogesen gelegene Ort (12 km nördl. von Colmar) zählt zu den bedeutendsten Weinbaugemeinden des Elsass, und ist eine zentrale Station auf der 170 km langen ***Route des Vins d'Alsace*** (Elsässer Weinstraße) zwischen Marlenheim und Thann.

Wegen seines mit Teilen der Stadtmauer perfekt erhaltenen

Colmar: Krutenau am Lauch, gen. Petite Venise (»Klein Venedig«)

spätmittelalterlichen Architekturensembles gehört er zu den »Schönsten Dörfern Frankreichs« (www.les-plus-beaux-villages-de-france.org/fr) und beliebten Tagesausflugszielen der Region. Ein Bummel durch die Kopfsteinpflastergässchen führt zum **Diebsturm** *(Tour des Voleurs)*, einem ehem. Stadttor (Teil des Heimatmuseums mit Rekonstruktion einer Folterkammer; www.musee-riquewihr.fr).
229 F4

Touristen-Information
✉ 2 Rue de la 1ière Armée, 68340
☎ 03 89 73 23 23;
www.ribeauville-riquewihr.com

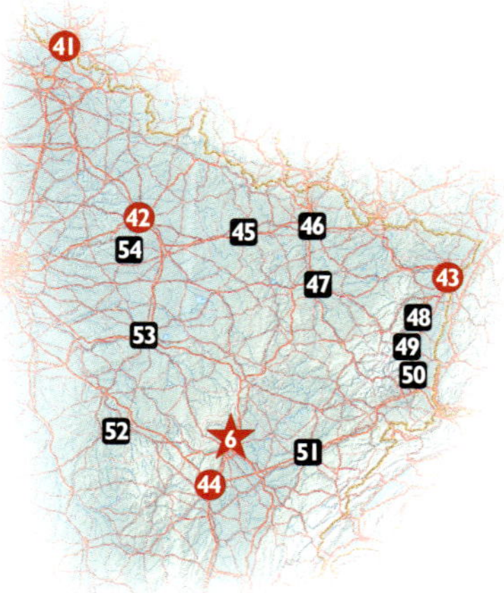

50 Colmar

Nur einen Katzensprung von der deutschen Grenze liegt Colmar mit sehenswertem historischen Kern, das sich selbst als »Hauptstadt des elsässischen Weins« versteht, eine Art idyllisches Pendant zum 60 km entfernten Strasbourg. Auch hier beherrschen schmucke Fachwerkhäuser, Brückchen und Wasserläufe das Bild, vor allem im Bezirk *Krutenau* am Flüsschen Lauch, gen. **Petite Venise** (»Klein Venedig«).

Kulturelle Hauptattraktion ist, neben schönen Kirchen (St-Martin, Dominikanerkirche), das **Musée d'Unterlinden** mit dem ***Isenheimer Altar*** – dem um 1515 für das Antoniterkloster in Isenheim entstandenen Hauptwerk von Matthias Grünewald – mit Darstellung der Kreuzigung Christi (Abb. ➤ 107). Weitere Meisterwerke im Museum (einem ehem. Dominikanerinnenkloster) stammen von Schongauer, Cranach d. Ä. und Holbein d. Ä.

Ein berühmter Sohn Colmars war der Bildhauer **Frédéric Auguste Bartholdi**, Schöpfer der Freiheitsstatue in New York (1886), dessen Geburtshaus heute als Museum dient.
229 F4

Touristen-Information
✉ 4 Rue d'Unterlinden, 68000
☎ 03 89 20 68 92; www.ot-colmar.fr

Musée d'Unterlinden
✉ 1 Rue d'Unterlinden, 68000
☎ 03 89 20 15 50, www.musee-unterlinden.com
🕘 tägl. 9–18; Nov.–Apr. tägl. außer Di 9–12, 14–17 Uhr ✋ 8 € (Isenheimer Altar wg. Renovierung bis Frühjahr 2015 in der Dominikanerkirche)

Musée Bartholdi
✉ 30 Rue des Marchands
☎ 03 89 41 90 60, www.musee-bartholdi.com
🕘 März–Dez. tägl. außer Di

51 Besançon

Die Historie der Hauptstadt der Franche-Comté, an einer Schleife des Doubs gelegen, reicht zurück in die Antike. Ende des 17. Jh. legte Militärbaumeister Vauban Stadtbefestigung und **Zitadelle** an (heute UNESCO-Welterbe), die grandiose Blicke über die Stadt bietet und mehrere Museen und Tieranlagen beherbergt (www.citadelle.com/de; 9,60 €).

Uhrmacherei bildete lange den wichtigsten Wirtschaftszweig, woran das **Musée du Temps** (Uhrenmuseum) erinnert, untergebracht im Renaissance-*Palais Granvelle* für Kardinal Nicolas Perrenot, Kanzler Karls V. (96 Grande Rue, www.mdt.besancon.fr; 5/2,50 €). Der Turm der Kathedrale **St-Jean** birgt eine spektakuläre ***Astronomische Uhr*** aus dem 19. Jh., mit 122 Anzeigen auf über 70 Zifferblättern.

Besançon gilt als eine der »grünsten« Städte Frankreichs, dank schöner Parks wie den *Promenades Chamars*, *Micaud* und *Granvelle*. Hier wurde 1802 der Schriftsteller Victor Hugo geboren.

✚ 229 D3

Touristen-Information
✉ 2 Place de la 1ère Armée Française, 25000
☎ 03 81 80 92 55; www.besancon-tourisme.com

52 Vézelay

Um 860 als Benediktiner-Abtei gegründet, avancierte das burgundische Vézelay (heute als eines der »Schönsten Dörfer Frankreichs« ein Städtchen mit wenigen Hundert Einwohnern) im 12. Jh. zum bedeutendsten Zentrum des Magdalenen-Kults, wichtige Station des Jakobswegs nach Santiago de Compostela und Ausgangspunkt zweier Kreuzzüge.

Die Basilika **Ste-Marie-Madeleine** ist ein atemberaubendes Meisterwerk romanischer Baukunst, von der reich verzierten Fassade über die (für ihre Zeit sensationellen) Säulenkapitelle im Hauptschiff bis zum spektakulären Hauptportal (www.basiliquedevezelay.org).

✚ 228 A3

Touristen-Information
✉ 12 Rue Saint-Etienne
☎ 03 86 33 23 69, www.vezelaytourisme.com; www.les-plus-beaux-villages-de-france.org/fr

53 Troyes

Im 4. Jh. zum Bischofssitz erhoben, war das ehrwürdige Troyes an der Seine 1129 Schauplatz eines wichtigen *Konzils* (Anerkennung des Templer-Ordens) und Geburtsort von **Chrétien de Troyes** (um 1140–1190), dem hervorragenden Vertreter des altfranzösischen Artusromans. Im Hochmittelalter etablierte sich die Stadt als wirt-

Vézelay, Hauptportal der romanischen Basilika

schaftliches und kulturelles Zentrum der Champagne sowie europaweit bedeutender Messeort, bekannt für Glasmalerei und Wirkwaren-Produktion.

In der Altstadt mit einem der schönsten **Fachwerk-Viertel** Frankreichs zeugen hiervon neben Patrizierhäusern Kirchen mit prächtigen Glasfenstern, wie die Kathedrale **St-Pierre-et-St-Paul**, **St-Urbain** und **Ste-Madelaine** (mit kunstvoll verziertem steinernen Lettner). Im ehem. Bischofspalast (16./17. Jh.) zeigt das **Musée d'Art Moderne** Kunst des 19./20. Jhs., neben Gemälden von Cézanne und Picasso Werke der Fauves und Expressionisten (www.musees-troyes.com; Mo geschl.; 5 €).

228 B4

Touristen-Information
16 Rue Aristide Briand, 10000
03 25 82 62 00; www.tourisme-troyes.com
tägl., Nov.–Ostern So geschl.

54 Épernay

Seit zwei Jahrhunderten ist das von Weingärten umgebene Épernay neben Reims wichtigstes Zentrum der Champagner-Herstellung. Bekannte **Champagner-Kellereien** *(Maisons de Champagne)* an der

Champagnerkeller von Moët & Chandon, in Épernay

Avenue de Champagne bieten Führungen in ihre Keller, wo in langen Stollen die Flaschen lagern, und Verkostung *(dégustation)*: Moët & Chandon (gegr. 1747; Nr. 18/20; www.moet.com) oder Mercier (Nr. 68/70; www.champagne mercier.fr). De Castellane hat ein Museum eingerichtet (57 Rue de Verdun; www.castellane.com).

228 B5

Touristen-Information
7 Avenue de Champagne, 51200
03 26 53 33 00; www.ot-epernay.fr

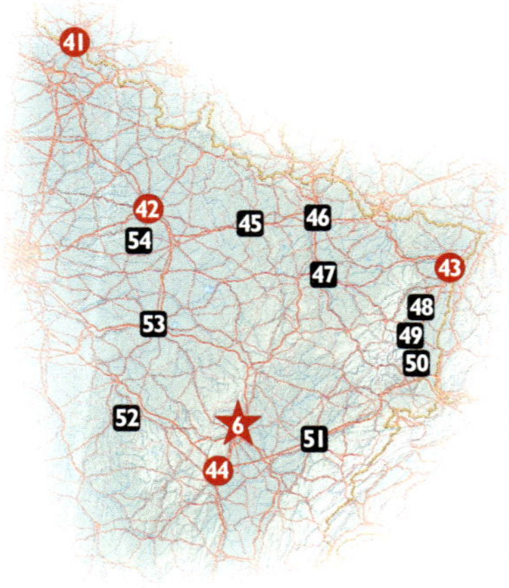

FÜR KINDER

- **Beaune**: Interaktive Führungen durch die **Senf-Manufaktur Fallot** (1 Std.), mit Lichteffekten und 3D-Animation, sind auch für Kinder (ab 10!) ein Erlebnis (Moutarderie Fallot, 31 Faubourg Bretonnière; www.fallot.com; 10/8 €).
- **Besançon**: **Astronomische Uhr** der Kathedrale, eine der interessantesten der Gegend, mit Spieluhrwerk zur vollen Stunde (➤ 121).
- **Strasbourg**: In ein Kindermärchen mit Lebkuchen und Spielzeug verwandelt sich die Stadt im Dezember, mit stimmungsvollen **Weihnachtsmärkten** (Touristen-Information, ➤ 115; http://noel.tourisme-alsace.com/de).

Wohin zum … Übernachten?

Preise
für ein Doppelzimmer pro Nacht:
€ unter 120 Euro **€€** 120–220 Euro **€€€** über 220 Euro

Le Clos Raymi €€

Herrlicher Landsitz des 19. Jhs. (ehem. Domizil des Champagner-Magnaten Chandon), umgeben von einem großzügigen Park, in Épernay. Sieben geschmackvoll eingerichtete Zimmer mit edlen Bädern, Frühstück (15 €) auch auf der Terrasse im Grünen: wirklich ein »Hôtel de Charme«.

228 B5
3 Rue Joseph de Venoge, 51200 Épernay
03 26 51 00 58; www.closraymi-hotel.com

La Gremelle €

Feine kleine Adresse nahe Beaune an der Côte d'Or, mit freundlichen, schön eingerichteten Zimmern und komfortablen Betten. Über die etwas klein geratenen Badezimmer trösten Pool und Sonnenterrasse hinweg, außerdem ein exzellentes Restaurant mit burgundischer Küche. Frühstück 10 €, Halbpension 70 € pro Person.

228 C2
RN74, 21550 Ladoix Serrigny
03 80 26 40 56; www.lagremelle.com

Hostellerie Le Maréchal €€/€€€

Charmantes Fachwerkhaus am Wasser mit Blumenkästen an den Fenstern in Colmars »Klein Venedig«, dessen komfortable Zimmer (einige mit Whirlpool-Wanne) nach Komponisten benannt sind. Gemütliche, gepflegt rustikale Atmosphäre auch im Romantik-Restaurant. Frühstück 17 € pro Person, Garage 15 €.

229 F4 **4–6 Place des Six Montagnes Noires, 68000 Colmar**
03 89 41 60 32; www.hotel-le-marechal.com

Hôtel Brueghel €

Gemütliche Adresse in Bahnhofsnähe von Lille, in einer Fußgängerzone mit Blick auf eine hübsche gotische Kirche, dekoriert mit Bildmotiven des Namen gebenden flämischen Barockmalers Pieter Breughel. 62 helle, individuell möblierte Zimmer, Frühstück 10 € pro Person.

222 B5 **5 Parvis St-Maurice, 59000 Lille**
03 20 06 06 69; www.hotel-brueghel.com

Hôtel de la Cathédrale €

Schönes altes Hotel im Zentrum von Metz nahe der Kathedrale in einem Palais aus dem Jahre 1627, ansprechend eingerichtet mit antikem Mobiliar und Kunstwerken. In manchen der 30 Zimmer nächtigt man unter Deckenbalken im schmiedeeisernen Bettgestell. Zu den illustren Gästen zählten schon Madame de Staël und der Dichter Chateaubriand. Frühstück € 11 pro Person.

223 E3 **25 Place de Chambre, 57000 Metz**
03 87 75 00 02; www.hotelcathedrale-metz.fr

Hôtel du Dragon €/€€

Eine geglückte Melange von Alt und Neu prägt dieses Drei-Sterne-Hotel, ruhig gelegen mit schönem Garten (wo auch Frühstück serviert wird) im Herzen von Strasbourg: In den Mauern eines Gebäudes aus dem 17. Jh. trifft man auf elegante moderne Zimmer in edlem Grau und Mobiliar nach Entwurf von Robert Mallet-Stevens, Philippe Starck und Gaetano Pesce.

229 F5
12 Rue du Dragon, 67000 Strasbourg
03 88 35 79 80; www.dragon.fr

Wohin zum ... Essen und Trinken?

Preise
für ein Drei-Gänge-Menü ohne Getränke:
€ unter 30 Euro **€€** 30–60 Euro **€€€** über 60 Euro

L'Alcide €€/€€€

Lokal im Stil der 1930er-Jahre im Zentrum von Lille, mit Glasdach und bequem gepolsterten roten Sitzbänken. Hier kann man sich *Moules frites* (Miesmuscheln mit Pommes frites) oder *Potjevleesch* schmecken lassen – flandrische Sülze aus Huhn, Kaninchen, Schwein, Kalb.

222 B5 5 Rue des Débris St-Étienne, 59800 Lille 03 20 12 06 95; www.restaurant-alcide-lille.com
Mo–Sa 12–14, 19–22, So 12–14 Uhr

À l'Huitrière €/€€

Hinter der Art-déco-Fassade der »Austernbank« speist man vorzüglich vor allem Meeresfrüchte, aber auch Gänseleberpastete oder Milchlamm und hat beim Dessert die Wahl etwa zwischen *Soufflé au Grand Marnier* oder warmem Schokoladenkuchen mit gebratenen Feigen.

222 B5 3 Rue des Chats Bossus, 59800 Lille 03 20 55 43 41; www.huitriere.fr
Mo–Sa 12–14, 19–21.30, So 12–14 Uhr

Au Crocodile €€€

Das Straßburger Gourmet-Restaurant mit opulent gediegenem Ambiente verdankt seinen Ruf nunmehr Sterne-Koch Philippe Bohrer, der sich Köstliches einfallen lässt wie Cannelloni mit Seespinnen-Füllung, Austernsauce und Kaviar, Hummer mit schwarzen Trüffeln, Seezunge mit Algensauce oder Entenleber mit Salzkruste.

229 F5 10 Rue de l'Outre-France, 67060 Strasbourg
03 88 32 13 02; www.au-crocodile.com
Di-Sa 12–13.30, 19–21.30 Uhr

Brasserie Excelsior €€

Ein Tempel des Jugendstils (an dessen grandiosem Interieur Mitglieder der École de Nancy mitwirkten) ist dieses 1911 eröffnete Lokal, wo man hervorragende französische Küche genießt. Diverse Festpreis-Menüs.

229 D5
50 Rue Henri Poincaré, 54000 Nancy
03 83 35 24 57, www.brasserie-excelsior.com
tägl. 8–0.30 Uhr, So/Mo bis 23 Uhr

Château Les Crayères €€€

Haute Cuisine mit Champagner-Begleitung lautet das luxuriöse Konzept des feudalen Schloss-Restaurants »Le Parc« (mit großzügiger Garten-Terrasse) bei Reims. Gleichfalls im Park des Fünf-Sterne-Hotels findet man die preiswertere Brasserie »Le Jardin« mit regionalen Spezialitäten (Tel. 03 26 24 90 90; €/€€).

222 C3
64 Boulevard Henry Vasnier, 51100 Reims
03 26 24 90 00; www.lescrayeres.com
Restaurant: Mi–So 12–14, 19.15–21.30 Uhr; Brasserie: tägl. 12–14, 19–22 Uhr

Restaurant Stéphane Derbord €€/€€€

Stilvolles modernes Lokal in Dijon mit kreativ interpretierten burgundischen Spezialitäten auf hohem kulinarischen Niveau – und einem Weinkeller voll bester Burgunderweine. Ein Gedicht sind auch die Desserts.

228 C3
10 Place du Président Wilson, 21000 Dijon
03 80 67 74 64; www.restaurantstephanederbord.fr tägl. außer So, Mo 12–13.15, 19.30–21.15 Uhr

Winstub Le Clou €€
In dieser traditionellen Elsässer Weinstube, nur einen Steinwurf vom Straßburger Münster entfernt in einer kleinen Gasse, kann man sich im urigen Ambiente (mit viel Holz, zahlreichen Bildern an den Wänden und gemusterten Tischdecken) durch die deftige regionale Spezialitäten-Küche schlemmen: *Presskopf*-Vinaigrette, *Choucroute garnié* (Sauerkraut mit Würsten und Geräuchertem), *Baeckeoffe* (deftiger Fleischeintopf mit Kartoffeln, Zwiebeln und Weißwein im Tongefäß), *Wädele* (Schweinshaxe) in Pinot Noir, *Fleischkiechele, Saucisse paysanne* (Brotwurst) ... Meist ist der Andrang groß, und es kann eng werden. Reservierung wird empfohlen.

229 F5
3 Rue du Chaudron 67000 Strasbourg
03 88 32 11 67; www.le-clou.com
außer So (und in der Ferienzeit) tägl. 11.45–14, 17.30–24 Uhr

Wohin zum ... Einkaufen?

Kulinarisch Interessierte kommen in diesem Teil Frankreichs leicht auf ihre Kosten, aber auch Schnäppchenjäger – denn hier sind jede Menge Großhändler beheimatet, mit Outlet-Stores für Designer-Kleidung zu Discount-Preisen.

Eine gute Einkaufsstadt ist **Lille**, wo auch diverse Märkte stattfinden und man eine Filiale der Kette **Artisans du Monde** findet: Per Fair Trade wird dort örtliches Kunsthandwerk verkauft (6 Rue du Palais Rihour, www.lille.artisansdumonde.org).

Original-Mode bekommt man bei **Le Faubourg des Modes,** wo 18 junge Designer ihre Ware vorstellen (Maison de Mode, 58–60 Rue du Faubourg des Postes; www.maisonsdemode.com), erlesene Lederwaren bei **Charles et Charlus** (4 Rue Basse; www.charlesetcharlus.com).

Im Innenhof der Alten Börse *(Vieille Bourse)* aus dem 17. Jh. findet der **Marché aux Livres et aux Fleurs** statt, wo man Bücher und Blumen erwerben kann (Place du Général de Gaulle, Abb. ➤ 110; tägl. außer Mo 13–19 Uhr; Rihour), während auf dem **Marché de Wazemmes,** einem der größten Märkte Frankreichs, neben Obst und Gemüse Antiquitäten und Artikel aus Nordafrika feilgeboten werden (Place de la Nouvelle-Aventure, So, Di und Do 7–13/14 Uhr; Gambetta).

Ein gigantischer Trödelmarkt (jeweils am 1. Wochenende im Sept. rund um die Uhr) ist die **Braderie de Lille** mit über 100 km Standfläche (Place de la Gare; www.braderie-de-lille.fr).

Strasbourg ist berühmt für seine **Weihnachtsmärkte** (➤ 115; http://noel.tourisme-alsace.com/de), während man auf dem Wochenmarkt **Marché des Producteurs** landwirtschaftliche Erzeugnisse aus dem ganzen Elsass bekommt (Place du Marché-aux-Poissons, Sa 7–13 Uhr). Exquisiteste Adresse für Kuchen und Pralinen ist die **Pâtisserie Confiserie Kubler** (29 Av. des Vosges, www.kubler.fr; Mo geschl.).

In **Beaune** ist **Le Tast'Fromages** (7 Place Carnot, www.fromagerie-hess.fr) die Adresse für Käse-Spezialitäten (vor allem des Burgund), wo man unter 120 Sorten wählen kann, wie Époisses au Marc de Bourgogne oder Amour de Nuits-St-Georges.

Direkt vom hiesigen Hersteller **Moutarderie Fallot** (➤ 117) oder in entsprechenden Läden kann man handgemachten Senf erwerben.

In **Dijon** selbst wird zwar kein Senf mehr hergestellt (► 109), doch bekommt man ihn natürlich in vielen Läden zu kaufen, etwa in der **Maison Maille** (32 Rue de la Liberté, www.maille.com).

WEIN & CHAMPAGNER

Champagner wird in seiner Ursprungsregion natürlich allerorten verkauft, wobei man ihn in Reims (► 112) und Épernay (► 122) unmittelbar bei namhaften Häusern wie Taittinger (9 Place St-Nicaise, Reims; www.taittinger.com) beziehen kann. Ähnliches gilt für den berühmten **Burgunder**, und auch das Elsass besitzt mit den Weißweinsorten **Edelzwicker** und **Gewürztraminer** seine önologischen Besonderheiten.

Wohin zum ... Ausgehen?

Während in Lille, Reims und Strasbourg munteres Nachtleben herrscht, beschränkt es sich in kleineren Orten auf Cafés, die sich abends in Bars verwandeln. Beachtung verdienen zudem Sommer-Festivals, wie *Les Flâneries Musicales d'Été* (Juli/Aug. in Reims; www.flaneriesreims.com): Ins Leben gerufen von Yehudi Menuhin, präsentieren sie klassische Musik und Blues auf rund 100 Konzerten. Lille wartet, neben anderen Events, im Frühjahr mit dem internationalen *Festival du Cinéma Européen* auf (www.filmcourt-lille.com).

KINO

Eine gute Adresse für Cineasten ist das moderne Kino **Le Metropole** in Lille, das Retrospektiven und Filme in Original-Ton zeigt (26 Rue des Ponts de Comines, www.lemetropolelille.com).

BARS

Viele Champagner-Marken werden offen ausgeschenkt im **Café du Palais** in Reims, seit 1930 ein stilvolles Refugium für Bürger und Bohème unter einem wunderschönen farbigen Glasdach (14 Place Myron Herrick, www.cafedupalais.fr).

Vierzig verschiedene Wodka-Sorten hingegen kann man sich genehmigen in der Bar **Le Kremlin** in Lille (51 Rue Jean-Jacques Rousseau, Tel. 03 20 51 85 79), unter den wachsamen Augen einer Lenin-Büste.

Eines der apartesten Lokale von Metz ist die **Brasserie Flo** (ein Ableger der gleichnamigen Brasserie in Paris, ► 77), ideal für einen Drink nach dem Opern- oder Theaterbesuch und zum Speisen in nostalgischem Ambiente (2 bis Rue Gambetta, www.flo-metz.fr).

NACHTCLUBS

Ein Nachtclub-Komplex mit mehreren Tanzflächen (jeweils verschiedene Musik), Bar und Café ist der **Klub New Kiss** (ehem. L'Opera Night) in Beaune (Rue du Beau Marché), während man in Reims im **Le Vogue** zu Techno abtanzen kann mit den prominentesten DJs von Frankreich (93 Bd. Général Leclerc, www.levogue.fr).

Einen Hauch von Underground verströmt in Straßburg **La Laiterie** (13 Rue Hohwald, www.artefact.org/la-laiterie/die-laiterie, auf Dt.), mit Bar, Theater und Konzertsaal. Der **Complex le Carre** in Dijon verbindet Nachtclub, Bowling und Restaurant (10 Rue Marguerite Yourcenar, www.lecarredijon.fr).

Val de Loire

Erste Orientierung 128
In drei Tagen 130
TOP 10 132
Nicht verpassen! 136
Nach Lust und Laune! 140
Wohin zum … 144

Kleine Erlebnisse

Gartenschau

Das **Festival International des Jardins** im Park des Château de Chaumont (➤ 140) sucht seinesgleichen in Europa.

Barock illuminiert

Während der **Nuits de Mille Feux** erleuchten zu Barockmusik Tausende Kerzen die Gärten des Château de Villandry (➤ 141f.).

Weinprobe im Kalktuff!

Die legendären Roten aus **Chinon** munden einmalig im urigen Ambiente der Felsenkeller *(caves)* an der Vienne (➤ 142).

Erste Orientierung

Vom Massif Central im Osten bis zur Mündung in den Atlantik bei Saint-Nazaire windet sich die Loire durch das historische Herz Frankreichs mit den Provinzen Orléanais, Berry, Touraine und Anjou, im Mittel- und Unterlauf gesäumt von alten Städten wie Orléans, Tours und Nantes sowie prunkvollen herrschaftlichen Schlössern.

Zwischen Orléans und Angers reihen sich die meisten der berühmten Renaissance-Schlösser, darunter die Châteaux Chambord, Blois und Chenonceau: Manche wahre Märchenschlösser oder königliche Residenzen, andere bescheidener dimensionierte, teils heute noch bewohnte Landsitze.

Die größeren Städte, allen voran das zentral gelegene Tours, sind an das System der *Autoroutes* angebunden, zu erlebnisreichen Panoramafahrten laden die Landstraßen südlich der Loire ein.

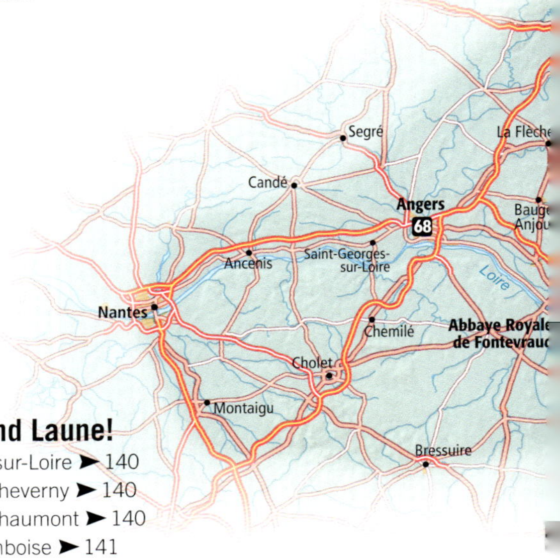

Nach Lust und Laune!

58 Saint-Benoît-sur-Loire ➤ 140
59 Château de Cheverny ➤ 140
60 Château de Chaumont ➤ 140
61 Château d'Amboise ➤ 141
62 Tours ➤ 141
63 Château de Villandry ➤ 141
64 Langeais ➤ 142
65 Château d'Ussé ➤ 142
66 Chinon ➤ 142
67 Abbaye Royale de Fontevraud ➤ 143
68 Angers ➤ 143
69 Le Mans ➤ 143

TOP 10

5 Château de Chambord ➤ 132

Nicht verpassen!

55 Château Royal de Blois ➤ 136
56 Château de Chenonceau ➤ 137
57 Château d'Azay-le-Rideau ➤ 138

Segeln vor spektakulärer Kulisse: Château d'Amboise an der Loire

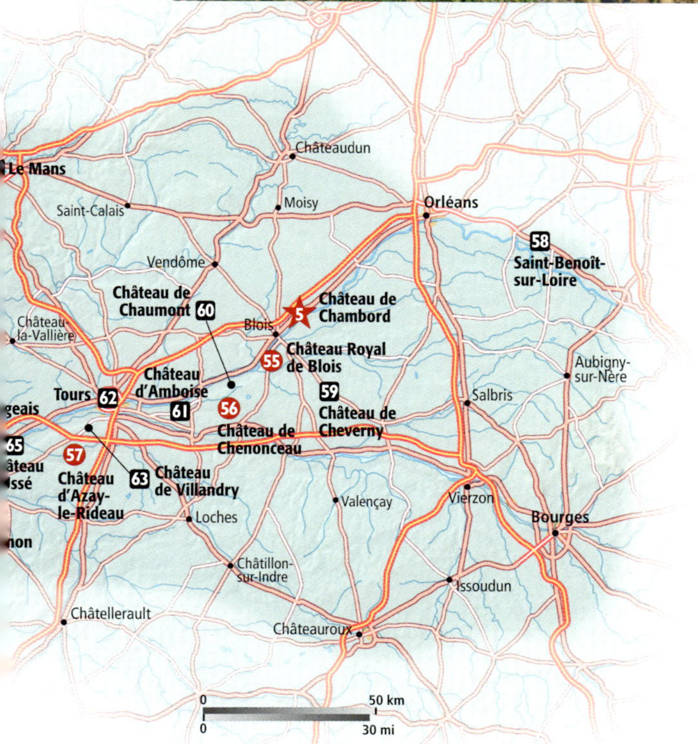

In drei Tagen

Die folgende Route ist eine Möglichkeit, wie Sie einige der interessantesten Sehenswürdigkeiten im Loire-Tal an drei Tagen besuchen können. Die einzelnen Highlights werden im Folgenden näher beschrieben (➤ 132ff.).

Erster Tag

Vormittag

Als Auftakt geht es gleich zum prunkvollsten der Königsschlösser, dem für Franz I. erbauten ★5 **Château de Chambord** (➤ 132ff.). Wer früh dran ist, erhascht vielleicht einen Blick auf die Wildtiere im dortigen Park. Zum Mittagessen bietet sich das **Restaurant** des Schlosses an (➤ 133) oder ein Picknick auf den Grünflächen.

Nachmittag

Eher intim wirkt dagegen das südlich gelegene 59 **Château de Cheverny** (➤ 140), in Privatbesitz und nach wie vor bewohnt. Von dort weiter nordwestlich nach **Blois**, wo man im **Au Bouchon Lyonnais** (➤ 136) zu Abend isst.

Abend

Besichtigung des 55 **Château Royal de Blois** (unten Musée des Beaux-Arts, ➤ 136) im Rahmen einer Ton-und Licht-Schau.

Zweiter Tag

Vormittag

Ein romantischer Ort ist das schöne 56 **Château de Chenonceau** (➤ 137), wo man eine Fahrt mit dem Schiffchen unternehmen kann vor der

Weiterreise zum geschichtsträchtigen 61 **Château d'Amboise** (➤ 141). Mittagspause in einem Lokal in dem kleinen Städtchen.

Nachmittag
Ausführlicher Bummel durch 62 **Tours** (links, ➤ 141) mit Gelegenheit zum Shopping, danach nordwärts via N138/E502 nach 69 **Le Mans** (➤ 143), wo ein Museum dem berühmten 24-Stunden-Autorennen gewidmet ist.

Abend
Übernachtungsgelegenheit und einen Hauch von Nachtleben bieten **Le Mans** oder **Tours** (➤ 141).

Dritter Tag

Vormittag
Besuch des malerischen 57 **Château d'Azay-le-Rideau** (➤ 138f.) und der **Église St-Symphorien** (➤ 139) im Nachbarort. Mittagessen im Höhlen-ambiente des Restaurant **Les Grottes** (➤ 139) in **Azay-le-Rideau**.

Nachmittag
Flussabwärts wartet das zauberhafte »Dornröschenschloss« 65 **Château d'Ussé** (➤ 142), alternativ das 63 **Château de Villandry** (➤ 141f.) mit seinem herrlichen Park.

Abend
Überall findet man hier exzellente **Restaurants**.

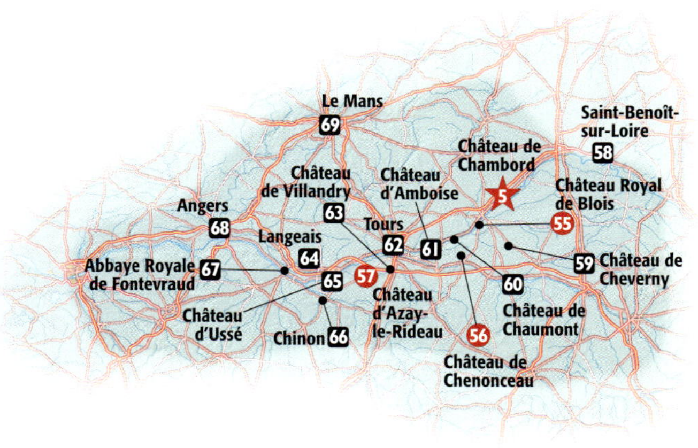

5 Château de Chambord

Nicht weniger als 440 Zimmer und für jeden Tag des Jahres ein Kamin – allein solche Zahlen künden schon von der Dimension dieses königlichen Jagdsitzes und größten, berühmtesten und beeindruckendsten der Loire-Schlösser, dessen kühne architektonische Glanzlichter ein wahrer Besuchermagnet sind.

Ein Traum wird Architektur

Als König Franz (François) I. 1519 den Auftrag erteilte, auf einem sumpfigen Grundstück einige Kilometer von der Loire entfernt ein Schloss zu errichten, plante er anfangs sogar eine Umleitung des Flusses rings um das Gebäude, musste sich dann jedoch mit einem Burggraben bescheiden, gespeist von einem schmalen Zulauf. Ganze 12 Jahre dauerte die erste Bauphase, geleitet von Jacques Sordeau, dessen Neffen Pierre Neveu und Jacques Coqueau als Architekten.

Prominentester Name im Zusammenhang mit Chambord ist indes der von **Leonardo da Vinci** (1452–1519), der auf Wunsch des Königs eine Zeit lang im nahen Amboise lebte. Wesentlich auf seinen Entwurf geht wohl der *Grand Escalier du Logis* zurück, das zweiläufige offene, von einer Laterne gekrönte **Treppenhaus** mit zwei Wendeltreppen als getrennter Zu- und Abgang des königlichen Gemachs zur Dachterrasse,

Wie ein Traumbild erhebt sich Chambord über dem Burggraben

spektakulärstes der 14 großen und 60 kleinen Treppenhäuser des gesamten Schlosses. Einen außergewöhnlichen Blickfang bildet die **Dachterrasse** mit einem ganzen Wald aus Türmchen, Kuppeln, Kaminen und Säulen (Abb. ➤ 134). Von dort aus konnte der Hofstaat aus der Vogelperspektive das Geschehen der Jagd und andere Festivitäten verfolgen. Die späteren Könige setzten den Ausbau fort. Während der Revolution wurde das **Mobiliar** des Schlosses vieler Kostbarkeiten beraubt, erhalten blieb jedoch das 1748 mit Wandpaneelen aus Versailles umgestaltete **Schlafzimmer Ludwigs XIV**. Seit 1930 ist das Schloss in Staatsbesitz.

Im über 50 km² großen **Schlosspark** finden alljährlich im Sommer Veranstaltungen statt.

FRANZ I.

- 1494 In Cognac geboren.
- 1515 Folgt seinem Cousin Ludwig XII. auf den französischen Königsthron.
- 1519 Unterliegt bei der Wahl zum Kaiser des Heiligen Römischen Reiches Karl V. und ist ihm fortan feind. Baubeginn von Château de Chambord.
- 1525 Wird in einer Schlacht gegen Karl V. gefangen genommen und verliert Artois, Burgund, Flandern und diverse Besitztümer in Italien.
- 1547 Stirbt Franz I. Thronfolger ist sein Sohn Heinrich (Henri) II.
- Die **Embleme** Franz' I. findet man überall im Schloss: die (bekrönte) Initiale »F« und den Salamander.

KLEINE PAUSE

Im kleinen Restaurant **Café d'Orléans** serviert man Schmackhaftes zu zivilen Preisen, und im Park gibt es viele Plätzchen für ein Picknick.

---

226 C3
Château et Domaine National de Chambord, Maison des Réfractaires, 41250
02 54 50 40 00; www.chambord.org
tägl. 9/10–17/18 Uhr (letzter Einlass ½ Std. vor Schließung)
11/9 €, unter 25-jährige EU-Bürger frei

BAEDEKER TIPP

- In einem Saal im Erdgeschoss läuft ein 18-minütiger **Film** zu Geschichte und Architektur des Schlosses (auch auf Deutsch). Audioguides in Deutsch stehen für Erwachsene und Kinder zur Verfügung (5/2,50 €).
- Im **Waldpark** des ehem. königlichen Jagdreviers leben noch Rotwild, Wildschweine und andere Tiere, am besten zu beobachten in der Morgen- oder Abenddämmerung (Infos auf der Website).
- Unbedingt ansehen sollte man sich das **Arbeitszimmer** des Königs: Vermutlich Franz I. selbst ritzte mit einem Diamanten in die Fensterscheibe: »Souvent femme varie, bien fol est qui s'y fie.« (»Wankelmütig ist das Weib/Und ein Narr, wer ihm traut.«)

Großartigstes Loire-Schloss

Der extravagante Renaissance-König Franz I. ließ sich zwei Tagesreisen von Paris eine grandiose »folie« erstellen. Den Traum, die Loire umzuleiten, um »zu Fuß« anzukommen, musste er allerdings aufgeben.

1 Donjon: Den Kern der Anlage bildet der »Wohnturm« nach einem Entwurf von Domenico da Cortona, ein dreigeschossiger, quadratischer Pavillon mit vier flankierenden Türmen, von dem die Gebäudeflügel ausgehen.

2 Wohnung Franz' I.: Der französische König residierte im Obergeschoss des Nordturms, die prächtige Ausstattung mit Samt und Goldstickerei wurde rekonstruiert. Das außerhalb des Turms gelegene tonnengewölbte Kabinett diente später der ehem. polnischen Königin Katharina Opalinska, Schwiegermutter Ludwigs XV., als Kapelle.

3 Appartement Ludwigs XIV.: Wie in Versailles (und im Absolutismus üblich) rückte der »Sonnenkönig«, der sich ab 1660 öfter in Chambord aufhielt, seine Wohnung ins Zentrum der Hauptfassade. Der Raum zwischen den Nordtürmen wurde einbezogen, wodurch zwei Vorzimmer entstanden.

©BAEDEKER

Luftansicht der Gesamtanlage

Château de Chambord

Dachterrasse mit Aussicht, überragt von kleinen Türmchen

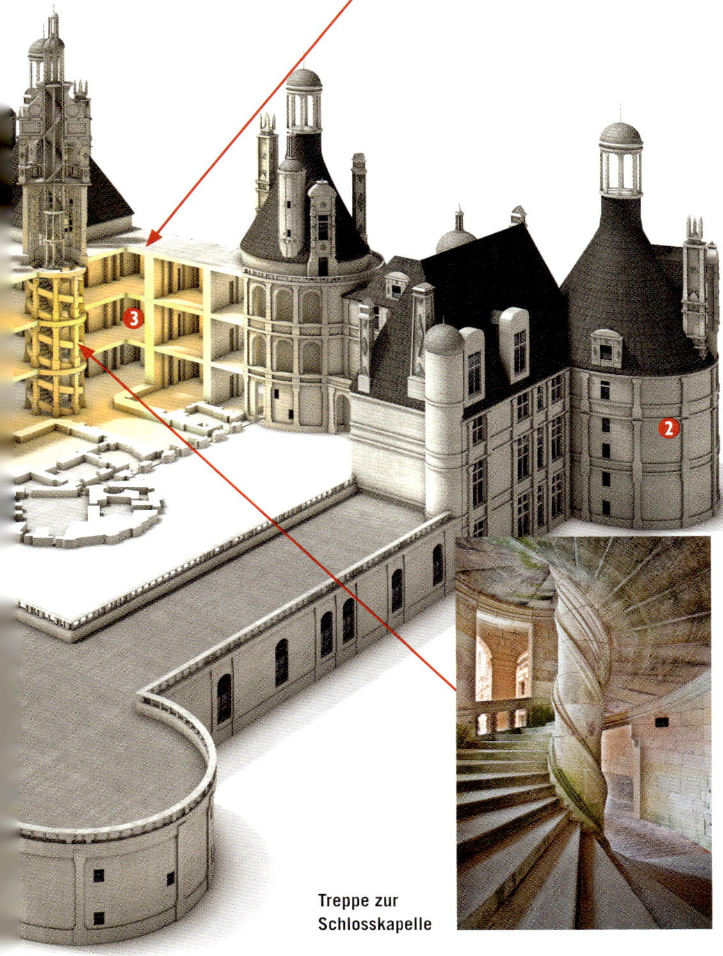

Treppe zur Schlosskapelle

55 Château Royal de Blois

Ein Ensemble unterschiedlicher Baustile und ein hübsches Städtchen ringsum machen den Reiz von Blois aus, das Ludwig (Louis) XII. 1498 zur Königsresidenz erhob. Ein Jahrhundert später war es Schauplatz eines spektakulären politischen Doppelmordes.

Château Royal de Blois, Saal der Generalstände

Die ältesten Teile des Schlosses stammen aus dem 12. Jh., gefolgt von Umbauten im Renaissance-Stil durch Ludwig XII. und dessen Schwiegersohn Franz I., der eine Loggienfassade im italienischen Stil und einen achteckigen **Treppenturm** anfügte (als Reminiszenz an Chambord, ➤ 132ff.). Sehenswert in diesem **Flügel Franz' I.** sind die Gemächer der Katharina von Medici mit einem Geheimschrank. Zu schauerlichem Ruhm gelangte das Schloss in den Religionskriegen Ende des 16. Jhs., als König Heinrich (Henri) III. hier 1588 mit dem Herzog von Guise und dessen Bruder zwei katholische Gegenspieler ermorden ließ. Den **Flügel Gastons d'Orléans** im Stil des frühen Klassizismus entwarf der bekannte Architekt François Mansart (1598–1666) Anfang des 17. Jhs., Namengeber der hier geprägten Dachform. Einen Besuch wert sind auch das **Musée des Beaux-Arts** im Obergeschoss des Ludwig-Flügels (Abb. ➤ 130; Gemälde von Boucher, David und Ingres), die Schlosskapelle **St-Calais** und der Friedhof **St-Saturnin** am gegenüberliegenden Flussufer. Zur Geschichte des Schlosses finden an Sommerabenden **Ton-und-Licht-Schauen** *(Son et Lumière)* im Schlosshof statt (Mi auf Engl.).

KLEINE PAUSE

Schmackhafte Hausmannskost gibt es bei **Au Bouchon Lyonnais** (25 Rue des Violettes, Blois, www.aubouchon lyonnais.com; So/Mo geschl.).

---

226 C3
Place du Château, 41000 Blois
02 54 90 33 33; www.chateaudeblois.fr
tägl. 9–17.30/19 Uhr (Jan.–März, Nov./Dez. Mittagspause)
9,80/5 € (Schloss); 8/5 € (Licht-/Tonschau)

56 Château de Chenonceau

Ein dreigeschossiges Hauptgebäude *(Logis)* mit Galerieanbau über den Cher kennzeichnet eines der sehenswertesten Loire-Schlösser, das als »Château des Dames« an zwei eigenwillige Frauen des 16. Jhs. erinnert. Zu besichtigen sind neben dem reichen Interieur, Küche und Weinkeller der schöne Park mit Labyrinth und zwei Renaissancegärten im italienischen Stil sowie einem ausgedehnten Waldgelände.

Château de Chenonceau, Blick von der Parkseite im Osten

Den heutigen Hauptbau des Schlosses ließ ab 1512 Thomas Bohier errichten, wohlhabender königlicher Kämmerer, geleitet von Ideen seiner Gattin Catherine de Briçonnet. 1547 quartierte König Heinrich II. in Chenonceau seine Mätresse Diane de Poitiers ein, auf die die Anlage der ersten Brücke und des **Parks** zurückgeht. Nach Heinrichs Tod wurde sie nach Chaumont (➤ 140) vertrieben von Katharina de' Medici, die das Schloss ihrer Schwiegertochter Louise de Lorraine vererbte. Seit hundert Jahren ist es nun im Besitz der Schokoladen-Dynastie Menier.

Besonders eindrucksvoll lässt sich Chenonceau von Chisseaux aus während einer **Bootsfahrt** auf dem Cher erleben (La Bélandre, Tel. 02 47 23 98 64, www.labelandre.com; Apr.–Okt.).

KLEINE PAUSE

In der Sommersaison laden zwei **Restaurants** zur Einkehr ein, eines in der stimmungsvollen *Orangerie*.

---

226 C3
37150 Chenonceaux ☎ 02 47 23 90 07; www.chenonceau.com
tägl. 9/9.30–17/20 Uhr 13/8,50 €

57 Château d'Azay-le-Rideau

Auf einer künstlichen Insel im Indre, einem Nebenfluss der Loire, steht, umgeben von einem Landschaftspark, das weiße, L-förmige Renaissance-Schloss als Zeugnis des Reichtums der damaligen Elite. Ein Rundgang offenbart allen Luxus der Epoche und ihr Faible für italienische Architektur.

Gebäude und Park

Das 10 km südlich von Langenais auf den Fundamenten einer alten Burg errichtete Gebäude, das Balzac einmal als »einen geschliffenen Diamanten mit Facetten, gefasst vom Indre-Fluss« bezeichnete, bringt die ganze Raffinesse der französischen Renaissance zum Ausdruck.

Das **Treppenhaus** mit gerader Treppe und Umkehrpodesten bildet eine Neuerung gegenüber den damals üblichen Wendeltreppen. Über dem Eingang prangt der *Salamander*, Emblem König Franz' I. (➤ 133), der das Schloss 1528 beschlagnahmt hatte.

Im **Inneren** behielten nur Treppenhaus und Küche ihr ursprüngliches Aussehen, die übrigen Räume wurden mit historischem Mobiliar, Wandteppichen, Gemälden und Kunstobjekten dem Stil der Zeit nachempfunden.

Erst im 19. Jh. legten die damaligen Besitzer den **Landschaftspark** im englischen Stil an.

Glückloser Bauherr

Ein Vorgängerbau war zu Beginn des 15. Jhs. durch den späteren König Karl VII. geschleift worden. Auftraggeber des 1518–27 errich-

Schlafgemach mit Mobiliar der Zeit

BLUTIGE RACHE

Im Rahmen des Hundertjährigen Krieges fand hier 1418 ein Massaker statt: Dorf und Burg von Azay-le-Rideau, im Besitz der Herzöge von Burgund, wurden dem Erdboden gleich gemacht durch den rachsüchtigen Thronfolger (und späteren König Karl VII.), der sich von gegnerischen Soldaten beleidigt fühlte und die um 350 Köpfe zählende Besatzung der Garnison hängen ließ. Fortan trug der Ort lange den Beinamen Azay »le brûlé« (»das verbrannte«).

Wasserschloss auf einer künstlich angelegten Insel

teten heutigen Gebäudes war der königliche Schatzmeister **Gilles Berthelot**, dessen Gattin Philippa Lesbahy wohl für ihn die Bauaufsicht übernahm. Erst zwei der vier Schlossfassaden waren vollendet, als das Schicksal seinen Lauf nahm, der Bauherr beim König wegen Veruntreuung von Geldern in Ungnade fiel und fliehen musste. Seine Besitztümer wurden eingezogen, er selbst starb 1630 im Exil in Lothringen, sodass er selbst niemals in seinem Traumschloss lebte.

KLEINE PAUSE

Mittagessen im Felsenkeller-Restaurant **Les Grottes** im Ort Azay-le-Rideau (➤ 145).

---

226 B3 37190 Azay-le-Rideau
02 47 45 42 04; www.azay-le-rideau.monuments-nationaux.fr
9.30/10–17.15/18/19 Uhr
8,50/5,50 €; unter 18 und EU-Bürger bis 25 Jahre frei

BAEDEKER TIPP

- Im Sommer finden hier **Ton-und-Licht-Vorführungen** *(Son et Lumière)* statt.
- Sehenswert im Ort **Azay-le-Rideau** ist die wettergegerbte Kirche **St-Symphorien** (16. Jh.) mit Bauteilen im romanisch-gotischen Stil (11./12. Jh.) am Marktplatz, die auf einen karolingischen Vorgängerbau des 6. Jhs. zurückgeht. Besonders interessant: die Skulpturen mit Reihen von Heiligen an der Fassade über dem Eingang.

Nach Lust und Laune!

58 Saint-Benoît-sur-Loire

Kein Schloss, sondern eine der schönsten romanischen Kirchen Frankreichs bildet den Anziehungspunkt im Ort **Saint-Benoît-sur-Loire**: die **Abteikirche** St-Benoît (1026–1218). Bedeutung als Wallfahrtsort erlangte das zugehörige Kloster bereits nach 660, als die Gebeine des hl. *Benedikt von Nursia* (um 480–547) und dessen Schwester Scholastika aus dem süditalienischen Monte Cassino hierher überführt wurden.

Man betritt die Kirche durch einen außergewöhnlichen **Portalturm** mit reich geschmückten Kapitellen. Aus Italien stammt der spätantike Fußboden im hellen, klar strukturierten Kirchenschiff mit sehenswertem Chorgestühl (1413, Geländer gestiftet 1635 von Kardinal Richelieu). In der **Krypta** ruhen die Reliquien des hl. Benedikt. Tägl. um 12 Uhr (So 11 Uhr) findet eine Messe mit gregorianischen Chorälen statt.

227 D4

Touristen-Information

44 Rue Orléanaise, 45730

02 38 35 79 00; www.saint-benoit-sur-loire.fr; www.tourisme-loire-foret.com; www.abbaye-fleury.com

59 Château de Cheverny

Wenige Kilometer südöstlich von Blois liegt das frühklassizistische Kleinod, von Beginn (1634) bis heute im Besitz derselben Adelsfamilie. Außen schlicht, ist das Gebäude innen verschwenderisch ausgestattet mit Originalmöbeln, Gemälden und Tapisserien des 17. Jhs. Als besondere Attraktion gilt die große **Hundemeute**, die hier daheim ist (Fütterung nachm.). Als »Château Moulinsart« war Cheverny Schauplatz von Abenteuern der Comic-Helden Tim & Struppi (»Tintin«; Ausstellung).

226 C3 41700, Cheverny

02 54 79 96 29; www.chateau-cheverny.fr

tägl. 9/10–17/18.30 Uhr

9,50/6,50 €; bis 7 Jahre frei

60 Château de Chaumont

Rund 20 km südwestl. von Blois erhebt sich am linken Loire-Ufer der Ort **Chaumont-sur-Loire**, überragt vom trutzigen Dreiflügelbau des **Schlosses** (1466–1510), wo nach Katharina de' Medici und deren Widersacherin Diane de Poitiers (► 137) später Madame de Staël residierte, die dort (umgeben von einem Kreis erlesener Köpfe) ihr berühmtes Werk *De l'Allemagne* (1812) verfasste.

Im englischen **Landschaftspark** findet seit 1992 alljährlich die bekannte Internationale Gartenschau *Festival International des Jardins* (Mai–Okt.) statt.

226 C3 41150, Chaumont-sur-Loire

02 54 20 99 22; www.domaine-chaumont.fr

tägl. 10–17/18/19.30 Uhr

10,50/4 €; 10 € Gartenschau

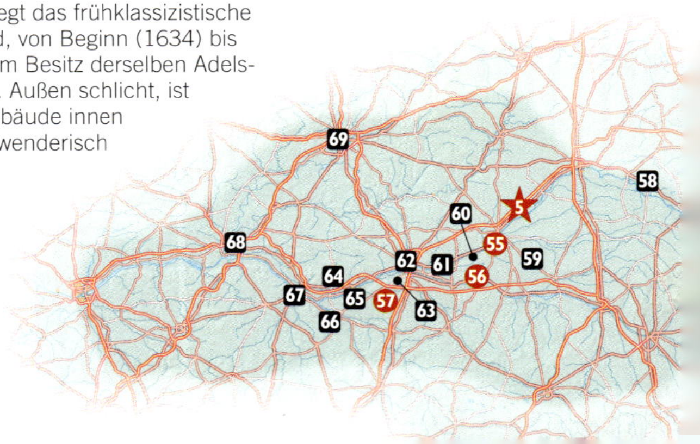

Kunstvoller Formgarten – Höhepunkt des Château de Villandry

61 Château d'Amboise

Von dem unter Karl VIII. (reg. 1470–98) erbauten, unter Franz I. ab 1515 großzügig erweiterten **Königsschloss** stehen heute nur noch Relikte (Abb. ➤ 129). Eindrucksvoll sind, neben den wuchtigen Rundtürmen, der *Portalsturz* mit der Hubertus-Legende und die 1491 gestiftete *Kapelle* des Heiligen. 1560 war Amboise Schauplatz einer drastischen Vergeltungsaktion gegen protestantische Hugenotten, die den jungen Franz II. hatten entführen wollen: Alle 1300 wurden hingerichtet. Hatte bereits Karl VIII. für den Bau des Schlosses italienische Handwerker und Künstler verpflichtet, so gelang es Franz I. 1516, **Leonardo da Vinci** (1452–1519) für dessen letzte Lebensjahre in den hübschen Ort **Amboise** zu holen. Der kleine Herrensitz *Clos-Lucé*, den er bewohnte, ist heute Museum (www.vinci-closluce.com; tägl. 9/10–18/20 Uhr; 14,50/9 €).

226 C3 ✉ 37400, Amboise
☏ 02 47 57 00 98; www.chateau-amboise.com
tägl. 9–16.45/19 Uhr (Nebensaison mit Mittagspause) 10,70/7,20 €

62 Tours

Die lebendige Bezirkshauptstadt an der Loire (Abb. ➤ 131) war seit dem frühen Mittelalter Brennpunkt der Geschichte: 372 wurde hier der hl. Martin zum Bischof geweiht. Bis ins 16. Jh. war sie Königsresidenz, um als Zentrum der Seidenweberei zu großem Wohlstand zu gelangen. Von Tours' kultureller Bedeutung zeugen die mächtige Kathedrale **St-Gatien** und Relikte der Basilika **St-Martin**, ein Jahrtausend lang wichtige Pilgerstätte. Das **Musée des Beaux-Arts** zeigt Werke von Mantegna, Rubens und Rembrandt (www.mba.tours.fr; tägl. außer Di). Zum **Einkaufen** empfehlen sich die Rue des Halles, Rue Nationale und Rue Colbert (für Antiquitäten) sowie die vielen Märkte (Blumenmarkt, Boulevard Béranger, Mi, Sa).

226 B3

Touristen-Information
✉ 78–82 Rue Bernard Palissy, BP 4201, 37000 Tours ☏ 02 47 70 37 37; www.tours-tourisme.fr

63 Château de Villandry

Das 15 km westlich von Tours gelegene Schloss ist vor allem ein Begriff wegen seines herrlichen, 6 ha großen **Renaissance-Parks**, den Anfang des 20. Jh. sein damaliger Eigentümer Joaquín Carvallo in altem Glanz auf drei Ebenen wiedererstehen ließ, samt Liebes-,

FÜR KINDER

- **Port St-Père**: *Planète Sauvage* ist ein **Safari-Park** SW von Nantes, den man mit dem Auto durchfährt (44170 Port St-Père, www.planetesauvage.com; März–Mitte Nov.; 26 €).
- **Doué-la-Fontaine:** Der **Zoo Doué** präsentiert in der typischen Höhlenlandschaft der Region mehr als 70 Tierarten, darunter Löwen und Leoparden (www.zoodoue.fr; Febr.–Okt.; 19,90/13,90 €).

Musik- und nach ästhetischen Aspekten angelegtem Gemüsegarten sowie dem eine Stufe höher gelegenen Wassergarten. Jeweils am 1. Juli-Wochenende erstrahlt der Park während der *Nuits de Mille Feux* zu Barockmusik im Schein Tausender Kerzen. Das **Schloss,** um 1532 von Jean le Breton errichtet und Anfang des 18. Jh. umgebaut, enthält eine Gemäldegalerie mit Werken von Vélazquez und Goya.

226 B3 37510
02 47 50 02 09; www.chateauvillandry.com
9/9.30–16.30/18.30 Uhr (Park 1 Std. länger)
6,50/4,50 € (Park), 10/6,50 € (mit Schloss)

64 Langeais

In nur vier Jahren Bauzeit (1465–69) entstand unter Ludwig XI. das wehrhafte Schloss im Villandry benachbarten Langeais, dessen kaum verändertes Interieur (samt 30 prächtigen Gobelins) ein lebendiges Bild der Epoche vermittelt. 1491 heiratete Ludwigs Sohn Karl VIII. hier Herzogin Anne de Bretagne, deren Herrschaftsgebiet somit an die Krone fiel. Auf dem Gelände steht die Ruine von Frankreichs ältestem **Wehrturm** (erbaut 994). Langeais liegt am Ostrand des **Parc Naturel Régional Loire-Anjou-Touraine** (www.parc-loire-anjou-touraine.fr) mit interessanten Tuffsteinhöhlen.

226 B3

Château de Langeais
Langeais, 37130 02 47 96 72 60; www.chateau-de-langeais.com
tägl. 9/10–17/19 Uhr 9/5 €

65 Château d'Ussé

Als romantischstes der Loire-Schlösser gilt Ussé im Wald von Chinon, das angeblich den Dichter Charles Perrault (1628–1703) zu seinem Dornröschen-Märchen *La Belle au Bois Dormant* inspirierte. Entstanden im 15., umgebaut im 17. Jh., umschließen heute nur noch drei Flügel des reich ausgestatteten Gebäudes einen Innenhof (heute in Privatbesitz, Besichtigung im Rahmen einer Führung). Die schöne Gartenanlage geht auf André Le Nôtre zurück. Ein Kleinod bildet die freistehende **Schlosskapelle** Notre Dame d'Ussé mit einer Luca della Robbia zugeschriebenen Majolika-Madonna.

226 B3 37420
02 47 95 54 05; www.chateaudusse.fr
tägl. 10–18/19 Uhr 14/4 €

66 Chinon

Wie ein Traumbild des Mittelalters schmiegt sich **Chinon** mit seinen Gässchen, Fachwerkhäusern und in den Kalktuff geschlagenen Weinkellern *(caves)* ans Ufer der Vienne, bekrönt von der gewaltigen Silhouette der Schlossruine. In der aus drei Gebäuden bestehenden **Burganlage** *(Château de Milieu, Fort du Coudray, Fort St-Georges)* herrschten im 12. Jh. die Herzöge von Anjou, starb 1189 König Heinrich II., und 1429 überzeugte Jeanne d'Arc hier Karl VII. von ihrem Plan einer Rückeroberung der englischen Teile Frankreichs. Hiervon kündet ein kleines Museum im Uhrenturm der

Chinon mit seiner Burganlage

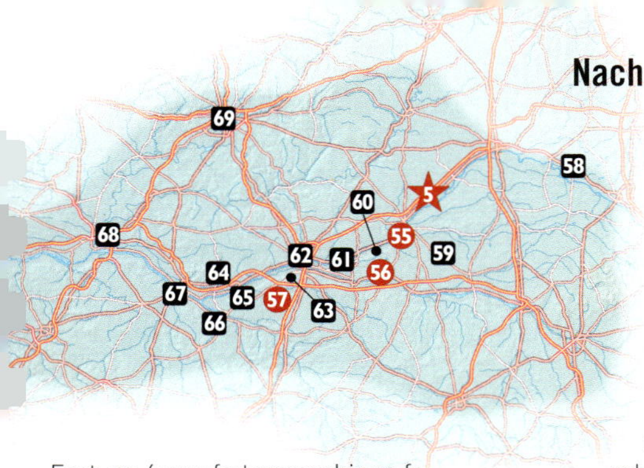

Festung (www.forteressechinon.fr; 8,50/6,50 €).
226 B3

Touristen-Information
Place Hofheim, 37500, BP 141
02 47 93 17 85; www.chinon-valdeloire.com
tägl. 10–12.30/13.30, 14–/14.30–18/19 Uhr

67 Abbaye Royale de Fontevraud

Die um 1100 gegründete **Abtei** mit dem wohl größten Klostergebäude Europas gilt als eine der bedeutendsten Frankreichs – auch in ihrer Eigenschaft als Grablege des Hauses Plantagenêt, der Grafen von Anjou. Neben Heinrich II. und seiner Gattin Eleonore von Aquitanien sind dort deren Sohn Richard Löwenherz und Schwiegertochter Isabella von Angoulême in prächtigen Sarkophagen bestattet.
226 B3 **BP 24, 49590 Fontevraud-l'Abbaye**
02 41 51 73 52; www.abbayefontevraud.com
tägl. außer Mo 9.30/10–17/19 Uhr **9,50/7 €**

68 Angers

Beiderseits der Maine erstreckt sich Angers, Hauptstadt des fruchtbaren Anjou. Mit gotischer Kirche St-Serge und Fachwerkhäusern lockt das stimmungsvolle **Altstadtviertel** *La Doutre*. Überragt wird es vom trutzigen, Anfang 13. Jh. von Ludwig IX. umgebauten **Château** mit 13 in schwarzem Schiefer und hellem Kalkstein gestreiften Rundtürmen (angers.monuments-nationaux.fr; tägl.; 8,50/5,50 €).

In einem Glasbau ausgestellt: die prächtigen **Gobelins der Apokalypse** (um 1375), ältester erhaltener Bildteppich dieser Größe, geschaffen für die gotische Kathedrale **St-Maurice**. Im Stadtpalais Logis de Barrault (15. Jh.) zeigt das **Musée des Beaux-Arts** (14 Rue du Musée; www.musees.angers.fr; Sept.–Mai Mo geschl.; 4/3 €) Kunst des 14.–20. Jhs. (u. a. Watteau, Boucher, David, Delacroix).
226 A3

Touristen-Information
7 Place Kennedy, 49051 **02 41 23 50 00; www.angersloiretourisme.com** **tägl.**
City Pass Angers Loire Valley: 13/22/29 € (24/48/72 Std.)

69 Le Mans

In der traditionellen Textil- und Autostadt (mit historischer Altstadt und romanisch-gotischer Kathedrale) steht seit 1923 im Juni alles unter dem Vorzeichen des legendären 24-Stunden-Rennens auf dem *Circuit de la Sarthe*. Dessen Historie wird ausführlich präsentiert im **Musée Automobile de la Sarthe** (9 Pl. Luigi Chinetti, www.lemusee24h.com; 8,50/6 €), wo u. a. 150 berühmte Rennwagen zu bewundern sind.
226 B4

Touristen-Information
Rue de l'Étoile, 72000
02 43 28 17 22; www.lemanstourisme.com

Le Mans, Patrick Dempsey bei einer Fahrerparade (2013)

Wohin zum ... Übernachten?

Preise
für ein Doppelzimmer pro Nacht:
€ unter 120 Euro **€€** 120–220 Euro **€€€** über 220 Euro

Auberge du Bon-Laboureur €/€€

Schöner alter Gasthof des 18. Jhs. mit exzellentem Restaurant (beliebt als Hort klassischer französischer Küche: lieber reservieren!) nahe beim Schloss Chenonceau. Etwas beengte, jedoch mit TV und Küchenzeile gut ausgestattete Zimmer, viele auch mit Klimaanlage. Auch ein Swimmingpool ist vorhanden.

226 C3
6 Rue Bretonneau, 37150 Chenonceaux
02 47 23 90 02; www.bonlaboureur.com

Château de Marçay €€/€€€

Adelssitz aus dem 15. Jh. in einem 15 ha großen Park mit sorgsam renovierten, luxuriösen Zimmern (im Schloss selbst und einem Nebenflügel). Gourmet-Restaurant (€€€), großer Pool und Sonnenterrasse.

226 B3 **37500 Marçay-Chinon**
02 47 93 03 47; www.chateaudemarcay.com

Grand Hôtel du Lion d'Or €€/€€€

Südlich von Orléans, etwas abseits der Hauptrouten durch das Loire-Tal, liegt der kleine Ort mit dem Vier-Sterne-Hotel der Kette Relais & Châteaux: ein Renaissance-Anwesen mit großzügigen, behaglichen Räumlichkeiten, von einem traumhaften Park umgeben und wirklich einen Umweg wert. Exzellentes Restaurant (€€€).

227 D3 **69 Rue Georges Clemenceau, 41200 Romorantin-Lanthenay**
02 54 94 15 15; www.hotel-liondor.fr

Hôtel Abbaye de Fontevraud €/€€

Frisch renoviertes Nachtquartier der besonderen Art in einem der schönsten Klöster Frankreichs: eine Oase der Ruhe, sobald die Tagestouristen fort sind. 54 komfortable, geschmackvoll eingerichtete Zimmer, manche mit Blick auf den hübschen Küchengarten. Auch ein hervorragendes Restaurant (€/€€).

226 b3
Le Prieuré de Saint- Lazare, Rue St-Jean de l'Habit, 49590 Fontevraud l'Abbaye
02 41 51 73 16; www.hotel-fontevraud.com

Le Prieuré €€/€€€

Ideal für Familien (spezielle Kinderangebote) ist diese ehemalige Benediktiner-Abtei (ältester Teil 12. Jh.) in der Provinz Anjou, 7 km nordwestl. von Saumur auf einem bewaldeten Hügel. Fast alle der in kühner textiler Opulenz dekorierten Zimmer mit Blick auf die Loire. Den Gast erwarten neben einem Restaurant (€€) Pool, Tennisplatz und Bowling-Rasen.

226 A3
49350 Chênehutte-Trèves-Cunault
02 41 67 90 14; www.prieure.com
geschl. Jan., Febr.

La Roseraie €

Eine weitere günstige Option für Besucher des Schlosses Chenonceaux ist dieses nette kleine Hotel mit gemütlichen Zimmern für 40 Gäste. Im Außenpool kann man nach anstrengender Besichtigung relaxen, im hoteleigenen Restaurant (mit Sommerterrasse) gut und günstig speisen

226 C3
7 Rue du Dr Bretonneau, 37150 Chenonceaux
02 47 23 90 09; www.hotel-chenonceau.com

Wohin zum ...
Essen und Trinken?

Preise
für ein Drei-Gänge-Menü ohne Getränke:
€ unter 30 Euro **€€** 30–60 Euro **€€€** über 60 Euro

Auberge des Matfeux €€/€€€
Chef Xavier Souffront hat sich einen Namen gemacht mit exzellenter, einfallsreicher Küche, darunter Fisch und Meerestiere in vielen Varianten (Spezialität: Langustinen-Ravioli), aber auch Rinderfilet mit Trüffeln, Wildschwein in Loire-Rotwein und raffinierte Desserts.
226 B4
289 Avenue Nationale, 72230 Arnage
02 43 21 10 71; www.aubergedesmatfeux.fr
geschl. So abend, Mo, Di

Auberge de Porc Vallières €/€€
Schlicht und edel eingerichtetes Lokal am Ufer der Loire mit kleiner, feiner Karte: etwa Hummer mit Sesam, Zanderfilet mit Topinambur und Pochierte Vanille-Birne mit Nougat-Eis.
226 B3 152 Vallières, 37230 Fondettes
02 47 42 24 04; www.auberge-de-port-vallieres.fr geschl. Mo und 2. Jan.-Woche

Les Grottes €/€€
Charmantes kleines Lokal im Felsenkeller (mit schönem Gastgarten) in Azay-le-Rideau mit guter, bodenständiger Speisenauswahl: Ente mit Apfel, Andouillette mit Zwiebeln und Senf oder gebratene Feigen mit Ziegenkäse und rohem Schinken. Auch die Weinkarte ist bestens sortiert.
226 B3
23 Rue Pineau, 37190 Azay-le-Rideau
02 47 45 21 04; www.restaurantlesgrottes.sitew.fr tägl. 12–14, 19–22 Uhr; Nebensaison: Do geschl.

Hotel Grand St-Michel €€/€€€
Im vornehmen Restaurant des gleichnamigen Hotels (€) speist man delikat, mit regionalen Akzenten, im ehem. Zwinger der royalen Jagdmeute mit Blick auf Schloss Chambord: Entenbrust mit grüner Pfeffersauce, Pâté, gebratene Jakobsmuscheln mit Pastinakenmus und Bohnen, zum Dessert Tarte Tartin oder karamellisierte Äpfel. An So und Feiertagen Reservierung empfohlen!
226 C3 Pl. Saint Louis, 41250 Chambord
02 54 20 31 31; www.saintmichel-chambord.com tägl. 12–14, 19–21 Uhr

La Licorne €€/€€€
Hübsche, heitere Feinschmeckeradresse in der alten Klosterstadt, wo man sich im Louis-XIV-Ambiente Raffiniertes wie Langustinen-Ravioli mit Basilikum und Morcheln schmecken lassen kann oder Deftigeres wie Blutwurst-Kroketten mit Gänseleber, Apfel-Chutney, Rosinen und Cidre-Sauce.
226 B3 Allée Sainte-Catherine, 49590 Fontevraud-l'Abbaye 02 41 51 72 49; www.restaurant-gastronomique-licorne.fr
Mai–Sept. tägl. 12–14, 19–21 Uhr; Okt.–Apr. So, Mo, Mi nur mittags

Restaurant du Grand Saint Benoît €/€€
Restaurant eines soliden Landgasthofs (»Hôtel du Labrador«; €) mit angenehmer Atmosphäre und schmackhafter Küche (z. B. Jakobsmuschel-Risotto mit Mousse Noilly oder Ochsenbackenragout mit Schalotten-Confit).
227 D4 7 Place St-André, 45730 St-Benoît-sur-Loire
02 38 35 11 92; www.hoteldulabrador.fr
Di–Sa 12–14, 19.30–23, So 12–14 Uhr

Wohin zum ... Einkaufen?

Das Loire-Tal bietet viele Einkaufsmöglichkeiten, auch für Ungewöhnliches in den Läden der Châteaus und zugehörigen Ortschaften.

So führt die Tapisserie **Langlois** in **Blois** (1 Rue de la Voûte du Château, www.langlois-blois.com; Mo–Sa) Reproduktionen historischer Wandteppiche dieses Schlosses. Einer der besten Museums-Shops ist der des Schlosses von **Cheverny** (Cour-Cheverny, www.chateau-cheverny.fr; tägl.), wo man von der nachgemachten Ritterrüstung bis zum Comic-Buch mit Abenteuern von Tim & Struppi vielerlei bekommt. Freunde von Antiquitäten kommen auf ihre Kosten bei **Christian Dumartin** im Manoir de Beauvais von **Chinon** (Ligré, Tel. 02 47 98 36 63; meist Mo–Fr 9–12, 14–19 Uhr).

Gute **Märkte** gibt es überall, als einer der besten gilt der in **Orléans**, der an mehreren Werktagen an unterschiedlichen Orten stattfindet: Di auf Blossière und Dauphine (jeweils 7–12 Uhr), Do auf der Place Dunois (15–19.30 Uhr), Sa in der Charpenterie Quai du Roi (6–12.30 Uhr). In der *Charcuterie* von **Tours** herrscht täglich Markttreiben mit Obst, Gemüse und Kunsthandwerk, am besten bestückt an Samstagen (Place des Halles; 7–14 Uhr).

Designer-Kleidung lässt sich gut erstehen in **Nantes**, und zwar in den Geschäften an der **Rue Crébillon** und in den Arkaden der **Passage Pommeraye**. Für bodenständiges Kunsthandwerk der Region ist die **Société Coopérative Agricole de Vannerie** in Villaine-les-Rochers bei **Azay-le-Rideau** (7 km) eine empfehlenswerte Adresse (www.vannerie.com).

Das mittelalterliche **Saumur** steht für ausgezeichneten **Sekt** *(Saumur Brut)*, den man in den örtlichen Kellereien verkosten und kaufen kann (Infos: Maison des Vins, Quai Lucien Gautier; www.ot-saumur.fr).

Weitere Anlaufstellen für **Wein**-Liebhaber im Loire-Tal unter: www.vinsvaldeloire.fr.

Wohin zum ... Ausgehen?

Viele Loire-Schlösser bieten abends Licht-und-Ton-Schauen *(Son et Lumière)* zur Geschichte des Château an. Als spektakulärste gilt die im Freizeitpark Puy du Fou in Les Epesses, wo von Juni–Sept. historische Ereignisse mit Hunderten Mitwirkender nachgestellt werden (www.puydufou.com/de).

KINO

Das ***Gaumont Angers Multiplex*** im Universitätsviertel St-Serge von **Angers** zeigt viele Filme im Original (Avenue des Droits de l'Homme; www.cinemasgaumontpathe.com). Ende November findet in **Nantes** das ***Festival des 3 Continents*** statt, mit Filmen aus Afrika, Lateinamerika und Asien (www.3continents.com).

MUSIK UND TANZ

Laserstrahlen erhellen den Nachthimmel im größten Tanzschuppen an der Loire, der Discothèque **Le Do Ré Mi** in **Beaulieu-sur-Layon** südlich von Angers, das 3000 Besucher fasst (Do–Sa ab 23 Uhr bis zum Morgengrauen; www.discotheque-doremi.com). Meist Top-Aktuelles auf dem Plattenteller hat **Le Pyms** in **Tours** (170 Av. de Grammont; www.lepyms.com; Do–So).

Der Südosten

Erste Orientierung 148
In vier Tagen 150
TOP 10 152
Nicht verpassen! 160
Nach Lust und Laune! 164
Wohin zum … 172

Kleine Erlebnisse

Provenzalische Diva

Aix-en-Provence (➤ 168) posiert als lockende Schöne des Südens, mit viel Prominenz im Schatten der Platanen.

Luxus der Belle-Époque

Im **Hôtel Negresco** in Nizza (➤ 173) lässt sich Belle-Époque-Atmosphäre erleben – an Restauranttischen oder als Logiergast.

Stadt der Düfte

Durch blühende **Lavendelfelder** führt der Weg nach **Grasse** (➤ 171), wo Hunderte Düfte den Besucher umfangen: ein Fest der Sinne.

TOP 10

2 Nice ➤ 152
7 Carcassonne ➤ 154
8 Arles & Camargue ➤ 156
9 Avignon ➤ 158

Nicht verpassen!

70 Nîmes & Pont du Gard ➤ 160
71 Gorges du Verdon ➤ 162

Nach Lust und Laune!

72 Puy de Dôme & Clermont-Ferrand ➤ 164
73 Lyon ➤ 164
74 Vienne ➤ 165
75 Chamonix-Mont-Blanc ➤ 165
76 Grenoble ➤ 166
77 Le Puy-en-Velay ➤ 166
78 Gorges du Tarn ➤ 167
79 Montpellier ➤ 167
80 Les Baux-de-Provence ➤ 168
81 Aix-en-Provence ➤ 168
82 Marseille ➤ 169
83 Saint-Tropez ➤ 170
84 Cannes ➤ 170
85 Antibes ➤ 170
86 Grasse ➤ 171
87 Monaco ➤ 171

Erste Orientierung

Abwechslungsreich und attraktiv entfaltet sich Frankreichs Südosten: fruchtbare Fluss- und Hügellandschaften, wilde Marschen, herrliche Küsten und Städte mit klangvollen Namen, wie Lyon, Avignon, Marseille oder Nizza.

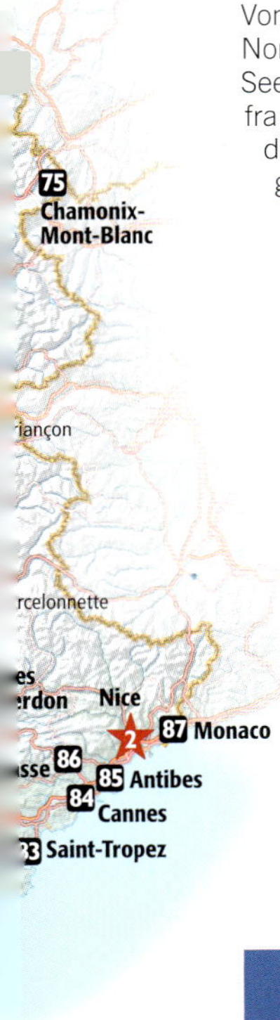

Vom einsamen Bergland der Causses und Cévennen im Nordwesten über sanfte provenzalische Hügel bis zu den See-Alpen spannt sich der landschaftliche Bogen des französischen Südostens, in der Mitte geteilt durch das Tal der Rhône, die von Lyon südwärts dem Mittelmeer entgegen strömt, gesäumt von geschichtsträchtigen Orten wie Avignon und Nîmes. Unweit ihres Mündungsdeltas und der Salzmarschen der Camargue wartet mit Montpellier die schöne Hauptstadt des Languedoc-Roussillon und mit dem betriebsamen Marseille Frankreichs zweitgrößte Metropole. Östlich der großen Hafenstadt erstreckt sich eine der schönsten Küsten der Erde – die sonnenverwöhnte Côte d'Azur, seit je Anziehungspunkt vieler Künstler und betuchter Müßiggänger, sei es in Saint-Tropez, Antibes oder Nizza (Nice). Weiter nördlich an der Grenze zu Italien und jener zur Schweiz schließlich locken mit schneebedeckten Gipfeln die besten Wintersportgebiete des Landes.

Südwärts führt als Magistrale die A7 *(Autoroute de Soleil)*/E15, östlich an der Küste entlang die A8 und westlich die A9. Viel schöner ist es natürlich, diese herrlichen Gegenden auf kleinen Landstraßen zu erkunden, wobei auch die A75 *(La Méridienne)* zwischen Clermont-Ferrand und Montpellier ihre Reize birgt.

Marseille, Blick über den alten Hafen

In vier Tagen

Die folgende Route ist eine Möglichkeit, wie Sie einige der interessantesten Sehenswürdigkeiten im Südosten Frankreichs an vier Tagen besuchen können. Die einzelnen Highlights werden im Folgenden näher beschrieben (➤ 152ff.).

Erster Tag

Vormittag
Beginnen Sie ganz im Westen mit dem trutzigen wie charmanten mittelalterlichen ★7 **Carcassonne** (rechts, ➤ 154f.). Nach dem Bummel durch die Gassen stärkt man sich mit regionalen Spezialitäten im Restaurant **Robert Rodriguez** (➤ 155).

Nachmittag
Dann geht es östlich via A61/E80 Richtung Mittelmeer und auf der A9 nördlich die Küste hinauf ins lebendige 79 **Montpellier** (➤ 167), das man schön zu Fuß oder per Rad durchstreifen kann.

Abend
Nach dem Abendessen in einem der zahlreichen Restaurants lockt das Nachtleben der quirligen mediterranen Stadt.

Zweiter Tag

Vormittag
Mit 70 **Nîmes** und dem **Pont du Gard** (➤ 160f.) gehört der Vormittag den wohl besterhaltenen römischen Relikten der Region. Mittagessen in einem Café in Nîmes oder im schattigen Restaurant beim Aquädukt.

Nachmittag
Die Fahrt geht Richtung Südosten nach ★8 **Arles** (gleichfalls mit eindrucksvollem römischen

Amphitheater) oder noch weiter bis in die **Camargue** mit den Wildtieren am **Étang de Vaccarès** (beide ➤ 156f.).

Abend
Bleibt man in Arles, lohnt zum Sonnenuntergang eine Fahrt nach 80 **Les Baux-de-Provence** (➤ 168) mit seiner Burgruine.

Dritter Tag

Vormittag
Heute steht ★9 **Avignon** (➤ 158f.) auf dem Programm mit dem gewaltigen **Palais des Papes** und der viel besungenen alten **Brücke**. Hier gibt es viele hübsche kleine Lokale zum Mittagessen – oder ein belegtes Baguette für die Weiterfahrt.

Nachmittag
Auf N100, D907 und D6 nach **Moustiers-Ste-Marie** mit der wilden Schlucht 71 **Gorges du Verdon** (➤ 162f.). Eventuell danach via N85 *(Route Napoléon)* noch weiter Richtung Südosten bis nach 86 **Grasse** (➤ 171f.), dem magischen Städtchen der Wohlgerüche.

Vierter Tag

Vormittag
Auf der Küstenstraße N7 geht es über 84 **Cannes** (➤ 170) und das beschaulichere 85 **Antibes** (➤ 170) nach ★2 **Nice** (➤ 152f.). Dort ein Spaziergang auf der berühmten **Promenade des Anglais**, danach Mittagessen mit Meeresfrüchten und Hafenblick im **L'Âne Rouge** (➤ 153).

Nachmittag
Bummel durch die kühlen Hallen der hervorragenden **Museen** und Gemäldegalerien der Stadt (➤ 152).

Abend
Noch ein Stück weiter östlich bis nach 87 **Monaco** (unten, ➤ 171) mit dem extravaganten **Casino** von **Monte Carlo** und versuchen, die Spielbank zu sprengen.

2 Nice

Die Hauptstadt der Region Alpes-Maritimes ist nach wie vor eine begehrte Adresse der Schönen und Reichen. In der Altstadt der Mittelmeer-Metropole spürt man die Nähe Italiens, und an ihrer berühmten Strandpromenade blieb der Glanz der Belle Époque lebendig.

Nizza, gegründet von griechischen Kolonisten, fiel später an die Römer und gehörte bis 1860 zum italienischen Savoyen. Wegen des milden Klimas und der herrlichen Lage wurde es im 19. Jh. bevorzugtes Winterquartier wohlhabender Engländer und Russen. Den Glanz alter Zeiten bewahrt hat es besonders auf der mondänen *Promenade des Anglais* mit dem Belle-Époque-Palast des illustren **Hôtel Negresco** (► 173).

Jenseits der *Promenade de Paillon* (über dem gleichnamigen Fluss) lockt die **Altstadt** *(Vieille Ville)* mit schmalen Gassen und hübschen Plätzen voll italienischen Flairs mit mehreren Kirchen, zahlreichen Lädchen und Cafés. Im nördlichen Stadtteil **Cimiez**, wo der Maler Henri Matisse

MUSEEN IM ÜBERBLICK

Aus dem reichen Museumsangebot der Stadt (http://de.nicetourisme.com/pro-museen) hier eine kleine Auswahl:

Musée d'Art Moderne et d'Art Contemporain

Der moderne Bau mit vier durch eine Glas-Stahl-Konstruktion verbundenen Türmen zeigt vorwiegend Kunst der 1960er- und 1970er-Jahre, darunter zahlreiche Werke von **Yves Klein**, einem Sohn der Stadt.

✉ Promenade des Arts ☎ 04 97 13 42 01; www.mamac-nice.org ⌚ Di–So 10–18 Uhr ✋ frei

Musée Henri Matisse

Die leuchtenden Farben der französischen Riviera fing Matisse (1869–1954) in seinen Gemälden hinreißend ein, Wegbereiter des Fauvismus, der in Nizza 1917 eine Wahlheimat fand. Zuletzt residierte er im Hotel Régina nahe dem Barock-Palais in Cimiez, wo heute ein Museum sein Werk präsentiert.

✉ 164 Av. des Arènes de Cimiez ☎ 04 93 81 08 08; www.musee-matisse-nice.org ⌚ Mi–Mo 10–18 Uhr ✋ frei

Musée National Marc Chagall

Das Museum widmet sich speziell der Auseinandersetzung Chagalls (1887–1985) mit der Bibel.

✉ Av. de Dr Ménard, Boulevard du Cimiez ☎ 04 93 53 87 20; www.musee-chagall.fr ⌚ Mi–Mo 9/10–17/18 Uhr ✋ 8/6 €

Musée des Beaux-Arts

Das schöne alte Palais am Westende der Bucht beherbergt Gemälde und Skulpturen des 17. bis 19. Jhs, darunter Werke von Fragonard, Degas, Rodin und Raoul Dufy (der in Nizza lebte).

✉ 33 Av. des Baumettes ☎ 04 92 15 28 28; www.musee-beaux-arts-nice.org ⌚ Di–So 10–18 Uhr ✋ frei

Musée des Arts Asiatiques

Förmlich auf Wasser und Blumengarten zu schweben scheint der 1987 eröffnete Bau des Architekten Kenzo Tange, ebenso sehenswert wie die Sammlung asiatischer Kunst im Innern.

✉ 405 Promenade des Anglais Arènes ☎ 04 92 29 37 00; www.arts-asiatiques.com ⌚ Mi–Mo 10–17/18 Uhr ✋ frei (Führung 4 €, Teezeremonie 10/5 €)

Laufsteg mit Strandzugang – Promenade des Anglais an der »Bucht der Engel«

seine letzten Lebensjahrzehnte verbrachte (➤ Musée Henri Matisse, links), liegen die Reste der **Römersiedlung** mit Amphitheater und Thermen. Von oben genießt man eine herrliche Aussicht über Nizza als Juwel an der »Engelsbucht« *(Baie des Anges)*.

KLEINE PAUSE

Trefflich tafeln mit Hafenblick lässt es sich im **L'Âne Rouge** (7 Quai des Deux Emmanuel, www.anerougenice.com; ➤ 173).

---

234 C2–3

Touristen-Information

5 Promenade des Anglais, 06000

08 92 70 74 07; www.nicetourism.com; http://de.nicetourisme.com

tägl., im Winter So geschl.

BAEDEKER TIPP

- Mit dem **French Riviera Pass** (1/2/3 Tage: 26/38/56 €) erhält man über Nizza hinaus freien Eintritt zu Sehenswürdigkeiten und Museen sowie Ermäßigung in Läden und Restaurants (inkl. ÖPNV: 30/46/68 €; http://de.nicetourisme.com/french-riviera-pass).
- Der zweiwöchige örtliche **Karneval** mit Korso und Feuerwerk am Faschingsdienstag *(Mardi Gras)* gilt als *die* Winterattraktion der Riviera (http://de.nicetourisme.com/karneval-von-nizza).

7 Carcassonne

Am Ostufer der Aude erhebt sich mit der gewaltigen Cité von Carcassonne eine der besterhaltenen Festungsstädte Europas – UNESCO-Welterbe und eines der beliebtesten Touristenziele Frankreichs.

Carcassonne, eine römische Gründung, war lange Grenzfestung zum Königreich von Aragón und wurde deshalb ab dem 13. Jh. mit einer Burg und einem doppelten, 3 km langen Mauerring samt 52 Wehrtürmen befestigt. Einzige Zugänge zur **Burgstadt** *(Cité)* waren im Westen die *Porte d'Aude* sowie die *Porte Narbonnaise* im Osten. Zur Blütezeit lebten in der Cité mit ihren engen Gässchen rings um die heutige Place Marcou etwa 3000 Einwohner. Damals wurde hier auch die mächtige Basilika und ehemalige Kathedrale **St-Nazaire et St-Celse** errichtet, einer

Carcassonne, die beeindruckendste Festungsstadt Europas

BAEDEKER TIPP

- Auf die Bastionen der **Cité** gelangt man nur im Rahmen einer **Führung** (auch auf Engl.; 2,5 Std.; 10/8 €; Details in der Touristen-Information).
- Im Sommer lebt in Form von Reiterturnieren und **Ritterspielen** *(Les Médiévales)* auf dem Grün der Lices Hautes zwischen inneren und äußeren Wällen die Zeit der edlen Ritter wieder auf (Abb. ➤ 150).
- Mieten Sie sich ein Schiffchen für eine kleine **Bootspartie** auf dem hübschen **Canal du Midi** (Verleih: 15 Quai Riquet, Tel. 04 68 71 88 95).
- Mit einem spektakulären **Feuerwerk** begeht Carcassonne den französischen Nationalfeiertag am 14. Juli, auch als Erinnerung an den verheerenden Brand der Stadt im Mittelalter *(Embrasement de la Cité Médiévale)*.

der wichtigsten Sakralbauten Südfrankreichs. Weniger interessant ist deren Pendant, die jetzige Kathedrale St-Michel in der **Unterstadt** *(Ville Basse)* jenseits des Flusses um die *Place Carnot*. Diese besticht in erster Linie durch die regelmäßige Anlage ihres Straßennetzes nahe dem **Canal du Midi**.

Durch die Lage an dieser bedeutenden Wasserstraße florierte der Handel mit Textilien und Wein: ein Wohlstand, der ersichtlich ist an stolzen Bürgerhäusern des 17./18. Jhs. und großzügigen Boulevards. Seit dem Mittelalter gibt es bereits den **Markt** auf der Place Carnot (Di, Do und Sa vormittags).

KLEINE PAUSE

Stärken kann man sich bei **Robert Rodriguez** (Ville Basse, 39 Rue Ciste Reboulh; www.restaurantrobertrodriguez.com; €€) in ungezwungener Bistro-Atmosphäre, wo ambitionierte Regionalküche serviert wird, darunter Klassiker wie *Cassoulet* (Bohneneintopf mit Speck, Fleisch und Würstchen).

---

231 F2

Touristen-Information
28 Rue de Verdun
04 68 10 24 30; www.carcassonne.org, www.tourisme-carcassonne.fr, www.carcassonne.culture.fr
tägl. 9/9.30–18/19, So 9–13 Uhr; Juli, Aug. So auch nachmittags

8 Arles & Camargue

Mit monumentaler antiker Arena und attraktivem Stadtbild gilt Arles als einer der schönsten Orte der Provence – zudem als Einfallstor in die zauberhafte Wildnis der Camargue, wo Scharen von rosa Flamingos über die Salzlagunen segeln.

Arles

Das im 1. Jh. erbaute **Amphitheater** *(Les Arènes)* war das größte Galliens (20 000 Zuschauer) – heute finden hier Stierkämpfe statt. Im **Antiken Theater** *(Théâtre Antique)* gibt es im Sommer kulturelle Veranstaltungen, im **Antikenmuseum** eine hervorragende Sammlung zur römischen Geschichte (➤ rechts).

Eine bedeutende Stadt war Arles auch im Mittelalter, und die Kathedrale **St-Trophime** an der Place de la République ist ein Meisterstück provenzalisch-romanischer Architektur. Viel über die hiesige Kulturgeschichte erfährt man im anschaulichen **Muséon Arlaten** (29–31 Rue de la République; www.museonarlaten.fr; wg. Renovierung geschl.), 1896 vom Dichter Frédéric Mistral gegründet.

Arles: Säulenreliefs im Kreuzgang des der Kathedrale St-Trophime angegliederten Klosters

1888 kam der Maler **Vincent van Gogh** (1853–1890) aus Paris nach Arles, wegen des milden Klimas, der schönen Landschaft und des magischen Lichts der Provence. Bald gemeinsam mit Paul Gauguin wohnte er in dem heute zerstörten kleinen »Gelben Haus«, das oft auf seinen Bildern auftaucht. In Arles und Umgebung fand er Motive für viele Gemälde, wie die *Sonnenblumen*-Serie. Der Maler litt jedoch zunehmend unter Wahnvorstellungen und begab sich (nachdem er sich im Streit mit Gauguin ein Ohr verletzte) in psychiatrische Behandlung. Die Anstalt in Arles dient heute als Kulturzentrum **Espace Van Gogh** mit Mediathek und Café (Place Félix Rey).

Camargue

Zwischen den Mündungsarmen der Rhône erstreckt sich das wilde Marschland der Camargue vorwiegend als ausgedehntes Naturreservat, wo Herden von Wildpferden zu Hause sind. Als besonders sehenswert gilt das Biotop des flachen Salzsees **Étang de Vaccarès**, und in **La Capelière** findet man ein markiertes Wegenetz und ein Besucherzentrum (➤ rechts), das über die hiesige Vogelwelt informiert: Flamingos, Säbelschnäbler, Reiher, Rohrdommeln, Gänse und Enten tummeln sich hier in Schilf und Gewässern.

Vogelparadies Pont de Gau in der Camargue

KLEINE PAUSE

Gleich beim Amphitheater von Arles lockt das hübsche Lokal **L'Écrin** mit abwechslungsreicher Karte und moderaten Preisen (77 Rue Augustin Tardieu, Tel. 04 90 97 74 51; €€).

233 D2

Touristen-Information

Esplanade Charles de Gaulle, Boulevard des Lices, 13200

04 90 18 41 20; www.arlestourisme.com; www.ville-arles.fr

Musée Départemental Arles Antique (Antikenmuseum)

Presqu'île du Cirque Romain, 13200 Arles

04 13 32 51 03; www.arles-antique.cg13.fr

Mi–Mo 10–18 Uhr 8/5 €

Réserve Nationale de Camargue

Besucherzentrum: La Capelière, 13200 Arles

04 90 97 00 97; www.reserve-camargue.org; www.parc-camargue.fr

tägl. 9–13, 14–17/18 Uhr; Okt.–März tägl. außer Di 3/1,50 €

BAEDEKER TIPP

- Auch per **Schiff**, auf **Pferderücken** oder per **Fahrrad** lässt sich die Camargue durchstreifen, vielleicht mit dem Fischerort **Saintes-Maries-de-la-Mer** als Basis (Touristen-Information: 5 Av. Van Gogh, www.saintesmariesdelamer.com).
- Die festungsartige Kirche von Saintes-Maries-de-la-Mer (12. Jh.) ist am 24./25. Mai und Ende Oktober Zentrum prächtiger **Wallfahrten** der Sinti und Roma zu Ehren der drei Marien – Jacobäa (Schwester der Hl. Jungfrau), Salome (Mutter der Apostel Jakobus und Johannes) und Magdalena –, die mit ihrer Dienerin Sarah, Schutzheilige des Fahrenden Volkes, hier landeten und in der Kirche begraben sind.
- Das **Festival Arelate** in Arles (www.festival-arelate.com) mit Gladiatorenkämpfen in der antiken Arena gehört zu den aufwendigsten Römerveranstaltungen in Europa (letzte Aug.-Woche).

9 Avignon

Stolz erhebt sich die mittelalterliche Stadt mit dem wuchtigen Papst-Palast am Ufer der Rhône, die die Bögen der in einem Kinderlied besungenen Brücke umspült.

Die berühmte Brücke St-Bénézet in Avignon

Vom Sitz der Gegenpäpste zum UNESCO-Welterbe

Ins Licht der Weltöffentlichkeit rückte die heutige Hauptstadt des Vaucluse 1309, als Papst Clemens V. sich vor Streitigkeiten in Rom mit der Kurie hierhin zurückzog. Bis 1378 währte das Exil, und während des anschließenden Schismas (Kirchenspaltung) residierten in Avignon bis 1403 die Gegenpäpste.

Dass hier ein Jahrhundert lang das Herz der Christenheit schlug, dokumentiert in eindrucksvoller Weise das monumentale **Palais des Papes**, zu dem die Nachfolger Clemens V. den hiesigen Bischofssitz ausbauten: Während Zinnen und Türme den wehrhaften Charakter hervorheben, kündet die prachtvolle Ausstattung im Innern vom Luxus der Kirchenfürsten und Avignons damaliger Bedeutung als kulturelles Zentrum.

Innenhof eines Restaurants in Avignon

Südwestlich des Palastes erstreckt sich, als Herz des moderneren Avignon, die weitläufige **Place de l'Horloge** mit mehreren Cafés, von der die Hauptgeschäftsmeile *Rue de la République* Richtung Bahnhof führt.

Nur noch pittoreske Ruine ist der **Pont St-Bénézet** – Frankreichs berühmteste Brücke, mit ursprünglich 22 Bögen Ende des 12. Jhs. erbaut und verewigt im Lied »*Sur le pont d'Avignon* ...«. Im 17. Jh. hatten die Fluten der Rhône und Kriegsschäden das 915 m lange Bauwerk schwer geschädigt, sodass heute nur noch vier Bögen stehen.

KLEINE PAUSE

Gegenüber der Oper bekommt man im Bistro **La Fourchette** ausgezeichnete provenzalische Spezialitäten auf die Namen gebende »Gabel« (12 Rue Racine.; www.la-fourchette.net; Sa/So geschl.; €€).

---

225 D3

Touristen-Information
41 Cours Jean-Jaurès, 80400 04 32 74 32 74; www.ot-avignon.fr
Mo–Sa 9–17/18/19, So 10–12/17 Uhr

Palais des Papes
6 Rue Pente Rapide – Charles Ansidéi, BP 149 cedex 1, 84008
04 90 27 50 00; www.palais-des-papes.com tägl. 9/9.30–18/19/20.30 Uhr 11/9 €; Kombiticket (mit Brücke) 13,50/10,50 €

BAEDEKER TIPP

- Der Pass **Avignon Pass'ion** bietet Ermäßigung für Sehenswürdigkeiten und Touren (erhältlich bei der Touristen-Information; www.ot-avignon.fr).
- Das private **Musée Angladon** zeigt in einem Palais des 17. Jhs. Gemälde aus Impressionismus und klassischer Moderne (Cézanne, Picasso) – darunter den einzigen van Gogh der Provence (5 Rue Laboureur; www.angladon.com; Mo, im Winter auch Di geschl.; 6/4 €).

70 Nîmes & Pont du Gard

Nîmes und sein Amphitheater gehören zu den eindrucksvollsten altrömischen Bauwerken in Frankreich, ebenso die Relikte des Aquädukts, der die Stadt einst mit Wasser versorgte.

Nîmes

Besuchermagnet unter den Altertümern von Nîmes ist sein weltweit besterhaltenes und heute noch für Stierkämpfe und anderweitig genutztes römisches **Amphitheater** ***(Les Arènes)***. Ähnlich wie in den Arenen von Arles und Orange passten rund 20 000 Zuschauer auf die drei Ränge steinerner Sitze.

Gleichfalls gut erhalten, wenn auch weniger monumental ist der heute ***Maison Carrée*** genannte römische **Podiumstempel** auf dem ehem. Forum von Nîmes mit einer Antikensammlung im Innern, darunter schöne Mosaiken. Moderne Eleganz verkörpert gleich daneben der lichte, weitläufige Bau des **Carrée d'Art** (1984 entworfen vom britischen Star-Architekten Norman Foster), ein Museum, das neben seiner ständigen Sammlung moderner Kunst auch Wechselausstellungen zeigt (➤ rechts).

WUSSTEN SIE DAS?

In Nîmes wurde der strapazierfähige Baumwollstoff erfunden, der heute bei Jeans und Freizeitkleidung allgegenwärtig ist: **Denim** (engl. Kurzformel für *Sergé de Nîmes*). Die ersten Hosen aus Denim fertigte Levi Strauss um 1865 für kalifornische Goldgräber.

Pont du Gard

Honigfarben leuchtend überspannen die Bögen der mächtigen **Aquädukt**-Brücke (25 km nordöstlich von Nîmes), die zum Welterbe der UNESCO zählt, auf drei mächtigen Pfeilern das Flusstal des Gardon. Die bis zu sechs Tonnen schweren Muschelkalk-Blöcke sind ohne Mörtel aneinander gefügt. Als meisterliche Ingenieure benötigten die Römer auf 50 km Länge (von der Quelle in Uzès) nur 17 m Höhen-

BAEDEKER TIPP

- Da es hier im **Hochsommer** sehr heiß werden kann, empfiehlt sich die Besichtigung des Pont du Gard frühmorgens oder am Spätnachmittag (mit schattiger Mittagspause in Nîmes).
- Einen schönen **Blick auf Nîmes** bietet die 32 m hohe von den Römern in die Stadtmauer einbezogene **Tour Magne** (3,20/2,70 €; Kombiticket mit Amphitheater, ➤ rechts) über dem Mont Cavalier im **Jardin de la Fontaine** westlich der Altstadt.
- Die Besichtigung des **Pont du Gard** selbst ist kostenlos, der Eintritt (18 €; ➤ rechts) umfasst neben der Parkgebühr den Zugang zu Museum, Kino und Wechselausstellung sowie dem Erlebnisbereich **Ludo** mit speziellem pädagogischen Angebot für Kinder von 5–12 Jahren (www.pontdugard.fr/de/espace-culturel/ludo).

Römischer Aquädukt: Pont du Gard bei Nimes

unterschied, um Wasser zum Trinken, für Bade- und für Brunnenanlagen auf der obersten Ebene bis nach Nîmes fließen zu lassen. Über den Bau aus dem 1. Jh. und seine Restaurierung informiert anschaulich das **Besucherzentrum** am linken Flussufer (► unten).

KLEINE PAUSE

Genehmigen Sie sich in Nîmes ein Päuschen im lässigen **Le Vintage** zwischen Arena und Maison Carée (7 Rue de Bernis, www.restaurant-levintage-nimes.com; Di–Sa; €).

---

233 D3

Touristen-Information
6 Rue Auguste, 30000
04 66 58 38 00; www.ot-nimes.fr, www.nimes.fr tägl.

Les Arènes (Amphitheater)
Place des Arènes 04 66 21 82 56
tägl. 9/9.30–16.30/18.30/20 Uhr
9/7 € (mit Audioguide); Kombiticket (mit Maison Carée, Tour Magne) 11,5/9 €

Maison Carrée (Römischer Tempel)
Place de la Comédie 04 66 21 82 56 9.30/10–16.30/18/20 Uhr (Okt.–Febr. mit Mittagspause) 5,5/4,5 €; auch Kombiticket (► Les Arènes)

Musée d'Art Contemporain (Carré d'Art)
Place de la Maison Carré
04 66 76 35 70; www.carreartmusee.com Di–So 10–18 Uhr
frei; Wechselausstellungen 5/3,70 €

Pont du Gard
Besucherzentrum, 400 Route du Pont du Gard, 30210
04 66 37 50 99; www.pontdugard.fr/de 7.30/8.30–19/20/24 Uhr
Aquädukt: frei; Parkplatzbenutzung: 18 € (inkl. Eintritt für max. 5 Pers.)

71 Gorges du Verdon

Durch Schluchten von mehreren hundert Metern Tiefe winden sich in der Haute Provence die türkisgrünen Fluten des Flusses Verdon, der in den 1973 angelegten Stausee Lac de Ste-Croix mündet: besonders von den Klippen, aber auch unten im Tal ein atemberaubendes Naturschauspiel.

Das Naturwunder (21 km lang, mit Kreideklippen bis 700 m) wurde über Jahrmillionen vom namengebenden Fluss Verdon geformt und vermutlich erst 1905 von dem renommierten Höhlenforscher Édouard-Alfred Martel entdeckt. Die extrem steile Schlucht, sie sich auf 200 m verengt, ist bis heute nur durch wenige schmale Serpentinensträßchen erschlossen und sehr erfahrenen Kletterern vorbehalten.

Die südliche Route (von Moustiers-Ste-Marie am Westrand der Schlucht aus) mit der abenteuerlichen ***Corniche Sublime*** (D71) aus den 1940ern und dem Aussichtspunkt *Balcons de Mescla* bietet die spektakulärsten Ausblicke. Über das Bergdorf **Trigance** geht es dann in einem Bogen zum Nordrand und zurück auf der ***Route des Crêtes***.

Am Ende der Gorges mündet der Verdon in einen Stausee

In der Schlucht

Mehrere Talsperren dienen der Energiegewinnung. Der Stausee **Lac de Ste-Croix** südlich des Ortes **Moustiers-Ste-Marie** bietet gute Sportmöglichkeiten für erfahrene Kanuten. Kurzwege beginnen an vielen der Aussichtspunkte, wie der Zickzackpfad vom *Point Sublime* am Nordrand. Nur geübten Wanderern ist der **Sentier Martel** am Boden der Schlucht zwischen Rougon und Meyreste zu empfehlen, für den man mindestens einen Tag veranschlagen sollte.

Rafting – Erkundung der Schlucht mit dem Boot

KLEINE PAUSE

Kaffeepause machen kann man vielerorts in **Moustiers-Ste-Marie** oder ein Picknick an den zahlreichen Aussichtspunkten *(belvédères)*.

PIONIER DER HÖHLENKUNDE

Édouard-Alfred Martel (1859–1938) gilt als Begründer der Speläologie, der wissenschaftlichen Höhlenforschung. Eigentlich Jurist, erkundete er von Jugend auf die unterirdischen Kalksteinhöhlen der **Causses** und unternahm später mit zwei Freunden eine mehrtägige Tour durch die Gorges du Verdon, die bis dahin als unpassierbar galten. Martels Interesse galt dabei auch deren möglicher Nutzung als Wasserreservoir: Pläne aus den 1950ern, die die ganze Schlucht einbezogen, wurden zum Glück verworfen zugunsten der behutsameren Lösung des Stausees Lac de Ste-Croix.

234 B3

Touristen-Information

Maison de Lucie, Place de l'Église, 04360 Moustiers-Sainte-Marie
04 92 74 67 84; www.moustiers.eu; www.ville-moustiers-sainte-marie.fr
Maison de Parc, Domaine de Valx, 04360 Moustiers-Sainte-Marie
04 92 74 68 00; www.parcduverdon.fr

Musée de la Préhistoire des Gorges du Verdon

Route de Montmeyan, 04500 Quinson
04 92 74 09 59; www.museeprehistoire.com
tägl. 10–18/19/20 Uhr 7/5 €

BAEDEKER TIPP

- Die **Serpentinensträßchen** entlang der Schlucht sind so schmal, dass mancherorts nur knapp zwei Fahrzeuge einander passieren können – also ganz vorsichtig fahren.
- Den Wanderpfad **Sentier Martel** unten am Fluss begeht man am besten mit Gruppe und/oder erfahrenem Führer: An manchen Stellen ist er gefährlich wegen eingestürzter Tunnel und plötzlich ansteigender Wasserspiegel.
- Statt einer Gesamtrundfahrt um die Gorges (120 km) kann man sich auch auf die **Corniche Sublime** im Süden als attraktivsten Teil beschränken.
- In den Orten rund um die Schlucht, vor allem jedoch in Moustiers-Ste-Marie werden **Fayencen**, typische Keramik der Gegend, feilgeboten.
- Spektakulär wie ein Schiffsrumpf geformt ist das **Musée de la Préhistoire des Gorges du Verdon** in **Quinson** (20 km südwestl. des Lac de Ste-Croix), entworfen vom britischen Star-Architekten Norman Foster. Seit 2001 lässt sich im Innenraum, der in Anlehnung an prähistorische Höhlen teils unter der Erde liegt, dem Leben der Steinzeitmenschen nachspüren, die vor 400 000 Jahren das Gebiet der Gorges besiedelten – auch anhand einer begehbaren Grotte, Audio- und Video-Inszenierungen.

Nach Lust und Laune!

72 Puy de Dôme & Clermont-Ferrand

Das Massif Central (Zentralmassiv) als Vulkanregion Frankreichs wird überragt vom erloschenen **Puy de Dôme** (1465 m), dessen Gipfel man zu Fuß oder per Bus erreicht. Der eindrucksvolle Ausblick umfasst die Gebirgsketten der Umgebung (bis zum Mont Blanc) und **Clermont-Ferrand** zu seinen Füßen, Industrie- und Hauptstadt der Auvergne. Aus dem Häusermeer der Altstadt sticht düster die Kathedrale *Notre Dame-de-l'Assomption* aus schwarzem Lavastein mit ihren Türmen in den Himmel. Ein schönes Beispiel hiesiger Romanik in hellem Sandstein ist *Notre-Dame-du-Port* (11./12. Jh.).

Einen der größten Themenparks des Landes und Abenteuerspielplatz um das Thema Vulkane bietet **Vulcania** (15 km nordwestl.).

232 B5

Touristen-Information

Pl. de la Victoire 63000 Clermont-Ferrand

04 73 98 65 00; www.clermont-fd.com; www.clermont-ferrand-tourismus.de

Vulcania

Route de Mazayes, 63230 St-Ours-Les-Roches, Clermont-Ferrand

04 73 19 70 00; www.vulcania.com

tägl. 10–18/18.30/19 Uhr

bis 27,50 €

73 Lyon

Die Regions- und Département-Hauptstadt im oberen Rhônetal, von den Römern als *Lugdunum* gegründet, gilt als kulinarisches Mekka Frankreichs. Auf einer schmalen Halbinsel *(Presqu'île)* zwischen Saône and Rhône liegt das Zentrum, während sich ostwärts moderne Wohnquartiere ausbreiten.

In **Vieux Lyon**, dem alten Herz der Stadt (heute UNESCO-Welterbe), beginnt man die Erkundung. In seinen Hauptstraßen *Rue St-Jean* und *Rue de Bœuf* (parallel zur Saône) findet man schöne Renaissancebauten über den für Lyon charakteristischen *Traboules* – engen Durchgängen mit Treppen, in denen heute Läden, Galerien und Cafés logieren und viele kleine Restaurants *(Bouchons)* mit geselligem Ambiente, die zum kulinarischen Erbe Lyons gehören. Die Kathedrale **St-Jean** am gleichnamigen Platz mit ihren vier gedrungenen Türmen (12.–15. Jh.) entstand am Übergang der Romanik zur Gotik.

Ein Ausflug in die ältere Geschichte führt auf die 130 m hohe Anhöhe **Fourvière** (»Altes Forum«) mit der weithin sichtbaren Basilika **Notre-Dame de Fourvière**, die Ende des 19. Jhs. auf dem Areal des ehem. römischen Marktplatzes entstand. Südlich davon liegen

Blick vom Puy de Dôme auf den französischen Vulkangürtel

Chamonix, Aiguille de Midi: Blick auf die Grandes Jorasses im Mont-Blanc-Massiv

die antiken Ruinen zweier Theater sowie das sehenswerte **Musée de la Civilisation Gallo-Romaine**, das die Funde dokumentiert.

Neben dem **Musée des Beaux-Arts**, zweitgrößtes Kunstmuseum Frankreichs (➤ unten), gibt es viele kleinere Museen, darunter auch eines zur Textil- und Seidenindustrie (**Musée des Tissus et des Arts Décoratifs**, 34 Rue de la Charité; www.mtmad.fr), die den Reichtum der Stadt begründete.

233 D5–6

Touristen-Information
Place Bellecour, 69000 ☎ 04 72 77 69 69; www.lyon-france.com tägl. 9–18 Uhr

Musée de la Civilisation Gallo-Romaine
17 Rue Cléberg ☎ 04 72 38 49 30; www.musees-gallo-romains.com Di–So 10–18 Uhr 4/2,50 €; Do frei

Musée des Beaux-Arts
20 Place des Terreaux ☎ 04 72 10 17 40; www.mba.lyon.fr tägl. außer Di 10/10.30–18 Uhr (teils mit Mittagspause) 7 €

74 Vienne

25 km südl. von Lyon an der Rhône gelegen, vermittelt das südlich-provenzalisch wirkende Vienne den Eindruck einer größeren Provinzstadt *(Vienna)* des Römischen Reiches auf der Höhe seiner Macht. Die wichtigsten antiken Stätten sind im Sommer durch eine Mini-Bahn verbunden. Im Stadtteil **St-Romain-en-Gal** dokumentiert eine archäologische Grabungsstätte, wo man zwischen Hausgrundrissen, einer Thermenanlage, Warenlager und Werkstätten herumwandern und prächtige Mosaiken bewundern kann, das städtische Alltagsleben (Museum ➤ unten). Das restaurierte halbrunde **Römische Theater** (um 50 n. Chr.; Rue du Cirque) fasst 13 500 Zuschauer und dient heute als Aufführungsort sommerlicher Konzerte. Vienne florierte im 12. Jh. noch einmal als Bischofssitz, bevor es mit dem Aufstieg Lyons an Bedeutung verlor.

233 E5

Touristen-Information
Cours Brillier, 38200 ☎ 04 74 53 80 30; www.vienne-tourisme.com; www.vienne.fr

Musée de St-Romain-en-Gal
Route D502 69560 St Romain en Gal-Vienne ☎ 04 74 53 74 01; www.musees-gallo-romains.com Di–So 10–18 Uhr 4/2,5 €

75 Chamonix-Mont-Blanc

Im Schatten der beeindruckenden Gebirgsszenerie des Mont-Blanc-Massivs zählt Chamonix zu den bekanntesten Wintersportorten Europas, der mit einer perfekt ausgebauten Transport-Infrastruktur

Gorges du Tarn vom Point Sublime bei St-Hilaire

bequemen Zugang zu den französischen Alpen ermöglicht. Schwebebahn und Aufzug führen auf den **Aiguille du Midi** (3842 m) als höchstem Punkt des Skigebiets mit unnachahmlichem Rundblick und eine Zahnradbahn auf den **Montenvers** (1913 m) mit Sicht auf das **Mer de Glace** (»Eismeer)«, einen der größten alpinen Gletscher.
229 E1

Touristen-Information
85 Place du Triangle de l'Amitié, 74400 Chamonix-Mont-Blanc
04 50 53 00 24; www.chamonix.com

76 Grenoble

Die lebendige moderne und alte Hauptstadt der Dauphiné, in der 1783 der Romancier Stendhal geboren wurde, liegt markant an einer Talgabelung der Flüsse Isère und Drac im Schatten der Alpen. Den besten Blick auf die Stadt genießt man vom **Fort de la Bastille** (16. Jh.), zu dem eine Glaskabinenbahn hinaufführt (www.bastille-grenoble.fr; 7,50/3,30 €, einf.). Die Nähe zu den Bergen macht Grenoble nicht nur das ganze Jahr attraktiv für Wanderer, Skifahrer und Kletterer, sondern seit Neuestem auch für Kunstliebhaber, wegen zahlreicher Museen, wie dem **Musée de Grenoble** (bedeutende Gemälde- und Grafiksammlung des 13.–20. Jhs., darunter Courbet, Renoir, Monet) und dem **Centre National d'Art Contemporain** (Avantgarde-Kunst seit 1986).
234 A5

Touristen-Information
14 Rue de la République, 38019
04 76 42 41 41; www.grenoble-tourisme.com
Mo–Sa 9–18.30; Mai–Sept., Okt.–April auch So 10–13, 14–17 Uhr

Musée de Grenoble
5 Place de Lavalette
04 76 63 44 44; www.museedegrenoble.fr
tägl. außer Di 10–18.30 Uhr 8/5 €

Le Magasin – CNAC (Centre National d'Art Contemporain)
8 Esplanade Andry Farcy 04 76 21 95 84; www.magasin-cnac.org Mi–So 14–19 Uhr 3,50/2 €, bis 10 Jahre: frei

77 Le Puy-en-Velay

Hier im Südosten der Auvergne setzen ehem. Vulkanschlote *(puys)* dramatische Akzente. Seit dem Mittelalter Ausgangspunkt einer Route des Jakobswegs ins spanische Santiago de Compostela, war Le Puy-en-Velay seit dem 10. Jh. selbst Ziel einer **Wallfahrt** zur Schwarzen Muttergottes.

Auf den das Stadtbild dominierenden Kuppen thronen die Kapelle **St-Michel-d'Arguilhe** (»auf der Nadel«) und die 16 m hohe rote Statue der **Notre-Dame-de-France**, gegossen aus dem Eisen von 1860 im Krimkrieg bei Sebastopol erbeuteten russischen Kanonen.

Das Zentrum um die **Kathedrale** Notre-Dame-du-Puy mit ihrem **Kreuzgang** aus dem 12. Jh. gehört heute zum UNESCO-Welterbe.
232 C4

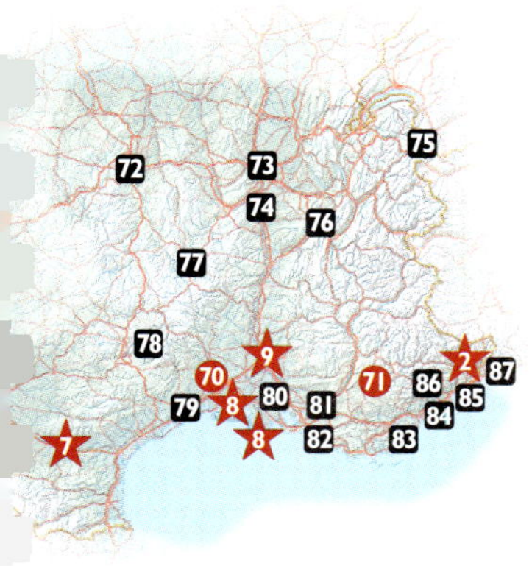

Touristen-Information
✉ 2 Place du Clauzel, 43000 Le Puy-en-Velay
☎ 04 71 09 38 41; www.ot-lepuyenvelay.fr

78 Gorges du Tarn

Die abfallende, spektakulär gewundene **Schlucht** des Flusses Tarn in den Cevennen, die sich in die von Wind und Wetter gezeichneten Karstflächen der **Grands Causses** eingrub, zählt zu den eindrucksvollen Naturlandschaften Frankreichs. Erschlossen wird sie sie durch die D907B *(Route Gorges du Tarn)*, an der sich zwischen Ispagnac (NW) und Le Rozier (SW) kleine Orte wie Sainte-Énimie, Saint-Chély oder Peyreleau reihen. Die Strecke durch die 50 km lange Schlucht, die selten mehr als 500 m breit wird, um sich zuweilen auf 30 m zu verengen, ist anspruchsvoll, die Straße im Sommer oft durch langsame Fahrzeuge verstopft, im Winter der Col de Perjuret durch Schneemassen versperrt. Alternativ lässt sie sich mit Kajak oder Boot erkunden, die man vielerorts mieten kann (geführte Touren April–Okt.).

232 C3

Touristen-Information
✉ Gorges du Tarn, Causse, Dourbie, 12640 Rivière sur Tarn
☎ 05 65 59 74 28; www.gorgesdutarn.com

79 Montpellier

Die Hauptstadt der Region Languedoc-Roussillon präsentiert sich als lebendige südländische Metropole mit moderner, heller Architektur, weiträumigen Plätzen, Parks und Boulevards, Universität und lebhafter Kulturszene rund um die Uhr, die besonders junge Leute anzieht. Mit 120 km ausgebauten Wegen lädt sie zur Erkundung per Fahrrad ein, das man (wie auch Motorräder) an über 1000 Punkten in der Stadt ausleihen und abstellen kann. Die **Place de la Comédie** (mit namengebender *Opéra Comédie* und *Brunnen* der Drei Grazien) ist Dreh- und Angelpunkt der Altstadt, mit der prächtigen **Promenade du Peyrou** hinter dem Triumphbogen Ludwigs XIV. am Westrand. Das **Musée Fabre** gilt als eines der wichtigsten Kunstmuseen Frankreichs mit sehenswerten Wechsel- und eigener Dauerausstellung (Italiener und Niederländer des 17./18. Jhs., französische Malerei des 19./20. Jhs., wie Delacroix, Sisley, Matisse und Dufy).

232 C2

Montpellier, Place de la Comédie

Der Südosten

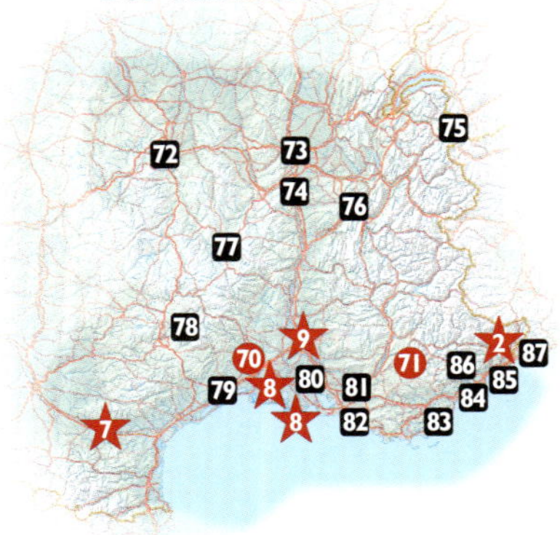

Touristen-Information
✉ 30 Allée Jean de Lattre de Tassigny, 34000
☎ 04 67 60 60 60; www.ot-montpellier.fr
🕑 tägl. 9.30/10–17/18/19.30 Uhr

Vélomagg (Städtischer Fahrradverleih)
✉ 27 Rue Maguelone ☎ 04 67 22 87 82
🕑 2 €/Tag

Musée Fabre
✉ 39 Boulevard Bonne Nouvelle, 34000
☎ 04 67 14 83 00; www.ot-montpellier.fr/musee-fabre 🕑 tägl. außer Mo 10–18 Uhr
8/6 €; 1. So des Monats frei

80 Les Baux-de-Provence

Die beherrschende **Burgruine** erlebt man am besten abends, wenn die niedrig stehende Sonne sie in goldenes Licht taucht. Der Panoramablick von dort auf die Kette der Alpilles und die Ebene darunter beeindruckt und demonstriert die geschickte Verteidigungsstrategie des einflussreichen Adelsgeschlechts der Grafen von Les Baux, deren Hof vom 12.–15. Jh. als »Cour d'Amour« des Minnesangs bekannt war. Der »moderne« kleine Ort **Les Baux** darunter, eines der »Schönsten Dörfer Frankreichs«, glänzt mit kleinen Dorfplätzen und hübschen Straßen, gesäumt von schattigen Terrassen, netten Geschäften, Cafés und Restaurants. Im Sommer wird es oft so voll, dass die Ortszufahrt für den Autoverkehr gesperrt wird.
233 E2

Touristen-Information
✉ Maison du Roi, 13520 ☎ 04 90 54 34 39; www.lesbauxdeprovence.com

81 Aix-en-Provence

Die ehem. Kapitale der Provence, von den Römern gegründet, gilt als Stadt der Brunnen, wie der natürlichen Thermalquelle auf dem platanenbestandenen Prachtboulevard **Cour Mirabeau** im Herzen der Altstadt (***Vieil Aix***) mit Palais des 17./18. Jhs. – ideal zum Flanieren und zum Besuch eines der schönen Restaurant-Cafés. In Richtung Kathedrale konzentrieren sich Läden für Mode, Antiquitäten und farbenfrohes provenzalisches Kunsthandwerk. Die **Cathédrale Saint-Sauveur** selbst (5.–18. Jh.) besitzt neben flämischen Tapisserien das Altar-Triptychon *Der brennende Dornbusch* von Nicolas Froment *(Buisson Ardent*, 1476; www.cathedrale-aixenprovence-monument.fr).

Aix-en-Provence, eine Stadt der Brunnen: Fontaine de la Rotonde am gleichnamigen Platz

Marseille: Turm der neobyzantinischen Cathédrale de la Major

Ein berühmter Sohn der Stadt, der Maler **Paul Cézanne**, der häufig die Montagne Ste-Victoire westlich von Aix abbildete, wurde 1839 hier geboren (28 Rue de l'Opéra). Besuchen kann man sein Atelier (9 Av. Paul Cézanne; www.atelier-cezanne.com) und einige seiner frühen Werke im **Musée Granet** besichtigen.
233 E2

Touristen-Information
300 Avenue Giuseppe Verdi, 13100 ☎ 04 42 16 11 61; www.aixenprovencetourism.com

Musée Granet
Place St-Jean de Malte, Quartier Mazarin, 13100 ☎ 04 52 88 32; www.museegranet-aixenprovence.fr 10/12–18/19 Uhr
5/4 €; bis 18 (Studenten bis 26) frei

82 Marseille

Der bedeutendste Hafen Frankreichs präsentiert sich als südländische Großstadt (knapp 1 Mio. Einw.) und Schmelztiegel der Kulturen mit bunt gemischter Bevölkerung, darunter zahlreiche Immigranten aus Nordafrika.

Nördlich des malerischen **Vieux Port** (Alter Hafen), wo Jachten und Boote liegen, erstreckt sich das nach dem 2. Weltkrieg wieder aufgebaute Quartier ***Le Panier*** mit steilen, winkeligen Straßen, heute Ausgehviertel mit Läden und Bars, hinauf zur **La Vieille Charité**. Über dem ehem. Hospiz aus dem Barock (17. Jh.), heute Kultur- und Museumszentrum (Archäologie, außereuropäische Kulturen), erhebt sich mit gewaltigen Kuppeln und zweifarbiger Fassade die neo-byzantinische **Cathédrale de la Major** (Ende 19. Jh.). Marseille besitzt zudem Museen zur französischen und modernen Kunst, Stadtgeschichte und bürgerlichen Wohnkultur.

Vom Alten Hafen Richtung Osten führt die **Canebière**, Schlagader der Innenstadt mit Geschäftshäusern, Hotels, Cafés und Grenze zwischen reichem Süden und »arabischem« Norden (***Belsunce***). Restaurants konzentrieren sich auch im südlichen Bereich des Alten Hafens, dem ***Quartier de l'Arsenal*** mit klassizistischen Lagerhäusern, wo man als lokale Spezialität die Fischsuppe *Bouillabaisse* probieren sollte.

Die in der Bucht gelegene Felseninsel **Château d'If** mit Festung (15 Min. Bootsfahrt) wurde als Schauplatz von Alexandre Dumas' Roman *Der Graf von Monte Christo* (1844) weltberühmt (Abb. ➤ 170).
233 E2

FÜR KINDER

- ***Ludo*** am **Pont du Gard** (➤ 160; für Kinder von 5–12).
- **Gorges du Verdon** (➤ 162f.): Spannende Kanu- und Raftingtouren (für ältere Kinder) bei ***Aboard Rafting*** (04120 Casteliane, 8 Place de l'Église, Tel. 04 92 83 76 11, www.aboard-rafting.com; April–Sept.).
- **Mougins** (5 km N Cannes): ***Buggy Cross*** mit drei Bahnen für Quads, Karts und Mini-Motorräder sowie Fahrzeugen für größere Kinder (beim Musée de l'Automobile, Tel. 04 93 69 02 74, www.buggycross.fr; Mi, Sa, So).

Der Südosten

Château d'If – düsterer Romanschauplatz mit eindrucksvollem Ausblick

Touristen-Information
✉ 4 La Canebière, 13001
☎ 0826 500 500; www.marseille-tourisme.com
🕐 tägl. 9/10–17/19 Uhr

Vieille Charité (Museen)
✉ 2 Rue de la Charité ☎ 04 91 14 58 80; www.vieille-charite-marseille.com
🕐 Di–So 10–18 Uhr 3 €

83 Saint-Tropez

Die kleine Stadt in der Region Provence-Alpes-Côte d'Azur, in deren Hafen teure Jachten liegen, ist seit den 1960er-Jahren Inbegriff süßen Lebens unter südlicher Sonne, wo sich der internationale Jetset trifft und sich die Schönen und Reichen in engen Straßen drängen. Doch ungeachtet dieses glamourösen Bilds kann man in der **Vieille Ville** mit ihren einfachen kleinen Häusern noch einen Eindruck des einstigen Fischerdorfs gewinnen. Um unter Vermeidung des schlimmsten Verkehrs einfach in den Ort zu kommen, parkt man am besten im Ferienort **Port Grimaud** und nimmt von dort die Fähre über die Bucht.
234 B2

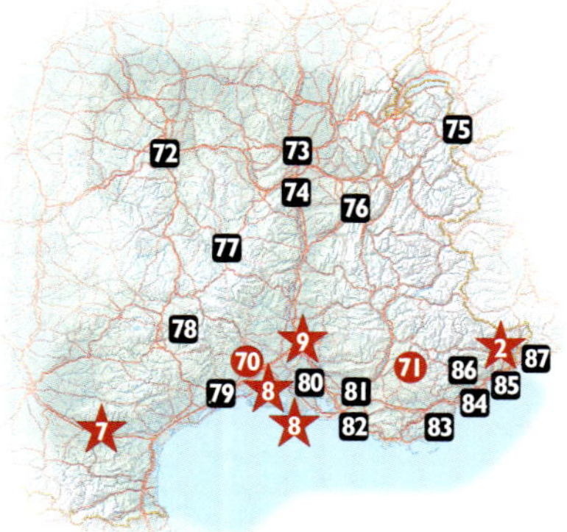

Touristen-Information
✉ Quai Jean-Jaurès
☎ 08 92 68 48 28; www.or-saint-tropez.com; www.visit-saint-tropez.com

84 Cannes

Das mondäne Cannes unterscheidet sich von anderen Ferienorten der Côte d'Azur durch seinen langen Sandstrand. Dieser ist allerdings nur im Westen der eindrucksvollen Uferpromenade ***La Croisette*** frei zugänglich. An diese – gesäumt von teuren Läden und abends flutlichtilluminiert – kommt man, um zu sehen und gesehen zu werden. Eine ideale Ergänzung als Shopping-Meile bildet die ***Rue d'Antibes***.

Obwohl das ganze Jahr Saison ist, bildet das **Filmfestival** Anfang Mai unbestritten den gesellschaftlichen Höhepunkt (www.festival-cannes.com). Wer möchte, legt seine Hände in die in Beton eingelassenen Abdrücke der Stars im Straßenpflaster vor dem **Palais des Festivals**.
234 C2

Touristen-Information
✉ Palais des Festivals, 1 Boulevard de la Croisette, 06403
☎ 04 92 99 84 22; www.cannes.com; www.cannes-destination.fr
🕐 tägl. 9/10–19/20 Uhr

85 Antibes

Einer der größten Jachthäfen Europas, mit Sandstränden und regem Nachtleben, besitzt Antibes eine attraktive Altstadt mit Häusern im italienischen Stil und Resten des im 17. Jh. vom Militärbaumeister Vauban erweiterten **Fort Carré** (schöner Ausblick).

Im festungsartigen **Château Grimaldi** der gleichnamigen Fürstenfamilie aus Monaco direkt am Meer (13./16. Jh.), wo Pablo Picasso 1946 ein Jahr lang arbeitete, dokumentiert das **Musée Picasso** mit Gemälden, Zeichnungen, Keramiken und Skulpturen, die Picasso teilweise hier schuf und der Stadt schenkte, das Werk des bedeutenden Künstlers der Moderne.

234 C2

Touristen-Information
11 Place Général de Gaulle, 06600
04 22 10 60 10; www.antibesjuanlespins.com

Musée Picasso
Château Grimaldi **04 92 90 54 28**
Di–So 10–18 Uhr (Nebensaison mit Mittagspause) **6 €**

86 Grasse

Endlose Felder des für die **Parfümindustrie** wichtigen Lavendels bestimmen vielerorts die Landschaft der Provence. Bekannte Hersteller wie Molinard, Galimard und Fragonard, deren Fabriken man besichtigen kann (► 175), haben ihren Sitz in Grasse, das als »Parfüm-Hauptstadt« der Welt Luxusmarken wie Chanel oder Dior beliefert. Rosen und Jasmin, wichtigen Ingredienzien für Parfüms, sind im Mai und August eigene **Feste** gewidmet.

Einen Besuch lohnt die Kathedrale **Notre-Dame-du-Puy** »auf dem Hügel« (Place Godeau) mit drei Frühwerken von Rubens und einer *Fußwaschung* des in Grasse geborenen Malers Jean Honoré **Fragonard** (1732–1806).

234 B2

Touristen-Information
22 Place de la Buanderie, 06130
04 93 36 66 66; www.grasse.fr

87 Monaco

Der zweitkleinste europäische Staat (2 km²), regiert von den Grimaldi, gilt als schillerndes Steuerparadies reicher Weltbürger. Zur Zeit Napoleons, dem ein eigenes Museum im **Palais du Prince** gewidmet ist (Führungen: www.palais.mc), war Monaco französisches Protektorat. Die einstige Regelung, dass bei einem Aussterben der Dynastie Monaco an Frankreich fällt, wurde 2002 abgeschafft. Vom ältesten Bezirk ***Monaco Ville*** mit schmalen Sträßchen im Nordwesten breiten sich riesige moderne Wolkenkratzer gen Himmel und auf einer künstlichen Felseninsel zum Meer hin aus. Interessant vor dem Palast: die Wachablösung (tägl. 11.55 Uhr). In der **Kathedrale** sind Mitglieder der Fürstenfamilie bestattet, wie Fürstin Gracia Patricia (ehem. Filmstar Grace Kelly, 1929–1982).

Im östlichen Stadtteil ***Monte Carlo*** lässt das legendäre **Grand Casino** (► 176) die Staatseinnahmen sprudeln.

234 C3

Touristen-Information
2a Boulevard des Moulins, 98000
377/92 16 61 16; www.visitmonaco.com

Monte Carlo: Straßencafé mit Blick aufs Spielcasino

Wohin zum ... Übernachten?

Preise
für ein Doppelzimmer pro Nacht:
€ unter 120 Euro **€€** 120–220 Euro **€€€** über 220 Euro

Abbaye de Sainte Croix €€/€€€

Idealer Rückzugsort in einem ehem. Kloster aus dem 12. Jh. in herrlicher typischer Provence-Landschaft mit Blick auf Salon-de-Provence und 21 schlichten, geschmackvoll eingerichteten Zimmern sowie vier Suiten. Exzellentes Restaurant.

233 E2 Route du Val-de-Cuech, 13300 Salon-de-Provence
04 90 56 24 55; www.dghotels.com

Hostellerie de Cacharel €€

Bequeme Unterkunft in einem der für diese Gegend typischen weiß gestrichenen Anwesen, mit Balkendach, offenen Kaminen und Fliesenboden sowie 16 schlicht, doch geschmackvoll eingerichteten Zimmern. Ein echter Rückzugsort im Sommer ohne TV, mit Freiluft-Swimmingpool und eigenen Pferdeställen inmitten eines Naturschutzgebiets in der Camargue, wo sich in Teichen und Sumpfgebieten der Umgebung häufig Flamingos niederlassen. Zwar gibt es kein Restaurant, doch werden auf Bestellung gerne kleine Mahlzeiten zubereitet.

233 D2 Route de Cacharel, 13460 Saintes-Maries-de-la-Mer
04 90 97 95 44; www.hotel-cacharel.com

Hôtel Calendal €/€€

Drei-Sterne-Hotel in Arles in einem Stadthaus des 17. Jhs., komfortabel und recht preiswert, ruhig und dabei zentral gelegen zwischen Arena und antikem römischen Theater. 38 klimatisierte Zimmer im provenzalischen Stil bieten Ausblicke auf die Arena oder in den üppig begrünten Innenhof. Mit sommerlichem Restaurantbetrieb im »Jardin du Calendal«.

233 D2 5 Rue Porte-de-Laure, 13200 Arles
04 90 96 11 89; www.lecalendal.com

Hôtel de la Cité €€€

Luxuriöser kann man nicht wohnen als in diesem neogotischen Boutiquehotel im Herzen der mittelalterlichen Festung von Carcassonne, wo zahlreiche gekrönte Häupter nächtigten. Trotz bevorzugter Lage in der Altstadt verfügt es über einen der dort raren Gärten. 50 Zimmer und elf Suiten sind provenzalisch eingerichtet oder atmen neogotische Grandezza. Zahlreiche Bequemlichkeiten, wie Außenpool, Wellness und mehrere Restaurants.

231 F2 Place Auguste-Pierre Pont, 11000 Carcassonne 04 68 71 98 71; www.hoteldelacite.com

Hôtel Imperator €€/€€€

Extravagantes Ambiente in einem traditionsreichen Quartier für Stierkämpfer und Prominenz aus dem Kulturleben (von Picasso bis Hemingway, Ava Gardner bis Jean Cocteau) im Herzen des römischen Viertels von Nîmes mit einem schönen Park. 60 geschmackvoll möblierte, klimatisierte Zimmer und Suiten verschiedener Kategorien mit WLAN und TV. Bar und Gourmet-Restaurant (tägl. außer Mo, Sa-Mittag und So-Abend).

233 D3 Quai de la Fontaine, 15 Rue Gaston Boissier, 309000 Nîmes
04 66 21 90 30; www.hotel-imperator.eu

Hôtel Negresco €€€
Seit 1912 prägt die große Kuppel des ersten Hauses am Platze die berühmte Promenade des Anglais in Nizza, dessen luxuriöses Interieur (mit 96 Zimmern und 21 Suiten) sich als Sammelsurium der Kunststile von der Renaissance bis zum 21. Jh. erweist. Zugang zur Riviera vom hoteleigenen Strand. Mehrere Restaurants, das »Chantecler« von Jean-Denis Rieubland mit zwei Michelin-Sternen (€€€).
234 C2–3 37 Promenade des Anglais, 06000 Nice 04 93 16 64 00; www.hotel-negresco-nice.com

Le Mas d'Aigret €/€€
Wer den Sonnenaufgang über Les Baux erleben möchte, hat von diesem kühn in den Felsen gebauten Hotel einen fantastischen Blick. Die 16 hellen, schlicht und geschmackvoll möblierten Zimmer verfügen über Klimaanlage und teilweise Terrasse oder Balkon mit Aussicht. Bar, Restaurant mit Terrasse und Outdoor-Swimmingpool sind ebenfalls vorhanden.
233 E2 13520 Les Baux-de-Provence
04 90 54 20 00; www.masdaigret.com

Warwick Reine Astrid €€/€€€
Dieses luxuriöse Vier-Sterne-Haus in einem Wohnviertel von Lyon, direkt gegenüber der beliebten Grünanlage des Parc de la Tête d'Or gelegen (sowie in unmittelbarer Nähe zahlreicher Restaurants), bietet 88 elegante, geräumige Suiten mit voll ausgestatteter Küche. Zu den Service-Einrichtungen zählen neben Terrassen-Restaurant und Cocktail-Bar auch Sauna und Fitness-Center.
233 D5
26 Boulevard des Belges, 69006 Lyon
04 72 82 18 00; www.warwickastrid.com

Wohin zum ...
Essen und Trinken?

Preise
für ein Drei-Gänge-Menü ohne Getränke:
€ unter 30 Euro **€€** 30–60 Euro **€€€** über 60 Euro

L'Âne Rouge €/€€€
Fisch und Meeresfrüchte aus tagesfrischem regionalen Fang bilden das kulinarische Rückgrat ces komfortabel wie elegant eingerichteten »Roten Esels«(wenn möglich auf der sonnigen Außenterrasse mit Blick über den Hafen von Nizza). Gehaltvolle Fischsuppe auf Vorbestellung. Ambitionierte Küche, ob à la carte, als Menü oder zum Mitnehmen (Catering Service).
234 C2–3
7 Quai des Deux-Emmanuel, 06300 Nice
04 93 89 49 63; www.anerougenice.com
geschl. Mitte Febr.–Mitte März, Mi-Abend, Do-Mittag

La Brasserie des Brotteaux €€/€€€
Seit 1913 in Lyon bestehende Brasserie mit farbenfrohem floralen Flieseninterieur im Stil der französischen Art Nouveau, die als Kultadresse mehrmals Filmkulisse war (Jane Birkin, Vincent Lindon). Typische Brasserie-Küche auf Basis frischer regionaler Zutaten und umfangreiche Weinkarte.
233 D5
1 Place Jules Ferry, 69006 Lyon
04 72 74 03 98; www.brasseriedesbrotteaux.com
Mo–Fr 8–22.30, Sa 10–15, 18.30–22.30 Uhr

Chez Fonfon €€/€€€

Wer um die Touristenfallen im alten Hafen von Marseille einen Bogen schlägt, hat hier, im familiengeführten Restaurant »Chez Fonfon« direkt am Wasser im denkmalgeschützten Fischerhafen, beste Gelegenheit, sich an ortstypischen Spezialitäten wie der unnachahmlichen Fischsuppe *Bouillabaisse* zu delektieren – wie die Einheimischen schon seit über 50 Jahren. Das Ambiente ist stylish-schlicht mit weißen Schalenstühlen auf Holzboden. Angeschlossen: ein Shop mit Weinen und lokalen Spezialitäten wie *Rouille* oder *Aïoli*.

233 E2
140 Rue du Vallon des Auffes, 13007 Marseille
04 91 52 14 38; www.chez-fonfon.com
Di–Sa 12–13.45, 19.15–21.45, Juni–Okt. auch Mo 19.15–21.45 Uhr

Christian Étienne €€/€€€

Nicht gerade zum Schnäppchenpreis erhältlich, doch von exzellenter Qualität ist das Speisenangebot im noblen Ambiente eines Palais aus dem 14. Jh. mit schönen Fresken und Blick von der Terrasse auf den eindrucksvollen Papstpalast von Avignon. Spezialität des Hauses sind schwarze Trüffel, die im Zentrum eines ausgeklügelten Menüs stehen. Diverse Festpreis-Angebote.

233 E3 10 Rue de Mons, 84000 Avignon
04 90 86 16 50; www.christian-etienne.fr
So, Mo geschl.

Le Formal €€

Zentral gelegen im Herzen von Aix (im stimmungsvollen Ambiente eines unverputzten Kellergewölbes aus dem 15. Jh. mit moderner Einrichtung) serviert Jean-Luc Formal elegante, provenzalisch inspirierte Küche in fantasievollen Zubereitungen. Reservierung dringend empfohlen.

233 E2
32 Rue Espariat 13100 Aix-en-Provence
04 42 27 08 31; www.restaurant-leformal.com Sa-Mittag, So, Mo geschl.

Le Louis XV €€€

Für ein außergewöhnliches kulinarisches Erlebnis im extravaganten Flair des Luxushotels »Hôtel de Paris« (1864) in der Nähe des Casinos, wie man es sich nicht täglich gönnt, sorgt seit 25 Jahren Kochlegende Alain Ducasse (drei Restaurants mit je 3 Michelin-Sternen) mit seiner von der französisch-italienischen Riviera inspirierten Küche. Formelle Kleidung und Reservierung erwünscht. Festpreis-Menüs ab 145 €.

234 C3 Hôtel de Paris, Place du Casino, 98000 Monaco 377 98 06 88 64; www.alain-ducasse.com; www.hoteldeparismontecarlo.com Do–Mo 12.15–13.45, 20–21.45 Uhr; Juli, Aug. auch Mi-Abend; Dez. geschl.

Pierre Reboul €€/€€€

Im historischen Zentrum von Aix (zwischen Palais de Justice und Cours Mirabeau) serviert der sternedekorierte Küchenchef Pierre Reboul im schlicht modernen Ambiente eines durchfensterten Gewölbes innovativ interpretierte provenzalische Küche. Mehrere Festpreis-Menüs.

233 E2 11 Petite Rue St-Jean, 13100 Aix-en-Provence 04 42 20 58 26; www.restaurant-pierre-reboul.com Di 19.30–21.30, Mi–Sa 12–13.30, 19.30–21.30 Uhr

L'Univers de Christian Plumail €€/€€€

Ein eigenes »Universum« schuf sich hier Küchenchef Christian Plumail, der mit seinem chicen Restaurant in Nizza konsequent die gastronomische Erfolgsleiter erklimmt. Im gediegen-schlichten Speiseraum werden seine den Prinzipien der klassischen französischen Küche folgenden Kreationen wie kleine Kunstwerke präsentiert, wobei die Karte – wie bei solchen Lokalen üblich – bei wechselnder Speisenfolge auf besten regionalen Zutaten basiert. Anspruchsvolle Weinkarte.

234 C2–3 54 Boulevard Jean Jaurès, 06300 Nice 04 93 62 32 22; www.christian-plumail.com So, Mo- und Sa-Mittag geschl.

Wohin zum ... Einkaufen?

An Einkaufsmöglichkeiten für bekannte Marken herrscht in dieser wohlhabenden Ecke Frankreichs wahrlich kein Mangel. Shopping-Center der Superlative mit endlos vielen Läden und umfangreichem gastronomischen Angebot findet man in Grenoble (55 Grand' Place, www.grand-place.fr; Mo–Sa 9.30–20 Uhr) oder Lyon (La Part-Dieu, 17 Rue du Docteur Bouchut; www.centre commercial-partdieu.com; Mo–Sa 9.30–20 Uhr).

MODE & PARFÜMS

Ein Muss für Modefreaks in Cannes und angesagte Adresse für luxuriöse Schuh-Labels (neben Konfektion und Accessoires) ist **Jacques Loup** (21 Rue d'Antibes, www.jacques-loup.com), auch ganz St-Tropez ist Synonym für Luxus-Shopping.

Interessanter sind Spezialgeschäfte, wie es sie in größeren Orten gibt. Sandalen aus Fertigung von **Rondini** in St-Tropez trug schon Picasso (18 Rue Clémenceau, www.rondini.fr; Di–Sa 9.30–12, 14–18 Uhr), während der Hutladen **Mouret Chapelier** in Avignon (20 Rue des Marchands, www.medailles-officielles.com; Di–Sa 9.30–12.30, 14–19 Uhr) Kopfbedeckungen aller Art führt. In **Grasse**, Zentrum der Parfümherstellung, bietet die Firma **Fragonard** Gelegenheit zu einer Besichtigung von Fabrik und angegliedertem Museum (20 Boulevard Fragonard, www.fragonard.com). In der **Maison Fragonard** (2 Rue Amiral de Grasse) findet man zudem ein breites Angebot an Heimtextilien, Kerzen und Seifen der Traditionsfirma.

LEBENSMITTEL

Die Provence ist bekannt für **Süßes** aller Art. Das rautenförmige Konfekt *Calissons* aus Mandeln und kandierten Obst etwa wird von der **Confiserie Entrecasteaux** in Aix-en-Provence nach Familienrezept seit Generationen produziert (24 Cour Sextins, Tel. 04 42 27 15 02). Legendär auch der weiße Nougat aus Montélimar, etwa von **Arnaud Soubeyran** mit eigenem Museum (Avenue du Gournier; www.nougat soubeyran.com). Das überall produzierte **Olivenöl** (und Produkte wie Kosmetika und Seife) erhält man etwa bei **Moulin à Huile Alziari** in Nizza (14 Rue St-François-de-Paule, www.alziari.com.fr; Mo–Sat 8.30–12.30, 14.15–19 Uhr).

Die alte Handelsstadt **Lyon** besitzt zwei große Wochenmärkte: ***Les Halles*** mit regionalen Produkten und Blumen (102 Cours Lafayette, www.hallespaulbocuse.lyon.fr; tägl. außer Mo 7–22.30, So bis 14.30 Uhr) und den 1 km langen Markt am ***Boulevard de la Croix Rousse*** (Di–So 7–13 Uhr).

Interessante Lebensmittelmärkte in **Grenoble**: der ***Marché Place aux Herbes*** (Di–So 6–13 Uhr), ***Marché Victor Hugo***, einer der besten Viktualienmärkte Frankreichs (Place Victor Hugo; Mo–Sa 10–20 Uhr), oder der ***Marché de l'Abbaye*** (Place de la Commune; Di–So 6–13 Uhr).

KUNSTHANDWERK

Für Fayence mit regionalen Motiven (Vögel, Blüten, Grotesken) steht **Moustiers-Sainte-Marie**, etwa das ***Atelier St-Michel*** (Avenue de Lerins, www.faience-moustiers.fr), in **Aix-en-Provence** ist ***Paul Fouquet*** mit seiner Werkstatt Spezialist für *Santons*, Krippenfiguren (65 Cours Gambetta, www.santons-fouque.com). Und in **Nizza** belebt ein abendlicher ***Marché Artisanal*** mit Kunsthandwerkerständen im Sommer den Cour Saleya (Juni–Sept. tägl. 18–24 Uhr).

Wohin zum … Ausgehen?

MUSIK & THEATER

Im römischen **Amphitheater** von **Nîmes** finden Stierkämpfe, Konzerte und Historienspiele statt (Les Arènes, www.arenes-nimes.com), in demjenigen von **Lyon** im Sommer Konzerte, Tanz, Theater und Kino – Sitzkissen nicht vergessen (6 Rue de l'Antiquaille, Tel. 04 72 57 15 40, www.lyon-france.com)! Ein traditioneller Spielort für Opern und Konzerte ist die ***Opéra Nationale*** in **Lyon** (Place de la Comédie, www.opera-lyon.com), während **Montpellier** die grandiose ***Opéra Comédie*** besitzt (11 Boulevard Victor Hugo, www.opera-orchestre-montpellier.fr).

Für Jazzfreunde ist die Bar ***Pelle-Mêle*** in **Marseille** ein Muss (8 Place aux Huiles, Tel. 04 91 54 85 26, Mai–Mitte Okt. 18–3 Uhr), in **Grenoble** der breit aufgestellte Jazz-Club ***La Soupe aux Choux*** nördlich des Flusses (7 Route de Lyon, Tel. 04 76 87 05 67, www.jazzalasoupe.fr; Di–Sa 18–1 Uhr).

Im modernen ***Palais des Festivals et des Congrès*** in **Cannes** finden nicht nur im Mai Veranstaltungen des Filmfestivals statt (www.festival-cannes.com), sondern das ganze Jahr über auch Konzerte, Ballett, Theater und Ausstellungen (1 Boulevard de la Croisette, www.palaisdesfestivals.com). Im modernen Konzertsaal des Musikonservatoriums ***Conservatoire à Rayonnement Régional*** von **Nizza** (127 Avenue de Brancolar, www.crr-nice.org) gibt es abends zuweilen freie Musikdarbietungen (Okt.–April Mo).

KINO

In **Marseille** findet man das elf Säle umfassende Multiplex-Kino ***Les Trois Palmes*** (2 Rue Léon-Bancal, www.les3palmes.com), in **Grenoble** das ***Le Club*** mit fünf Leinwänden (auch Filme in Originalsprache; 9 bis Rue de Phalonstère, www.cinemaleclub.com). Filme in Originalversion bieten auch in **Lyon** die ***UGC***-Kinos (www.ugc.fr) ***Astoria*** (31 Cours Vitton) und ***Ciné Cité Internationale*** (80 Quai Charles de Gaulle).

BARS, CLUBS, CASINOS

Ein Stück altes **Marseille** findet man in der ***Bar de la Marine*** am alten Hafen (15 Quai de Rive-Neuve, Tel. 04 91 54 95 42; tägl. 19–2 Uhr), Schauplatz mehrerer Romane des in der Nähe geborenen Schriftstellers Marcel Pagnol. Im moderneren ***Le Trolleybus*** gibt es im labyrinthischen Gewölbe eines ehem. Arsenals aus dem 17. Jh. ganz in der Nähe ein zeitgemäßes Angebot aus Funk, Rock und Techno (24 Quai de Rive Neuve, www.letrolley.com; Do–Sa).

Als einer der größten Vergnügungstempel an der Côte d'Azur gilt das ***La Siesta*** in **Antibes** mit Casino (www.joa-casino.com), Restaurants und mehreren Tanzflächen (Route du Bord de Mer, Tel. 04 93 33 31 31, im Sommer tägl. 10–5 Uhr).

Das prächtige ***Grand Casino*** von **Monte Carlo** (Place du Casino, www.casinomontecarlo.com) des Architekten Charles Garnier ist (nicht zuletzt aus vielen Filmen) weltweit ein Begriff. Wer eine Glückssträhne hat, kann weiter nach **Cannes** fahren und sie dort im ***Casino Les Princes*** fortsetzen (50 Boulevard de la Croisette, Tel. 04 97 06 18 50, www.lucienbarriere.com; tägl. 11–4, Spielsaal ab 20 Uhr).

Anschließend lässt sich auf der Terrasse der Restaurant-Bar ***Le Festival*** (52 Boulevard de Croisette, www.lefestival.fr) noch genüsslich ein Cocktail schlürfen.

Der Südwesten

Erste Orientierung 178
In vier Tagen 180
TOP 10 182
Nicht verpassen! 184
Nach Lust und Laune! 187
Wohin zum … 191

Kleine Erlebnisse

Aquitanische Austern

Urlaubsgefühle: *Huitres* schlürfen an der **Küste nördlich von Biarritz**, mit Blick auf den Atlantik …

Samstagswonnen in Sarlat

Bummeln auf einem der schönsten **Marktplätze** der Dordogne (➤ 188), anschließend ein Gläschen Walnuss-Wein.

Wasserspiele im Morgenlicht

Den Tag begrüßen auf der **Esplanade des Quinconces** in Bordeaux (➤ 182), Europas größtem Platz.

Erste Orientierung

Pinienwälder, Dünen und lange Sandstrände prägen die französische Atlantikküste. Was dem Südwesten an Chic mangelt, wird wettgemacht durch weite, unberührte Landschaft, wahre Wassersport-Paradiese sowie exzellente Wintersportbedingungen in den schneereichen Pyrenäen.

Die flache Küste des Südwestens beginnt nördlich des Mündungstrichters der Gironde und erstreckt sich über die Buchten Aquitaniens bis zur Gebirgskette der Pyrenäen als natürlicher Grenze zu Spanien, auf der französischen Seite grün und wasserreich. Viele der dortigen Mineral- und Thermalquellen entdeckten schon die Römer zum Kuren. Das windumtoste Biarritz an der baskischen Küste, einst Perle der Belle Époque, ist heute ein Paradies für Surfer. Die *Autoroute* A64 zwischen Bayonne und Toulouse erschließt das Gebiet von Süden aus.

Windumtoste Küste bei Biarritz

Im Landesinneren liegt südöstlich von Périgueux das malerische Département Périgord-Dordogne mit prähistorischen Stätten, hübschen Dörfern – und kulinarischen Genüssen. Die lebhafte »Weinhauptstadt« Bordeaux und die Hightech-Metropole Toulouse als Großräume sind durch die schnelle *Autoroute* A62 verbunden.

Albi am Fluss Tarn, Gärten des Palais de la Berbie

TOP 10

10 Bordeaux ➤ 182

Nicht verpassen!

88 Toulouse ➤ 184
89 Albi ➤ 185
90 Lascaux ➤ 186

Nach Lust und Laune!

91 Futuroscope ➤ 187
92 Venise Verte ➤ 187
93 Cognac ➤ 188
94 Sarlat-la-Canéda ➤ 188
95 Saint-Émilion ➤ 188
96 Biarritz ➤ 189
97 Pays Basque ➤ 190
98 Lourdes ➤ 190
99 Pyrénées ➤ 190

In vier Tagen

Die folgende Route ist eine Möglichkeit, wie Sie einige der interessantesten Sehenswürdigkeiten im Südwesten Frankreichs an vier Tagen besuchen können. Die einzelnen Highlights werden im Folgenden näher beschrieben (➤ 182ff.).

Erster Tag

Vormittag
Der Morgen gehört der Erkundung von 10 **Bordeaux** (➤ 182f.) – samt Kauf einiger Flaschen Wein. Genießen Sie die Aussicht von der **Tour Pey-Berland** bei der Kathedrale, dann Einkehr in der Brasserie **Le Café des Arts** (➤ 183).

Nachmittag
Richtung Süden geht es durch Kiefernwälder und die Moor- und Heidelandschaft der **Landes** in den Ferienort 96 **Biarritz** (➤ 189). Erholungspause am **Strand** oder ein Besuch im verheißungsvollen **Musée du Chocolat**.

Abend
Entspannen Sie sich bei einem Gläschen Wein in einer der vielen Bars oder bei einem **Ballett**-Besuch (➤ 194).

Zweiter Tag

Vormittag
Ein Abstecher führt ins Baskenland 97 **Pays Basque** (➤ 190), wo man auf kleinen Sträßchen in Bilderbuchorte wie **Sare** oder **Ainhoa** gelangt, ideal für ein frühes Mittagessen. Dann geht es auf A64/E80 Richtung Osten nach 88 **Toulouse** (rechts, ➤ 184).

Nachmittag
Die freundliche »Ville Rose« bietet genug Sehenswertes für den Nachmittag, wie die beeindruckende romanische Pilgerkirche **St-Sernin** oder den Hightech-Themenpark **Cité de l'Espace** (➤ 184).

Abend
Stürzen Sie sich ins **Nachtleben** der Stadt, ob Weinbar und Kino oder Theater/Konzert (➤ 194).

Dritter Tag

Vormittag
Die A68 nach Osten folgt den Spuren Henri de Toulouse-Lautrecs in die Bischofsstadt 89 **Albi** (➤ 185, oben Musée Toulouse-Lautrec). Nach Mittagessen in einem der Cafés am Hauptplatz Place du Vigan geht es via Cahors nördlich nach Rocamadour.

Nachmittag
Den Wallfahrtsort **Rocamadour** im Périgord, spektakulär in einer engen Schlucht gelegen, erschließt ein schöner Rundgang (➤ 207f.).

Vierter Tag

Vormittag
Nicht weit davon in einer Talsenke liegt das honigfarbene Marktstädtchen 94 **Sarlat-la-Canéda** (➤ 188), wo man schön essen und als lokale Spezialität *Confit de canard* (Entenklein) probieren kann.

Nachmittag und Abend
Nur nach Anmeldung zu besichtigen ist die Nachbildung der legendären Höhle von 85 **Lascaux** (➤ 186) mit eindrucksvollem Bildprogramm, essen (und übernachten) kann man in der **Vieille Auberge** von St-Geniès.

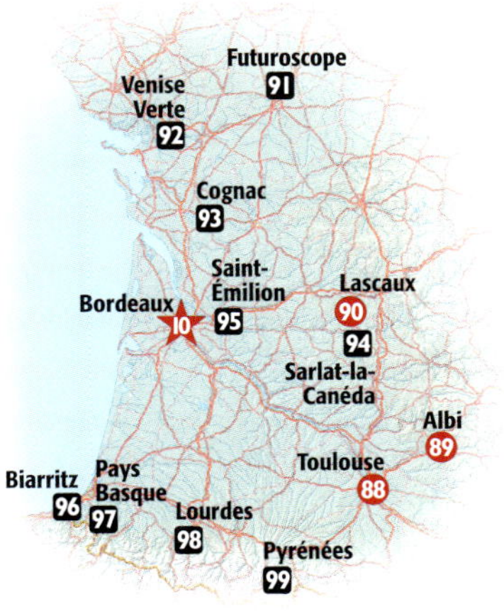

10 Bordeaux

Die Hauptstadt der Region Aquitaine und Hafenstadt am linken Ufer der Garonne ist Zentrum eines der berühmtesten Weinbaugebiete der Welt, mit mehreren Universitäten, prächtiger ringförmiger Altstadt (seit 2007 UNESCO-Welterbe), bedeutenden Kirchen und einer interessanten Museumslandschaft.

Die auf Kelten zurückgehende Siedlung wurde unter den Römern als *Burdigala* Provinzhauptstadt von Aquitanien. Sie begründeten auch den **Weinanbau** als Basis späteren Wohlstands. Den über die Jahrhunderte zunehmenden Reichtum der Stadt (die Mitte des 12. bis Mitte des 15. Jhs. durch Heirat an England fiel) spiegelt deren Anlage mit breiten Boulevards und großzügigen Plätzen, wie der rechteckigen, baumgesäumten **Esplanade des Quinconces** am Nordrand der Altstadt, entstanden Anfang des 19. Jhs. auf dem Areal einer während der Religionskriege geschleiften ehem. Zwingburg.

Sehenswertes

Südlich und westlich der ***Place de la Bourse*** in ihrer klassizistischen Pracht erstreckt sich am Flussufer die Altstadt, wo die Kathedrale **St-André** (14./15. Jh.) mit ihren beiden Türmen immer wieder einen Blickfang bildet. Im Langhaus aus dem 11. Jh. hatte die selbstbewusste Eleonore von Aquitanien König Ludwig VII. von Frankreich (und nach dessen Tod den späteren König Heinrich II. von England) geheiratet.

Vor dem Chor erhebt sich der frei stehende Glockenturm **Tour Pey-Berland** (50 m, wunderbare Aussicht), dessen Spitze die Marienstatue der *Notre-Dame d'Aquitaine* krönt.

Die ***Place de la Comédie*** (mit Touristen-Information) wird dominiert vom **Grand Théâtre** (1780), Spielstätte der Opéra National de Bordeaux in Form eines »antiken« Tempels mit 12 korinthischen Säulen, bekrönt von Statuen der neun Musen und drei Göttinnen. Der prächtig vergoldete Innensaal mit riesigem Kristall-Lüster wurde 1991 restau-

BAEDEKER TIPP

- In der **Maison du Vin** im »Bügeleisenhaus« (➤ rechts) mit chicer **Bar à Vin** informiert der *Conseil Interprofessionnel du Vin de Bordeaux* (CIVB) über den örtlichen Weinanbau, Besuche von Weingütern und Verkostungen (*dégustations*). Die Website (www.bordeaux.com/de) informiert auch auf Deutsch allgemein über Bordeaux-Weine.
- Mit dem **Zeitfahrschein** »Tickarte« kann man an 1–3 aufeinander folgenden Tagen (4,10/7,10/9,20 €) das gesamte Streckennetz von **Straßenbahn** und **Bus** benutzen (www.infotbc.com).
- Beliebte **Einkaufszonen** sind ***Rue Sainte-Catherine*** und ***Triangle d'Or***, das »Goldene Dreieck« um den Marché des Grands Hommes (Cours de l'Intendance/Cours Georges Clemenceau/Allées de Tourny).

PLÖTZLICH BÜRGERMEISTER

An der ***Esplanade des Quinconces*** findet man ein Denkmal des großen Essayisten **Michel Eyquem de Montaigne** (1533–92), dessen Vater Bürgermeister von Bordeaux war und ihm (wie damals üblich) das Amt eines Ratsherrn kaufte. Nach erfolgreicher publizistischer Tätigkeit erfuhr Michel 1581 auf einer Italienreise von seiner Wahl zum Bürgermeister von Bordeaux – ein Amt, das er nur widerstrebend annahm, aber mit Erfolg vier Jahre innehatte (1581–85).

riert und bietet exzellente Akustik (zugänglich bei Konzerten oder Führungen: Mi, Sa 14.30, 16, 17.30 Uhr). Westlich der Kathedrale in einem Park beherbergt der ehem. Bischofspalast Palais Rohan das **Musée des Beaux-Arts** mit Kunst des 15.–20. Jhs., Tizian, Perugino, van Dyck *(Maria de' Medici)*, Brueghel, Rubens, Delacroix *(Das sterbende Griechenland auf den Trümmern von Messolonghi)*, Renoir oder Rodin. Im Kontrast dazu präsentiert das **CAPC Musée d'Art Contemporain** nördlich der Esplanade des Quinconces zeitgenössische Kunst im Ambiente eines ehem. Gewürzlagers an der Garonne.

KLEINE PAUSE

Im lebhaften **Le Café des Arts** (138 Cours Victor-Hugo, Tel. 05 56 91 78 46) mit typischen Bistro-Gerichten kann man angenehm zu Mittag essen.

---

230 B4

Touristen-Information
12 Cours du 30 Juillet 05 56 00 66 00; www.bordeaux-tourisme.com

Maison du Vin de Bordeaux
1 Cours du 30 Juillet 05 56 00 22 66, www.bordeaux.com

Grand Théâtre
Place de la Comédie
05 56 00 85 95, www.opera-bordeaux.com

Musée des Beaux-Arts
20 Cours d'Albret
05 56 10 20 56, www.musba-bordeaux.fr
tägl. außer Di 11–18 Uhr
frei; Wechselausstellungen: 5/2,50 €

CAPC Musée d'Art Contemporain
7 Rue Ferrère
05 56 00 81 50, www.capc-bordeaux.fr
tägl. außer Mo 11–18, Mi bis 20 Uhr 5/2,50 €

Place de la Bourse am Ufer der Garonne

88 Toulouse

Die Wirtschaftsmetropole an der Garonne ist nicht nur Kultur- und Museumsstadt, sondern auch Hightech-Zentrum – als Sitz des Flugzeugherstellers Airbus und der Cité de l'Espace, eines riesigen Themenparks nördlich des Stadtzentrums mit Planetarium und Raketenmodell der Ariane.

Toulouse, Abendstimmung an der Garonne

Die alte Stadt, die auf Gallier und Römer zurückgeht, war im Mittelalter Station auf dem Jakobs-Pilgerweg ins spanische Santiago de Compostela. Hieran erinnert die Basilika **St-Sernin** (11. Jh.), eine der größten romanischen Kirchen Frankreichs, mit auffälligem achteckigen Glockenturm. Den mit Anbindung an den Canal du Midi im 18. Jh. in die Stadt fließenden Reichtum dokumentiert die **Place du Capitole** mit dem repräsentativen, lang gestreckten Rathaus *(Capitole)*. Sie ist heute gesäumt von Cafés und Restaurants (Abb. ➤ 180), südlich davon locken zahlreiche Straßen mit kleinen Läden. Der **Pont Neuf** (16. Jh.) als älteste Garonne-Brücke führt hinüber zu einem ehem. **Wasserturm** *(Château d'Eau)* von 1823, der heute für Foto-Ausstellungen genutzt wird.

KLEINE PAUSE

Eine elegante Brasserie, wo man in zentraler Lage stilvoll essen kann (typische Bistroküche), ist das **Grand Café de l'Opéra** (1 Place du Capitole; www.brasserieopera.com; €€).

---

231 E2

Touristen-Information
Donjon du Capitole ☎ 05 61 11 02 22; www.toulouse-tourisme.com
Jahreskarte »Toulouse en Liberté«: Ermäßigungen für Sehenswürdigkeiten, Unterkünfte, Geschäfte (10/5 €)

Cité de l'Espace
Avenue de Jean Gonord ☎ 08 20 37 72 23; www.cite-espace.com
9/9.30–17/19 Uhr (im Winter wechselnd) 23/16,50 € (Hauptsaison)

Le Château d'Eau
1 Place Laganne ☎ 05 61 77 09 40; www.galeriechateaudeau.org
tägl. außer Mo 13–19 Uhr 2,50/1,50 €

89 Albi

Die Département-Hauptstadt am Tarn westlich der Cevennen besitzt zwei Attraktionen: die gotische Kathedrale (UNESCO-Welterbe) und ein Museum für ihren bekanntesten Sohn: den Maler Henri de Toulouse-Lautrec.

Die gotische Kathedrale **Sainte-Cécile** (13.–16. Jh.) wurde unter dem Eindruck der *Albigenserkriege* zwischen ortsansässigen Katharern und Katholiken wie eine Festung errichtet, mit schmalen, hohen Fenstern, die als Schießscharten dienten. Im Gegensatz zum abweisenden Äußeren steht der reich geschmückte Innenraum mit dem größten Renaissance-*Fresko* (15. Jh.) ganz Frankreichs *(Jüngstes Gericht* an der Westwand), einem Lettner im filigranen Flamboyant-Stil und der größten französischen Barock-Orgel.

Der angrenzende ehem. Bischofspalast *(Palais de la Berbie*, 13. Jh.; Abb. ► 178), wo die Touristen-Information logiert, erweist im **Musée Toulouse-Lautrec** dem hier geborenen Maler Henri de Toulouse-Lautrec (1864–1901) mit Hunderten seiner Werke Reverenz: Einem Adelsgeschlecht entstammend und unter genetisch bedingter Kleinwüchsigkeit leidend, ließ dieser sich 1884 am Pariser Montmartre nieder, um in Gemälden und Plakaten eigenwilligen Stils die dortige Kunst- und Halbwelt festzuhalten: Sängerinnen, Bardamen, Prostituierte, Rennbahn-Besucher (Abb. ► 181).

In den Straßen rund um die lebhafte **Place du Vigan** im Zentrum kann man gut einkaufen.

KLEINE PAUSE

Einkehren kann man in einem der Cafés an der **Place du Vigan** oder im **La Table du Sommelier** jenseits des Tarn (20 Rue Porta, www.latabledusommelier.com; €/€€).

Albi, Kathedrale Ste-Cécile: filigrane Gotik- und Renaissance-Fresken

231 F3

Touristen-Information
Palais de la Berbie, Place Sainte-Cécile
05 63 36 36 00; www.albi-tourisme.fr
Albi City/Junior Pass 9/1 €: Musée Toulouse-Lautrec/Kathedrale und weitere Ermäßigungen

Musée Toulouse-Lautrec
Palais de la Berbie, Place Sainte-Cécile
05 63 49 48 70; www.museetoulouselautrec.net tägl.; Okt.–März Di geschl.
8/4 €; bis 14 frei

Cathédrale Sainte-Cécile
Place Sainte-Cécile 05 63 43 23 43
9–12, 14–18/18.30 Uhr, Juni–Sept. durchgehend

90 Lascaux

Mitte des 20. Jhs. entdeckten spielende Kinder im Tal der Vézère (2 km südlich von Montignac) in einer jungsteinzeitlichen Höhle die ältesten bekannten Kunstwerke der Menschheit (heute UNESCO-Welterbe). Um sie vor Kondenswasser und Befall mit Mikroorganismen zu schützen, wurde die Höhle gesperrt und mit Lascaux II eine originalgetreue Nachbildung für den Publikumsverkehr eröffnet.

An den schroffen Wänden der Höhlenrekonstruktion (Besichtigung nur nach Vorausbuchung) tummeln sich Tiere wie Büffel, Pferde und Hirsche auf 1500 Felszeichnungen aus dem Magdalénien (ab 17 000 v. Chr.) in erstaunlich lebendiger Darstellung (durch Verwendung originaler Farbpigmente in Schwarz-, Weiß-, Braun-, Rot- und Ockertönen). Über Darstellung und Maltechnik informiert ein Display. Sinn und Zweck der geheimnisvollen Bilder in der wohl zu kultischen Zwecken genutzten Höhle liegen bis heute im Dunkel. Reproduktionen weiterer Kunstwerke aus Lascaux kann man im Informationszentrum für Prähistorische Kunst **Le Thot** (5 km südwestl. von Montignac) besichtigen. Weniger überlaufen ist das nahe **Les Eyzies-de-Tayac-Sireuil** mit prähistorischen Original-Stätten.

KLEINE PAUSE

Im hübschen **Saint-Geniès** (zwischen Sarlat und Montignac) kann man im Restaurant **La Vieille Auberge** (Le Bourg, www.aubergesaintgenies.com), dessen Besitzerin auch eine Galerie betreibt, ordentlich essen (und günstig übernachten).

231 D4

Lascaux II, Montignac (Vorausbuchung: Semitour Périgord, BP 1024 Périgueux) 05 53 05 65 65; www.semitour.com

tägl. 9/9.30/10–17.30/18/19 Uhr (wechselnd; vgl. Website); geschl. Jan., Nebensaison: Mo und mittags

9,90/6,40 € (Besucherzahl begrenzt); Kombiticket mit Museum in Le Thot 13,50/9,40 €

Steinzeitliche Galerie: Büffel und Pferde an den Höhlenwänden von Lascaux II

Nach Lust und Laune!

Themenpark Futuroscope bei Poitiers

91 Futuroscope

Die Attraktionen des großzügigen Hightech-Themenparks 10 km nördl. von Poitiers kreisen um Medientechnologien der Zukunft – mit Multimedia-Angeboten, audiovisuellen Technologien und Robotik. In architektonisch interessanten **Kinogebäuden** der Superlative mit spektakulären Leinwänden (3D, 360°) kann man in die versunkene Stadt Atlantis abtauchen, mit Walen und Delfinen durch die Meere kreuzen oder die Bronx durchstreifen. Im Familienbereich (Jeu d'eux, Jeux de plein air) können Kinder einen See auf Dreirädern befahren. Im Sommer finden faszinierende **Laser-Wasser-Shows** als Abschluss und Höhepunkt des Abends statt.

226 B2 BP 2000, 86130 Jaunay-Clan
05 49 49 11 12; www.futuroscope.com
Febr.–Sept. tägl. 10–21/22.30 Uhr, sonst Sa, So und Schulferien Tageskarte 39/32 €

92 Venise Verte

Ein Teil der Sumpflandschaft des **Marais Poitevin** an der Westküste (nördl. von La Rochelle), der mit seinen zahlreichen von Pappeln, Erlen und Weiden gesäumten, oft nur per Stocherkahn befahrbaren künstlichen Kanälen dem Spreewald ähnelt, wird »Grünes Venedig« genannt. Man kann ihn zu Fuß, mit Fahrrad oder Booten erobern, die am Hauptort **Coulon** vermietet werden. Lokale Spezialität sind Aale.

225 F1

Touristen-Information

31 Rue Gabriel Auchier, 79510 Coulon
05 49 35 99 29; www.niortmaraispoitevin.com
Mo–Fr

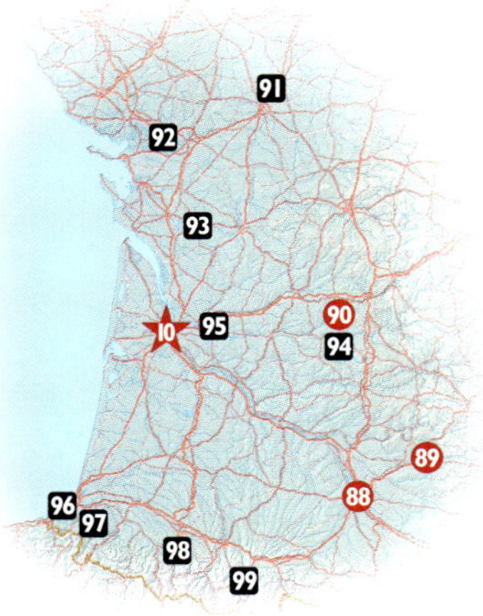

93 Cognac

Die wohlhabende kleine Stadt, zwischen Saintes and Angoulême in einer Flussschleife der Charante, ist Zentrum des gleichnamigen **Weinbrands** aus Trauben der Umgebung. Produzenten wie Martell, Hennessy oder Rémy Martin unterhalten Reifungskeller *(chais*; Infos über Besichtigung im Touristenbüro). Mittelpunkt der Altstadt mit stattlichen Fachwerk- und Renaissance-Gebäuden ist die **Place François I**, in deren Umgebung man Läden und Restaurants findet. Und natürlich gibt es ein Cognac-Museum *(Musée des Arts du Cognac*, www.musees-cognac.fr; Di–So; 5/3,60 €).

230 C5

Touristen-Information
16 Rue du XIV Juillet
05 45 82 10 71; www.tourism-cognac.com

94 Sarlat-la-Canéda

Die hübsche mittelalterliche Stadt Sarlat, eine der schönsten Gemeinden Frankreichs, ist touristisches Zentrum des Département Dordogne und Hauptort des *Perigord Noir* mit seinen dunklen Eichenwäldern, Burgen, Höhlen und Tälern. Dessen lukullische Genüsse (wie Trüffel, *Confits* von Gans oder Ente, Gänseleber, Maronen und Walnüsse) kann man in zahlreichen netten Restaurants probieren.

Zu den schmalen, vornehmen Renaissance-**Bürgerhäusern** *(hôtels)* im Zentrum der Altstadt, erkennbar an ihren steilen, mit schweren Steinplatten gedeckten Dächern und den hohen Schornsteinen (2. Hälfte 15. Jh.) zählt auch das Geburtshaus des Montaigne-Freundes und Schriftstellers Étienne de la Boétie (1530–63). Attraktionen für Augen und Gaumen sind der **Samstagsmarkt**, der sich über die gesamte Altstadt ausbreitet, und die **Markthalle** in der ehem. Kirche Ste-Marie (Place de la Liberté) mit sämtlichen Lebensmitteln, die die

Altes Wein-Lädchen in St-Émilion

als Gourmet-Paradies geltende Region hervorbringt.

231 E4

Touristen-Information
3 Rue Tourny
05 53 31 45 45; www.ot-sarlat-perigord.fr

95 Saint-Émilion

Das von mittelalterlichen Mauern umgebene Städtchen (40 km östl. von Bordeaux an einem Hang über der Dordogne) mit steilen, engen Kopfsteinpflastergassen zwischen alten Häusern, von Restaurants gesäumten schattigen Plätzen und Seitensträßchen voller Weinläden wurde 1999 mit Fug und Recht samt umliegenden Top-Weinanbau-

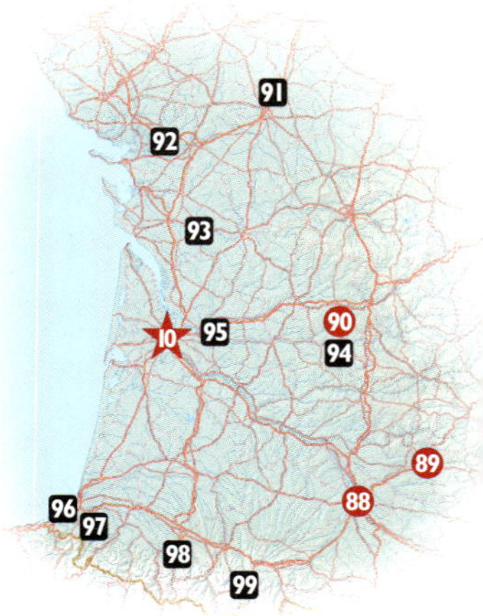

gebiet zum UNESCO-Welterbe erklärt. Für Automobilverkehr wenig geeignet, lässt es sich am besten zu Fuß erkunden.

Interessant ist die aus einem Kalkfelsen gehauene **Église Monolithe** (8.–12. Jh.) gegenüber der Touristen-Information an der Place des Créneaux. Sie wird (nur im Rahmen einer Führung) zusammen mit der **Felsengrotte** des heilig gesprochenen bretonischen Eremiten und Namengebers des Ortes Aemilianus gezeigt, der sich hier im 8. Jh. niederließ.

Vom Wehrturm *(Donjon)* des **Château du Roi** wird alljährlich im September die *Jurade de Saint-Émilion* (Beginn der Traubenlese) angekündigt. Informationen über Weinbau, Seminare und Verkostungen vermittelt die **Maison du Vin** (Place Pierre Meyrat; www.maisonduvinsaintemilion.com).

230 C4

Touristen-Information
Place des Créneaux ☎ 05 57 55 28 28; www.saint-emilion-tourisme.com; www.saint-emilion-pomerol-fronsac.com
tägl. 9.30/10–17/20 Uhr (Nebensaison mit Mittagspause)

96 Biarritz

Seinen legendären Ruf als Anziehungspunkt gekrönter Häupter zur Zeit der Belle Époque, an den das Casino Bellevue erinnert, hat das berühmteste Seebad Frankreichs längst eingebüßt. Die Gästeschaft ist heute bunt gemischt, Familien zieht es an die Sandstrände, neben Surfern, die die riesigen Brecher des Atlantiks nutzen (und sich im Juli zum größten Surf-Festival Europas treffen). Die **Grande Plage** als elegantester Stadtstrand wird beherrscht vom prächtigen Hôtel du Palais (ehem. Residenz der Kaiserin Eugénie), während am kleineren Strand von **Port Vieux** am Südende einst Walfangboote ausliefen und ganz im Norden ein weißer Leuchtturm wacht.

In der baskischen Stadt findet man schicke Läden und Restaurants (Av. de la Emperatrice, Av. Edouard VII, Pl. Georges Clemenceau). Das Seewasseraquarium **Musée de la Mer** gibt Einblick in die faszinierende Welt der Ozeane, während ein **Schokoladenmuseum** fundiert über die süße Verführung informiert.

230 A2

Touristen-Information
1 Square d'Ixelles ☎ 05 59 22 37 10; www.biarritz.fr; http://tourisme.biarritz.fr

Musée de la Mer
Plateau Atalaye, Rocher de la Vièrge
☎ 05 59 22 75 40; www.museedelamer.com
tägl. 9.30–19/20/24 Uhr; Robbenfütterung 10.30 und 17 Uhr 12/9,80 €

Grande Plage in Biarritz mit Hôtel du Palais und Leuchtturm

Musée du Chocolat
14 Avenue Beau Rivage 05 59 23 27 72; www.planetemuseeduchocolat.com
Mo–Sa 10–12.30, 14–18.30; franz. Schulferien tägl. durchgehend
5/6,50 €

97 Pays Basque

Im Südwesten Frankreichs, an der Grenze zu Spanien, liegt das ausgesprochen hübsche grüne, hügelige **Baskenland** – charakterisiert durch einen eigenen Landhaustyp *(etxe)* mit dunkelrot oder -grün gestrichenem Fachwerk. Bilderbuchdörfer sind **Ainhoa** oder **Sare** mit Gebäuden des 17./18. Jhs.

Die von rotem Sandstein geprägte malerische Grenzstadt **Saint-Jean-Pied-de-Port** (»am Fuß des Passes/der Pyrenäen«) ist letzte französische Station des Jakobs-Pilgerwegs ins spanische Santiago de Compostela.

230 A2

Touristen-Information
14 Place Charles de Gaulle, 64220 Saint-Jean-Pied-de-Port
05 59 37 03 57; www.terre-basque.com
tägl.; Nebensaison mittags und So geschl.

98 Lourdes

Der berühmte Wallfahrtsort am Nordrand der Pyrenäen zieht jährlich über 6 Mio. Besucher an, meist Pilger zur **Grotte** *(Grotte Miraculeuse)* der **Hl. Bernadette** Soubirous, die 1858 hier eine Marienvision hatte und eine wundertätige Quelle zum Sprudeln brachte. **Gebetsstätten** sind die Mariä-Empfängnis-Basilika *(Basilique Supérieure)*, die Rosenkranzbasilika *(Basilique du Rosaire)* und die unterirdische Basilika Pius' X *(St-Pie X)* für 20 000 Gläubige (Messezeiten bei der Touristen-Information).

230 C2

Touristen-Information
Place Peyramale 05 62 42 77 40; www.lourdes-infotourisme.com
Mo–Sa; Hauptsaison und Ferien auch So

Rosenkranzbasilika in Lourdes

99 Pyrénées

Die Pyrenäen bilden auf etwa 430 km zwischen Atlantik und Mittelmeer eine natürliche Barriere zwischen Südfrankreich und Spanien. Die Hochpässe auf französischer Seite gehen in die Bergwertungen bei der Tour de France ein (wegen spektakulärer Blicke auch mit dem Auto lohnend – wenn die Straßen frei sind).

Gut erreichbar sind der Felsenkessel **Cirque de Gavarnie** und der **Pont d'Espagne** mit Blick auf einen Wasserfall. Im Wintersportort La Mongie führen Seilbahnen auf den **Pic du Midi de Bigorre** (2877 m), Wahrzeichen der Zentralpyrenäen mit Observatorium (www.picdumidi.com).

230 A2–232 A1

Touristen-Information
Nationalpark-Informationsbüros in Saint-Lary, Luz-Saint-Sauveur, Gavarnie, Cauterets, Arrens-Marsous, Laruns und Etsaut
www.parc-pyrenees.com

FÜR KINDER
Aquarium La Rochelle (Quai Louis Prunier, BP 4, 17002 La Rochelle, www.aquarium-larochelle.com; 9/10–20/23 Uhr; 15/11,50 €).

Wohin zum … Übernachten?

Preise
für ein Doppelzimmer pro Nacht:
€ unter 120 Euro **€€** 120–220 Euro **€€€** über 220 Euro

Hôtel des Beaux-Arts €€/€€€

Kleines, feines Hotel aus dem 18. Jh. an der Garonne in Toulouse, dessen 19 Zimmer (eines mit Flussblick auf Pont Neuf und eigener Terrasse) modernsten Komfort bieten. In der »Brasserie Flo des Beaux-Arts« speist man im Art-déco- und Belle-Époque-Ambiente (1 Quai de la Daurade, www.brasserie lesbeauxarts.com; €€).

231 E2
1 Place du Pont Neuf, 31000 Toulouse 05 34 45 42 42; www.hoteldesbeauxarts.com

Hôtel Parc Victoria €€€

Elegantes Privatanwesen des 19. Jhs. der Kette Relais & Châteaux im baskischen Fischerhafen St-Jean-de-Luz. 9 geräumige, schön ausgestattete Zimmer und 11 Suiten mit Parkblick. Bar, Restaurant und Wellness-Angebot (Massagen, Fitness, Pool).

230 A2
5 Rue Cepé, 64500 St-Jean-de-Luz
05 59 26 78 78; www.parcvictoria.com

Hôtel Le Postillon €

Das preisgünstige hübsche, familiengeführte kleine Hotel (26 Zimmer, einige mit Balkon zum Hof) in Pau, der Hauptstadt Département Pyrénées-Atlantiques, ist sehr beliebt, Vorausbuchung daher dringend angeraten. Das Fehlen eines Restaurants machen die zahlreichen Lokale und Cafés in unmittelbarer Umgebung wett.

230 C2 **10 Cours Camou, 64000 Pau**
05 59 72 83 00; www.hotel-le-postillon.com

L'Hôtel de Toiras €€/€€€

Im idyllischen Ferienort St-Martin-de-Ré mit Jachthafen, Hauptort der Île de Ré an der Atlantikküste westlich von La Rochelle, wurde direkt am Hafeneingang der ehemaligen Sitz eines Reeders nach aufwendigem Umbau als Hotel wieder eröffnet. Stilvoll möblierte kleine Zimmer und Suiten. Auch das hoteleigene Restaurant »La Table d'Olivia« genießt einen ausgezeichneten Ruf (Di–Sa; €€€).

225 E1
1 Quai Job-Foran, 17410 St-Martin-de-Ré 05 46 35 40 32; www.hotel-de-toiras.com

Le Saint-James €€/€€€

15 Autominuten südöstlich des Zentrum von Bordeaux im hübschen Dorf Bouliac findet man in einem Park mit altem Baumbestand dieses nach Entwurf des Avantgarde-Architekten Jean Nouvel hypermodern eingerichtete Haus der Kette Relais & Châteaux, dessen gleichnamiges Restaurant und Bistro »Café de L'Esperance« ebenfalls eine Stipp-Visite lohnen (€€/€€€).

Zimmer und Suiten unterschiedlicher Kategorien, ausgestattet mit cleanem Chic und modernstem technischen Komfort. Über die Terrasse mit Außenpool genießt man weite Ausblicke in die Umgebung bis zum fernen Bordeaux.

230 C4
3 Place Camille-Hostein, 33270 Bouliac 05 57 97 06 00; www.saintjames-bouliac.com

Wohin zum ... Essen und Trinken?

Preise
für ein Drei-Gänge-Menü ohne Getränke:
€ unter 30 Euro €€ 30–60 Euro €€€ über 60 Euro

Baud et Millet €€

Ein wahrer Tempel für Käseliebhaber ist dieses kleine Weinlokal mit Käseladen in Bordeaux, wo der Patron über jede seiner mehr als hundert Käsesorten ins Schwärmen gerät. Teils raffinierte Käse-Gerichte, und auch die Weinauswahl ist beachtlich.

230 B4 19 Rue Huguerie, 33000 Bordeaux 05 56 79 05 77; www.bsadiffusion.fr/restaurant.html Mo–Sa 10–23 Uhr

Brasserie Flo Les Beaux-Arts €€

Im opulenten Ambiente der Belle Époque speist man im Herzen der Altstadt von Toulouse direkt an der Garonne Traditionelles: Fisch und Meeresfrüchte, elsässisches Sauerkraut oder regionale Fleischgerichte wie *Cassoulet*, Jungentenbrust oder *Confit*.

231 E2 1 Quai de la Daurade, 31000 Toulouse 05 61 21 12 12; www.brasserielesbeauxarts.com tägl. 12–14.30, 19–22.30/23.30 Uhr

La Corderie Royale €€/€€€

Das nach der ehem. Seilerei im Ort benannte Hotel-Restaurant am Charente-Ufer in Rochefort-sur-Mer (südöstlich von La Rochelle), die man von der Terrasse sieht, serviert Gourmetküche auf Basis regionaler Klassiker.

225 E/F1 Rue Audebert, 17300 Rochefort-sur-Mer 05 46 99 35 35; www.corderieroyale-hotel.com tägl.; geschl. Nov.–Ostern: Sa mittags, So abends u. Mo, Mitte Dez.–Mitte. Jan.

Le Franchouillard €€

Hier kann man anhand wechselnder Menüs mitten im Fußgängerzentrum von Bordeaux verschiedene regionale Spezialitäten probieren. Das jüngere Publikum kommt wegen der besonderen Atmosphäre – und des regelmäßigen Absingens klassischer französischer Lieder als abendlicher Höhepunkt.

230 B4
21 Rue Maucoudinat, 33000 Bordeaux
05 56 44 95 86; www.lefranchouillard.com
12–14.30, 19–23/24 Uhr; geschl. So, Mo abends

Les Pyrénées €€/€€€

Michelin-Stern-gekrönt ist dieser Familienbetrieb im Grenzort St-Jean-Pied-de-Port, der regionale Spitzenküche serviert, durchsetzt von den Aromen der Pyrenäen, und auch im Dekor Verbindung zum Baskenland erkennen lässt.

230 A/B2 19 Place Charles-de-Gaulle, 64220 St-Jean-Pied-de-Port
05 59 37 01 01, hotel-les-pyrenees.com
Juli–Sept. tägl. mittags und abends, sonst Mo abends (Nov.–März) und Di (Sept.–Juni) geschl.; Jan. Betriebsferien

Michel Sarran €€€

Gourmet-Adresse von Toulouse mit zwei modernen Speisesälen in einem eleganten Bürgerhaus, schlicht und einladend möbliert. Die Küche des Spitzenkochs Michel Sarran (2 Michelin-Sterne) mit besten Produkten der Region Midi-Pyrenées ist eine Ode an den erlesenen Geschmack.

231 E2
21 Blvd. Armand Duportal, 31000 Toulouse
05 61 12 32; www.michel-sarran.com
Mo–Fr 12–13.45, 20–21.45 Uhr; geschl. Mi mittags, Aug. und Ende Dez.

Wohin zum ...
Einkaufen

In dieser Region lohnt sich das Einkaufen: Lebensmittel auf großartigen Märkten auf dem Land, Mode in größeren Städten und schicken Badeorten, leckere Schokolade und Backwerk auf Schritt und Tritt. Bordeaux ist führendes Weinbauzentrum Frankreichs, Cognac das weltbekannter Spirituosen aus Weißwein.

LEBENSMITTEL & WEIN

Bordeaux besitzt mehrere schöne Märkte: den ***Marché des Quais*** am Garonne-Ufer mit Riesenangebot an Lebensmitteln, Blumen und Kunsthandwerk (Quai Chartron, So 7–13/16 Uhr) oder den ***Marché St-Michel*** für Obst, Gemüse und Secondhand-Waren (vor der gleichnamigen Kirche; Sa vormittags).

Am Cours de la Marne bietet der ***Marché des Capucins*** (www.marchedescapucins.com; Di–So 5.30/6–13/14.30 Uhr) Lebensmittel aus regionaler Produktion, von Käse über *Foie gras* bis zu den typischen Karamellküchlein *Canelés*.

Das **Dordogne-Tal** im Périgord steht für anspruchsvolle Produkte aus Gänse- und Entenfleisch *(Foie gras, Confit* oder *Terrines)*, Walnüsse und Trüffel, erhältlich etwa auf den stimmungsvollen Märkten von **Périgueux** (Place du Coderc, Place de la Clautre; Mi, Sa), **Ribérac** (Place du Marché; Fr) oder **Sarlat-la-Canéda** (Zentrum; Mi, Sa).

Im Marktflecken Sarlat findet man zudem mit ***Rougié Sarlat*** (seit 1875) eine bekannte Feinschmeckermarke für Enten- und Gänseleberspezialitäten (Avenue du Périgord; www.rougie.com; Mo–Sa), weltweit vertrieben in Konservenform.

Auch **Cahors** mit seinem ***Marché Traditionnel*** unter freiem Himmel lohnt einen Abstecher, um etwa Ziegenkäse, *Foie gras* oder tiefdunklen Rotwein einzukaufen (Place de la Cathédrale; Mi, Sa).

In **Toulouse** ist der ***Marché Victor Hugo*** einer der besten Viktualienmärkte Frankreichs (Di–So), der ***Marché St-Sernin*** ein Tipp für Antiquitäten und Trödel (So).

Schokoladensüchtige sollten nicht an **Angoulême** vorbeifahren, wo die ***Chocolaterie Letuffe*** (10 Place Francis-Louvel) mit *Guinettes* (Kirschen in Armagnac) zum Niederknien die hohe Kunst handgefertigter Pralinen zelebriert, ebenso wie in **Albi** ***Michel Belin,*** einer der besten Chocolatiers-Pâtissiers in Frankreich (4 Rue du Docteur Camboulives, www.michel-belin.com).

MITBRINGSEL & GESCHENKE

In **Toulouse** haben sich ***Violettes & Pastels*** (10 Rue St-Pantaléon; www.violettesetpastels.com; Di–Sa 10–19 Uhr) Veilchen in vielfältiger (und oft überraschender) Form verschrieben.

Zeitgenössische Kunst findet man beispielsweise in **Bordeaux** in der ***Galerie des Remparts*** (63 Rue des Remparts, Tel. 05 56 52 22 25, www.galeriedesremparts.com; Di–Sa 10.30–13, 14.30–19 Uhr; geschl. im Aug.).

In derselben Stadt haben sich etwa 30 Antiquitätenhändler im ***Village Notre-Dame*** unter einem Dach zusammengeschlossen und bieten zu marktüblichen Preisen besonders Möbel, Gemälde und dekorative Einrichtungsgegenstände (61–67 Rue Notre-Dame, Tel. 05 56 52 66 13, www.villagenotredame.com; Mo–Sa 10–12.30, 14–19 Uhr; Okt.–April auch So nachmittags).

Wohin zum ... Ausgehen

Auch im südwestlichen Teil von Frankreich konzentriert sich das Angebot kultureller Abendunterhaltung natürlich auf größere Städte wie Bordeaux oder Toulouse. Doch auch in den Ferienorten an der Küste zwischen Biarritz (an der Côte Basque im äußersten Süden) und der Hafenstadt La Rochelle weiter im Norden (in der Mitte der Westküste) findet man zumindest während der Sommersaison eine Menge verschiedenster Optionen. Nähere Auskünfte bei der örtlichen Touristen-Information.

TANZ, MUSIK, THEATER

In der Weinstadt **Bergerac** an der Dordogne bietet das ***Festival L'Été Musical en Bergerac*** jeden Sommer (Juli/Aug.) klassische und traditionelle Musik, Jazz und Tanz (www.festivalbergerac.com).

Biarritz an der baskischen Küste wiederum verfügt mit dem ***Malandain Ballet Biarritz*** des Choreografen Thierry Malandain über eine hervorragende Tanzkompanie (Gare du Midi, 23 Avenue Foch, Tel. 05 59 24 67 19, http://malandainballet.com).

Bordeaux besitzt mehrere Spielstätten für Theater und Musik, wie das architektonisch beeindruckende historische ***Grand Théâtre*** (Place de la Comédie, Tel. 05 56 00 85 95, www.opera-bordeaux.com) und den modernen ***Espace Culturel du Pin Galant*** im Westen (34 Avenue du Maréchal-de-Lattre-de-Tassigny, Mérignac, Tel. 05 56 97 82 82, www.lepingalant.com).

In **Toulouse** ist die historische ***Halle aux Grains*** wichtigste Konzert- und Musikhalle (Place Dupuy, Tel. 05 61 61 13 13, www.onct.mairie-toulouse.fr), das grandiose ***Théâtre du Capitole*** bedeutendste Bühne für Theater, Oper, Konzerte und Ballett (1 Place du Capitole, Tel. 05 61 63 13 13, www.theatreducapitole.fr).

KINO

Das Multiplex-Kino ***UGC*** Ciné Cité **Bordeaux** (13–15 Rue Georges Bonnac, www.ugc.fr) bietet aktuelle Produktionen auch in Originalsprache, das Gleiche – neben Arthouse-Filmen – in **Toulouse** die ***Cinémathèque*** (69 Rue du Taur, www.lacinemathequedetoulouse.com).

BARS, CLUBS UND CASINOS

Einige ihrer verschiedenen Pubs mit angegliederter Mikrobrauerei unterhält die kleine Kette ***Frog & Rosbif*** (www.frogpubs.com) in einem ehem. Frauengefängnis in **Bordeaux** (23 Rue Ausone) und in **Toulouse** (14 Rue de L'Industrie). Eine Adresse für Jazz-Freunde in Toulouse (mit regelmäßigen Live-Acts) ist der Club ***Le Mandala*** (23 Rue des Amidonnier, www.lemandala.com).

Im **Casino Barrière de Biarritz** (Grand Plage, 1 Avenue Edouard VII, www.lucienbarriere.com; tägl.) wiederum kann man in historischem Ambiente (und entsprechend stilvoll gekleidet) sein Geld verspielen.

WELLNESS/SPA

Völlig neuartige Anwendungen des französischen Nationalgetränks bietet in **Martillac** (15 Auto-Min. südl. Bordeaux) inmitten von Weinbergen die edel gestylte Beauty-Farm ***Les Sources de Caudalie*** als erstes »Spa Vinotherapie« (Chemin de Smith Haute-Lafitte, Bordeaux-Martillac, Tel. 05 57 83 83 83, www.sources-caudalie.com).

Spaziergänge & Touren

1 Paris: Montmartre mit Sacré-Cœur 196
2 Cap Fréhel mit Côte d'Émeraude 199
3 Auf der Route des Crêtes durch die Vogesen 201
4 Von der Côte d'Azur ins Landesinnere 204
5 Rocamadour 207

1 PARIS: MONTMARTRE MIT SACRÉ-CŒUR

Spaziergang

LÄNGE: 3 km Dauer: 2,5–3 Std.
START: Place Blanche 219 D5
ZIEL: Place des Abbesses 219 D5

Montmartre: ursprünglich ein Dorf, auf einem Hügel nördlich der Stadt im Grünen gelegen. Diese ländliche Atmosphäre, aber auch jene des einst verruchten Amüsierviertels, ist heute noch spürbar bei einem Bummel durch seine Kopfsteinpflaster-Gässchen, über berühmte Treppen im Schein historischer Straßenlampen und von Cafés gesäumte malerische Plätze, mit einmaligen Blicken auf Paris. Ein legendäres Künstlerviertel, dem Maler und Dichter unsterblichen Ruhm verliehen.

1–2
An der **Place Blanche** geht es nördlich die **Rue Lepic** hinauf, vorbei an Feinkostläden und Cafés. Scharf links, dann halbrechts der Straße weiter folgen. In Nr. 54 lebte 1886–88 Vincent van Gogh, der das damals ländliche Viertel mit seinen Windmühlen und Gärten in vielen Bildern festhielt.

2–3
Weiter bergauf schlägt die Rue Lepic einen Bogen nach rechts. Links führen steile Stufen zu privaten Villen, während hinter der Kreuzung Rue Tholozé die von Künstlern wie Renoir als Tanzlokal im Freien verewigte »echte« **Moulin de la Galette** aufragt. Etwas weiter (Ecke Rue Girardon) beherbergt heute die **Moulin Radet** als zweite ehem. Getreidemühle das Lokal »Moulin de la Galette« (www.lemoulindelagalette.fr).

WANN?
Möglichst nicht an Sonntagen, wenn sich im ganzen Viertel Einheimische und Touristen drängen.

3–4
Links in die Rue Girardon, über die **Avenue Junot** (wo in Nr. 11 und 15 Maurice Utrillo und Tristan Tzara lebten) und später links zur **Square Suzanne Buisson** abbiegen. Dort steht in einem kleinen Park die Brunnenskulptur des Hl. Dionysius (St-Denis), erster Bischof von Paris, der am »Berg der Märtyrer« *(Montmartre)* enthauptet wurde.

4–5
An der Statue rechts hinab zur Place Casadesus, dann in die **Rue Simon Dereure** und dort die Stufen hinauf zur Allée des Brouillards. Das **Château des Brouillards** aus dem 18. Jh. auf der rechten Seite diente einst als Künstler-Herberge. In einem der Häuser zur Linken lebte und arbeitete 1890–97 der Maler Pierre-Auguste Renoir.

5–6
Am Ende der Allée des Brouillards folgt man geradeaus der **Rue de l'Abreuvoir** bergauf, wo früher Pferde

Moulin de la Galette

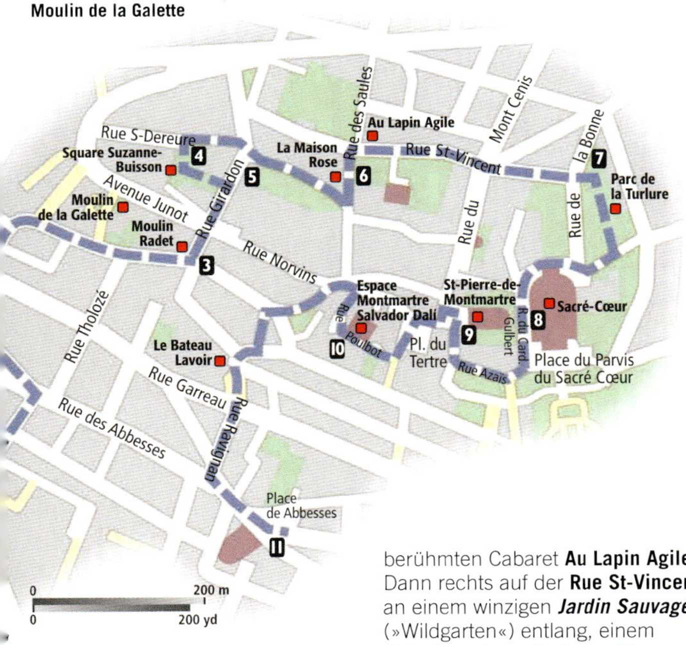

und Rinder zur Tränke *(abreuvoir)* auf Grundstück Nr. 15 getrieben wurden. In **Nr. 14** befand sich zu Glanzzeiten des Montmartre ein beliebter Künstlertreff, das »Café de l'Abreuvoir«. Das Gebäude **Nr. 12** hatte der Impressionist Camille Pissarro 1888–1892 gemietet. Die hübsche Sonnenuhr an Haus **Nr. 14** zeigt einen Hahn, der verheißt »*Quant IV sonnera, je chanterai*« (»Wenn es vier schlägt, fang ich an zu krähen«). In Anwesen **Nr. 2**, heute Restaurant »La Rose de Montmartre«, in dem man gut einkehren kann, findet man das fast unveränderte Motiv von Utrillos berühmtem Gemälde *La Maison Rose*.

6–7

Hinter dem Lokal geht es links die steile **Rue des Saules** hinab, vorbei am letzten Pariser Weinberg, zum berühmten Cabaret **Au Lapin Agile**. Dann rechts auf der **Rue St-Vincent** an einem winzigen ***Jardin Sauvage*** (»Wildgarten«) entlang, einem Refugium der natürlichen Flora und Fauna des Montmartre (April–Sept. Sa, So 13.30–18.30 Uhr). Über die **Rue du Mont Cenis** (wo der Komponist Hector Berlioz in Nr. 22 wohnte) weiter zur Rue de la Bonne und zum **Parc de la Turlure** – ein wenig bekannter kleiner Park mit grün berankten Lauben und atemberaubenden Blicken auf die Stadt mit Sacré-Cœur.

7–8
Nach ausgiebigem Spaziergang verlässt man den Park zur Rue du Chevalier de la Barre direkt hinter **Sacré-Cœur**, die man auf der Rue du Cardinal Guibert umrundet bis zum Eingang Place du Parvis du Sacré-Cœur (Zugang zu Krypta und Kuppel: Rue du Cardinal Guibert).

8–9
Nach Verlassen von Sacré-Cœur geht es die **Rue Azaïs** entlang, wo man von fern beeindruckende Blicke auf Paris genießt und nach einem Rechtsschwenk die 1147 geweihte Kirche **St-Pierre-de-Montmartre** erreicht.

9–10
Nach Besichtigung der Kirche geht es geradewegs zur **Place du Tertre**, einem hübschen Dorfplatz aus dem 18. Jh. und heute ein (sehenswerter) Touristen-Treffpunkt. Richtung Süden auf die Rue du Calvaire, dann nach rechts eine Treppe hinab über die Place du Calvaire zur Rue Poulbot, wo im **Espace Dalí** (Nr. 11, www.daliparis.com; tägl. 10–18/20 Uhr; 11,50/6,50 €) eine Dauerausstellung mit 300 Werken dem exzentrischen spanischen Surrealisten (1904–89) gewidmet ist.

10–11
Dem Bogen der **Rue Poulbot** bis zur Rue Norvins folgen, dann links und noch einmal links bergab, vorbei an der Place Jean-Baptiste Clément linker Hand und an der nächsten Kreuzung rechts in die **Rue Ravignan** einbiegen, der man zur Place Émile Goudeau folgt: Ein legendäres Künstlerdomizil war dort in Nr. 11 das **Bateau-Lavoir**.

Neobyzantinischer Monumentalbau: Sacré-Cœur

Über eine Treppe bergab verlässt man den Platz, überquert die Rue Garreau und folgt der Rue Ravignan bergab. An der nächsten Kreuzung links erreicht man direkt die Métro-Station **Abbesses** am gleichnamigen Platz, mit ihrem schönen Jugendstil-Eingang.

KLEINE PAUSE
Die Cafés an der Place du Tertre sind sehr touristisch. Empfehlenswerter: **La Rose de Montmartre** (2 Rue de l'Abreuvoir, Tel. 01 42 57 66 75) oder ein Picknick im **Parc de la Turlure**.

2 CAP FRÉHEL MIT CÔTE D'ÉMERAUDE

Tour

LÄNGE: 92 km **DAUER:** 2–3 Std. reine Fahrzeit (plus Zeit für ausgiebige Standbesuche)
START/ZIEL: Lamballe 225 D5

Unberührte Sandstrände, eine Festung hoch auf den Klippen, unvergessliche Blicke von einem historischen Leuchtturm und als Kontrast im Landesinneren der Forêt de la Hunaudaye sind Höhepunkte dieser Tagestour in die Bretagne. Die zerklüftete »Smaragdküste« *Côte d'Émeraude* westlich von St-Malo geht über in die rosa Granitformationen der *Côte de Granit Rose* und die Sandbuchten der *Côtes d'Armor* (»Land am Meer«) im Westen.

1–2

Ausgangspunkt ist das Städtchen **Lamballe** mit drei sehenswerten Kirchen, bekannt als Sitz des staatlichen Gestüts *Haras National* (Tel. 02 96 50 06 98, www.haraspatri moine.com; Führungen mehrmals tägl., Sept.–Juni nur Mi, Sa, So 15 Uhr; 6/3,50 €). Man verlässt es im Osten auf der D28, dann rechts auf die D52a, Richtung **Plédéliac**. Links auf die D55, wo man nach 4 km die Burgruine **Château de la Hunaudaye** (12. Jh.) erreicht, ideal, um mit der ganzen Familie das Mittelalter kennenzulernen (Tel. 02 96 34 82 10, www.la-hunaudaye.com; April–Nov. tägl. 10.30/14.30–18/18.30 Uhr; 5,50/3,50 €).

2–3

Zweimal links auf der D28 gelangt man nach Durchquerung des **Forêt de la Hunaudaye** zum Dörfchen St-Aubin, fährt weiter auf der D52, wo man rechts abbiegt, der D13 und D43 nach Pléboulle in Richtung Küste folgt und die **Baie de la Frénaye** entlang weiter nach Norden fährt bis zum **Fort la Latte**. Die massive Festung des 14. Jhs. in einzigartiger Lage auf einer Landzunge bietet eindrucksvolle Blicke auf Cap Fréhel im Westen und zur »Smaragdküste«, die sich dahinter ausbreitet.

3–4

Zurück zur Hauptstraße, dann rechts und 4 km die Küste entlang

Schroffe Felsküste am Cap Frénel

geht es zum **Cap Fréhel**, eines der markantesten Naturwunder der Bretagne mit 70 m schroff über dem Meeresspiegel aufsteigenden Klippen, entstanden nach lokaler Überlieferung, indem der Riese Gargantua einen Steinbrocken über seine Schulter warf. Der moderne **Leuchtturm** (1948), der einen Vorgänger des 17. Jhs. ersetzt, kann im Sommer besichtigt werden (tägl. 14–17.30 Uhr, Ostern–Juni nur Sa, So). Weiter durch Heidelandschaft auf der kurvigen D34 erreicht man die Küstenorte **Sables-d'Or-les-Pins** mit feinsandigem Strand und **Pléhérel-Plage**, wo allerdings starke Strömungen das Schwimmen riskant machen.

4–5

Weiter auf der D34 (mit Schlenker rechts auf die D786) erreicht man den lebhaften Fischer- und Urlaubsort **Erquy** in einer langen Bucht, bekannt für köstliche Venus- und Jakobsmuscheln, die man in kleinen Lokalen am Hafen probieren kann. Der Hafen selbst mit Segelschulen und Tauchzentrum wird durch die Landzunge des **Cap d'Erquy** vor dem offenen Meer geschützt.

5–6

Wieder auf der D786 Richtung **Le Val-André**, passiert man nach etwa 3 km das ins 15. Jh. zurückgehende **Château de Bienassis** aus rosafarbenem Sandstein mit Türmchen aus dem 17. Jh. (www.chateau-bienassis.com; Mitte Juni–Mitte Sept. tägl. 10.30–12.30, 14–18.30 Uhr; 6/3 €).

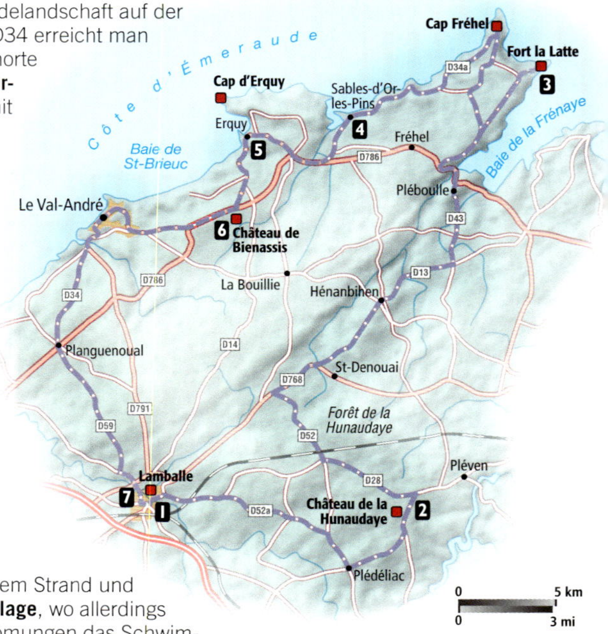

6–7

Auf der D786 erreicht man **Le Val-André**, einen der schönsten bretonischen Strände. Über die D34 nach **Planguenoual** geht es auf der D59 zurück nach **Lamballe**.

KLEINE PAUSE

Lokale Spezialität von **Erquy** sind Jakobsmuscheln, die man in einem der kleinen Lokale am Hafen probieren sollte.

3 AUF DER ROUTE DES CRÊTES DURCH DIE VOGESEN

Tour

LÄNGE: 120 km
DAUER: Planen Sie einen Tag ein
START/ZIEL: Gérardmer 229 E4

Blick über die bewaldeten Hügel der Vogesen

Die Rundfahrt führt durch Teile des Parc Naturel Régional des Ballons des Vosges (www.parc-ballons-vosges.fr) mit spektakulärer Naturlandschaft um die typischen »Vogesen-Belchen« südwestlich von Straßburg nahe der deutschen Grenze. Ausgangs- und Zielpunkt der Strecke, unter Einschluss der Vogesenkamm-Straße *Route des Crêtes*, ist das Städtchen Gérardmer (Gerdsee) am Ufer des gleichnamigen Sees.

1–2

Von **Gérardmer** fährt man auf der D417 östlich Richtung Colmar. Nach 2 km folgt rechts das (geschlossene) Hôtel de la Pierre Charlemagne, links ein Schild »La Cercenée« vor einem Kreisverkehr. Bevor man ihn durchfahren hat (Richtung Gérardmer), biegt man rechts ab und hält am Parkplatz **La Cercenée**. Überqueren Sie die D417 am Fußgängerüberweg zum **Saut des Cuves**, wo die Vologne durch eine nicht gesicherte schmale Felsenschlucht in Kaskaden herabrauscht – gut zu beobachten von der Fußgängerbrücke darüber. Auf dem Rückweg zum Parkplatz informieren Hinweistafeln über

WANN?
Die populäre Route des Crêtes ist ganzjährig attraktiv, in den Sommermonaten allerdings muss man mit besonders starkem Verkehr rechnen. Im Winter bei Schnee und Eis informieren lokale Straßenzustandsmeldungen rechtzeitig über eventuelle Schließungen höher gelegener Abschnitte.

das Angebot an Wanderwegen – 16 000 km kartografierter Strecke durch den **Forêt de Gérardmer** stehen zur Wahl.

2–3
Hinter dem Parkplatz rechts, dann sofort links am ehem. Hôtel de la Pierre Charlemagne vorbei auf die C12 *Route du Saut des Cuves* nach **Xonrupt-Longemer**. Nach der Dorfdurchfahrt nehmen Sie die D67a in Richtung Longemer.

3–4
Sie passieren den **Lac de Longemer** und den kleineren **Lac de Retournemer**, beide gesäumt von Wiesen und Kiefernwäldern, vor sich den Col de la Schlucht (Schluchtpass) und den Hohneck. An der Kreuzung mit der D34D geht es links, dann auf die D417 rechts. Kurz vor Erreichen des **Col de la Schlucht** (1139 m), eines Passes mit Skigebiet auf einem Bergsattel zwischen Elsass und Lothringen, biegen Sie rechts ein auf die **Route des Crêtes** (D430). Die 75 km lange, kurvige Höhenstraße *(crêtes* = Gebirgskämme) entstand im 1. Weltkrieg zur Versorgung französischer Truppen an der heftig umkämpften Front. Nicht weit vom Col de la Schlucht liegt mit dem **Jardin d'Altitude du Haut-Chitelet** einer der vielfältigsten Gebirgsgärten des Landes mit alpinen Pflanzenarten aus aller Welt (Juni–Sept.).

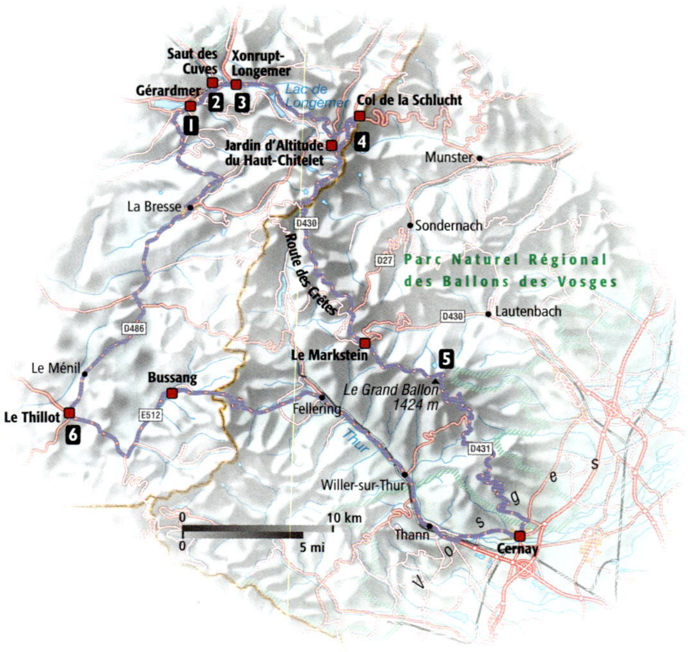

Der Grand Ballon mit Radarstation

4–5
Ein Abstecher nach links führt auf den Gipfel des **Hohneck** (1362 m), mit überwältigendem Panoramablick über die gesamten Vogesen (Vosges) nach Nord, Süd und West und das deutsche Rheintal im Osten.

Nun erreicht die Route des Crêtes ihren spektakulärsten Teil, indem sie hoch über dem oberen **Vallée de la Thur** (Thur-Tal) verläuft. Schließlich kommt man in die einzige größere Ansiedlung auf diesem Streckenabschnitt, das Wintersportzentrum **Le Markstein**. Überquert man die Kreuzung dahinter (weiter auf der Route des Crêtes, jetzt D431), sieht man vor sich den **Grand Ballon** (Großen Belchen), mit 1424 m höchster Gipfel der Vogesen, gekrönt von einer Radarstation für die zivile Luftfahrt, die die Straße etwa 100 m überragt. Man kann von dort die Sicht genießen, die an klaren Tagen bis zu den Alpen reicht, oder vom Parkplatz aus den Gipfel besteigen (gut 45 Min. hin und zurück).

5–6
Eine **Gedenkstätte** unter dem Gipfel erinnert an 30 000 Gefallene in den erbitterten Kämpfen des 1. Weltkriegs am **Vieil Armand** (Hartmannswillerkopf). Auf der D431 geht es weiter bis **Cernay**, von dort auf der N66 das Thur-Tal entlang durch Willer-sur-Thur bis **Bussang** (Büssingen) im Quellgebiet der Mosel, wo seit 1895 mit dem *Théâtre du Peuple* im Sommer in einer Scheune in eindrucksvoller Naturkulisse oft hochrangige Bühnenkunst gemacht wird (www.theatredupeuple.com). Weiter südwestl. auf der N66 (E512), nimmt man bei **Thillot** die D486 zurück nach **Gérardmer.**

KLEINE PAUSE
Aussichtspunkte entlang der Strecke laden zum **Picknick** ein – meist in Gesellschaft zahlreicher weiterer Besucher. **Cafés** und **Restaurants** für jeden Geschmack und Geldbeutel findet man natürlich ebenfalls – manche mit spektakulärem Ausblick.

4 VON DER CÔTE D'AZUR INS LANDESINNERE

Tour

LÄNGE: 150 km **DAUER:** Planen Sie einen ganzen Tag, da man im Landesinneren auf kurvigen Straßen nur langsam vorankommt
START/ZIEL: Menton 234 C3

Hafen und Altstadt des lebhaften Menton nahe der italienischen Grenze

Die malerische Rundfahrt ins Hinterland des Fürstentums Monaco streift einige der bezauberndsten Ortschaften der französischen Riviera und die friedvollen Naturlandschaft des von Touristenmassen weitgehend verschonten Nationalparks Mercantour in den französischen Seealpen.

1–2

Ausgangspunkt ist das hübsche, italienisch geprägte Städtchen **Menton**, wo man in der Hafenbastion dem von dem französischen Schriftsteller, Regisseur und Maler (1889–1963) gestalteten **Musée Jean-Cocteau** einen Kurzbesuch abstatten kann (museecocteaumenton.fr; tägl. außer Di 10–18 Uhr; 6/4 €). Folgen Sie im Ortszentrum der Beschilderung »Autoroute (Nice, Italia)« und »Sospel«. Die die A8 unterquerende **D2566** nach Norden führt vorbei an Castillon-Neuf zum mittelalterlich geprägten **Sospel**, wo man hinter der Kreuzung der Eisenbahntrasse links abbiegt und den Hinweisschildern »Moulinet« und »Col de Turini« Richtung Norden folgt. Die die Bévéra überspannende **Turmbrücke** (11. Jh.) wurde nach Zerstörung im 2. Weltkrieg bis 1953 wieder aufgebaut.

2–3

An einer Kurve fahren Sie links auf die **D2204** hinauf zum Col St-Jean, mit Blick zurück auf Sospel. Nach Überquerung der Passhöhe **Col de Braus** (1002 m) geht es in Haarnadelkurven abwärts bis kurz vor L'Escarène. Hinter einer Eisenbahnbrücke rechts der Beschilderung

»Lucéram«, »Peïra-Cava« folgen bis zum pittoresken, bunt durcheinander gewürfelten *village perché* (Hügelstädtchen) **Lucéram**.

3–4
Durchfahren Sie den Ort und halten sich bei der nächsten Kreuzung bei einer steilen Anhöhe links Richtung »Turini«, bis sie nach vielen steilen Kurven den grandiosen Aussichtspunkt **Peïra-Cava** erreichen mit weitem Blick über den **Parc National du Mercantour** im Osten.

4–5
Von Peïra-Cava geht es Richtung Norden zum nächsten Aussichtspunkt, der Passhöhe **Col de Turini** (1607 m) im Nationalpark, wo sich das Hotel-Restaurant **Les Trois Vallées** für eine Pause anbietet (Kasten ➤ 206).

5–6
Links auf die **D70** und den Schildern »La Bollène-Vésubie« und »Nice« folgen. Fahren Sie vorsichtig bergab, und halten Sie nach 10 km, unmittelbar hinter dem Chapelle-Saint-Honorat-Tunnel, Ausschau nach einer kleinen **Kapelle** in einer Kurve links, von deren Parkplatz sich fantastische Ausblicke bieten.

6–7
Weiter geradeaus durch den Ort **La Bollène-Vésubie** und bei der Einmündung links auf die **D2565** Richtung »Nice«, »St-Martin-Vésubie« bis in die Senke des Vésubie-Tals. Folgen Sie der Beschilderung »Lantosque«, »Nice«, zunächst geradeaus, dann links parallel zur Hauptstraße. Nach 1 km rechts abbiegen, bis man

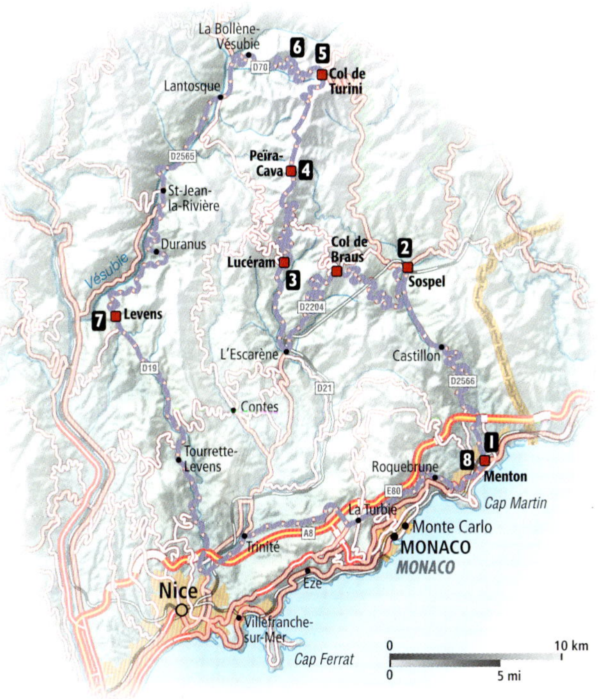

KLEINE PAUSE
Auf der Passhöhe des **Col de Turini** bietet das Hotel-Restaurant **Les Trois Vallées** Gelegenheit zu einer Rast (www.les3vallees-turini.fr; €/€€). Und auch in **Sospel** findet man mehrere Restaurants und Bars.

hinter dem Ort **Lantosque** wieder auf die Hauptstraße gelangt, und dort weiter Richtung Süden durch **Saint-Jean-de-la-Rivière** hindurch. 1 km hinter dem Ort links auf die **D19** abbiegen, beschildert »Nice par Levens«, eine Straße, die innerhalb des Tales bergan führt und immer schmäler wird. Nach Durchquerung eines Tunnels kurz vor Duranus erreicht man rechts den Aussichtspunkt **Belvédère du Saut des Français**. Fahren Sie weiter bis zur hübschen historischen Ortschaft **Levens** mit zwei Kapellen (14./16. Jh.) und Resten einer längst zerstörten Burg.

7–8
Man verlässt den Ort durch Tourette-Levens auf der **D19** Richtung Nizza. Kurz hinter Saint-André unterquert man die A8. An der Ampel links der Beschilderung »Sospel« folgen. Nach Querung eines Flusses und einer weiteren Ampel geht es ein zweites Mal unter der A8 hindurch, an der nächsten Kreuzung rechts Richtung »Route de Turin«. Nach Überquerung eines Flusses und eines Bahnübergangs an der Ampel links (Hinweisschilder »La Trinité«, »Drap«). Beim nächsten Kreisverkehr biegt man nach »La Turbie« und »Laghet« ab und folgt der **D2204a** ein stark gewundenes Tal hinauf bis **Laghet**, wo die Straße eine scharfe Rechtskurve macht.

Erneut unter der A8 hindurch, an der Kreuzung links auf einen Autobahnzubringer, folgt man den Schildern nach Menton. An der nächsten Kreuzung wieder links (»La Turbie«, »Monaco«), erreicht man die römische Stadtgründung **La Turbie** an der Grande Corniche, wo 6 v. Chr. zu Ehren des Kaisers Augustus das Siegesdenkmal *Tropaeum Alpium* errichtet wurde. Hinter dem Ort nach einem Hotel links halten (»Roquebrune«, »Menton«), bei der Ampel am Fuß des Hügels rechts abbiegen (»Nice«, »Beausoleil«) und an der folgenden Ampel wieder links (»Cap Martin«). Nach Verlassen der Ortsmitte macht die Straße einen scharfen Knick nach links – fahren Sie weiter geradeaus Richtung »Mayerling«, »Cap Martin« zum Meer und folgen der Küstenstraße zurück nach **Menton**.

Levens: charmantes Hügelstädtchen auf 600 m Höhe nahe der italienischen Grenze

5 ROCAMADOUR

Spaziergang

LÄNGE: 1 km **DAUER:** 1,5 Std.
START/ZIEL: Oberer Parkplatz am Château
231 E4

Rocamadour, in einer engen Schlucht gelegen

Rocamadour, bedeutender Wallfahrtsort mit Burg in der engen Alzou-Schlucht, ist eines der spektakulärsten Touristenziele im Dordogne-Tal im äußersten Nordwesten der Region Midi-Pyrénées.

1–2

Vom **Parkplatz** auf oberster Ebene erschließt ein ausgeschilderter Weg die Wallanlagen der **Burg** mit fantastischem Ausblick über den Ort, dann geht es den steilen **Chemin de Croix** hinab (mit ausgeschilderten »Kreuzweg«-Stationen an jeder Biegung). Der vom Einsiedler Amadour besiedelte Felsen (dessen unverwesten Leichnam man im 12. Jh. fand) entwickelte sich zur beliebten **Wallfahrtsstätte**.

2–3

Durch einen Tunnel unter der Basilika erreicht man die »Heilige Stadt« **Cité Religieuse** mit sieben Gotteshäusern, im Zentrum die im 19. Jh. restaurierte **Chapelle de Notre-Dame** (15. Jh.) über dem Eremitengrab – mit schlichter kleiner Walnussholz-Statue der

BERGAUF – BERGAB
Von April–Sept. verkehrt alle 15 Min. der »Kleine Zug« **Petit Train** zwischen Unterem Parkplatz und mittelalterlichem Ort mit Läden und Restaurants (www.lepetittrainderocamadour.com; 3,50/2 €). Daneben gibt es eine **Seilbahn** zwischen Cité Religieuse und Oberem Parkplatz (*Ascenseur incliné*, http://ascenseurincline-rocamadour.com; 2,60 € einfach).

Schwarze Madonnen-Statue in der Chapelle de Notre-Dame

»Schwarzen Madonna« (12. Jh.), deren dunkler Firniss durch Jahrhunderte intensiven Kerzenrauchs verstärkt wurde.

Rechter Hand des Kircheneingangs findet man ein *Totentanz*-**Fresko** aus dem 13. Jh., in einer Felsenwand die Nachbildung einer Votivgabe Rolands aus dem Gefolge Karls d. Gr., der hier sein wundertätiges Schwert Durendal der Gottesmutter geweiht haben soll. 223 Stufen führt die Treppenanlage des **Grand Escalier** hinab, zu deren Füßen der Ort selbst liegt.

3–4
Die **Hauptstraße** ist gesäumt von Souvenirläden. Die Touristen-Information findet man in der Nähe des Hôtel de Ville (Tel. 05 65 33 22 00, www.vallee-dordogne-rocamadour.com, www.dordognetal-rocamadour.de). Vor der **Porte Salmon**, einem der historischen Stadttore, rechts die Straße und die Treppenstufen hinab, gelangt man zum Unteren Parkplatz am Fluss, von wo es mit Lift und Seilbahn (➤ Kasten oben) durch den Felsen zurück zum Oberen Parkplatz geht.

4–5
Ein 8 km langer Schwenk führt vom Unteren Parkplatz (den Drachenflieger-Hinweisen folgend) auf einer Steinbrücke über den Alzou auf der Straße nach links. Nach 150 m zweigt rechter Hand ein kleiner Weg ab zur **Fontaine de la Fillole**. Zwischen Bäumen den Hügel hinauf, biegen Sie oben auf der Plattform hinter dem Hof **Fouysselaze** nach rechts ab.

5–6
Wo der Weg die **Asphaltstraße** erreicht, rechts abbiegen und ihr folgen, an einem Hofzugang vorbei und einer Wand zur Rechten, dann um eine große Mulde herum, den Cloup de Magès, stößt man links auf einen 4000 Jahre alten **Dolmen**. Verlassen Sie die Straße auf dem Fußweg **GR46** nach Rocamadour, um jenseits der D32 der Beschilderung »Fontaine de Berthiol« zu folgen. Auf der kleinen Brücke beim Moulin de Roquefraîche über den Alzou und eine kleine Kreuzung, bis Sie an der **Porte Basse** wieder den Ort erreichen und durch die **Porte Hugon** den Unteren Parkplatz.

KLEINE PAUSE
Bars und Restaurants konzentrieren sich im unteren Teil der Stadt, aus der zudem der gleichnamige **Ziegenkäse** mit AOC-Siegel kommt.

Praktisches

Reisevorbereitungen 210
Das Wichtigste vor Ort 212
Sprachführer 215

Praktisches

REISEVORBEREITUNGEN

WICHTIGE PAPIERE

● Erforderlich
○ Empfohlen
▲ Nicht erforderlich

	Deutschland	Österreich	Schweiz
Pass/Personalausweis	●	●	●
Visum (Bestimmungen können sich ändern – vor Abreise prüfen!)	▲	▲	▲
Weiter- und Rückflugticket	▲	▲	▲
Impfungen (Tetanus und Polio)	▲	▲	▲
Krankenversicherung (➤ 214, Gesundheit)	●	●	●
Reiseversicherung	○	○	○
Führerschein (national)	●	●	●
Kfz-Haftpflichtversicherung (internationale Grüne Versicherungskarte)	○	○	○
Fahrzeugschein	●	●	●

REISEZEIT

Paris

Hauptsaison / Nebensaison

	JAN	FEB	MÄRZ	APRIL	MAI	JUNI	JULI	AUG	SEPT	OKT	NOV	DEZ
Saison	Nebensaison	Nebensaison	Nebensaison	Hauptsaison	Hauptsaison	Hauptsaison	Hauptsaison	Nebensaison	Hauptsaison	Hauptsaison	Hauptsaison / Nebensaison	Nebensaison
Temperatur	7°C	7°C	10°C	16°C	17°C	23°C	25°C	26°C	21°C	16°C	12°C	8°C
Wetter	Regnerisch	Bedeckt	Bedeckt	Wechselhaft	Wechselhaft	Sonnig	Sonnig	Sonnig	Sonnig	Wechselhaft	Regnerisch	Regnerisch

Sonnig   Bedeckt   Wechselhaft   Regnerisch

Angegebene Temperaturen: **mittleres Tagesmaximum**. Der beste Reisemonat ist Juni (lange Tage, viel Sonne, Temperaturen über 20 °C). Durch die Lage zwischen Mittelmeer und Atlantik und Nordsee ist das Klima Frankreichs meist ausgeglichen und mild. **Maritim** ist es in der Bretagne und an der Atlantikküste – reichlich Niederschläge, gemäßigte Temperaturen, fast ständig wehender Wind. Im **kontinentalen** Klima des Pariser Beckens herrschen zwischen Sommer und Winter stärkere Temperaturgegensätze. Die Gebiete südlich und südöstlich des Zentralmassivs sind **mediterran** geprägt – viel Sonne im Sommer, feuchtwarmer Wind vom Meer, milde Winter. Die **Gebirgsregionen** wiederum profitieren von einer langen Schneesaison.

INFORMATION VORAB

■ **Office de Tourisme**
Gemeinschaftsportal aller Regionen mit Adressen und Links
www.tourisme.fr

■ **Für Paris**
Office du Tourisme et des Congrès
www.parisinfo.com

ANREISE

Mit dem Flugzeug: Internationale Flughäfen (► 32f) besitzen Paris (CDG, ORY), Straßburg (SXB), Marseille (MRS), Toulouse (TLS), Lyon (LYS). Ein Großteil des Luftverkehrs wird von Lufthansa (www.lufthansa.com), AUA (www.austrian.com), Air France (www.airfrance.de) und Swiss (www.swiss.com) abgewickelt, auch einige Billigairlines fliegen Frankreich regelmäßig an (Infos im Reisebüro, bei den Fluglinien oder über das Internet).
Mit der Eisenbahn: Eine Bahnreise in den Norden und Westen Frankreichs führt meist über Paris (► 34), von wo die meisten **Hauptstrecken** radial ausgehen. Zwischen den großen Städten Frankreichs verkehrt der Hochgeschwindigkeitszug **TGV** (► 34), an dessen Netz auch Städte wie Frankfurt a. M., Stuttgart, Basel und Zürich angebunden sind.
Mit dem Auto: Papiere: Führerschein, Fahrzeugschein, Grüne Versicherungskarte (► 35). Autobahnverbindungen: aus Norddeutschland über Aachen–Belgien zur A1 (Lille–Paris, *Autoroute du Nord*; ► 34) bzw. Trier–Luxemburg–Thionville zur A4 (Metz–Paris, *Autoroute de l'Est*) oder A31 nach Dijon; aus Süddeutschland/Österreich über Straßburg ebenfalls auf die A4 (Nancy–Metz–Reims–Paris) bzw. über Mulhouse/Mühlhausen (A36) nach Dijon–Paris; aus der Schweiz (Autobahnvignette!) über Basel zur A36, über Vallorbe oder Genf zur A6/A7 (Paris–Lyon–Marseille, *Autoroute du Soleil*). Es besteht **Mautpflicht** (► 35), die Sie umgehen können, indem Sie die sehr gut ausgebauten Nationalstraßen benutzen.
Mit dem Bus: Auch Eurolines, ein Zusammenschluss europäischer Busunternehmen, verbinden Deutschland mit Frankreich (www.eurolines.de).

ZEIT

In Frankreich gilt die Mitteleuropäische Zeit. Von Ende März bis Ende Oktober werden die Uhren auf die Sommerzeit umgestellt, was einer Stunde vor der natürlichen (Sonnen-) Zeit entspricht.

WÄHRUNG UND GELDWECHSEL

Die Währungseinheit in Frankreich ist der **Euro** (€).
Für die Schweiz gilt: 1 CHF = 0,82 €, 1 € = 1,22 CHF
An den französischen Geldautomaten ***(Bancomat)*** lässt sich mit Bank- und Kreditkarten – in Kombination mit der Geheimnummer – rund um die Uhr Geld abheben. Gängige Kreditkarten werden von Banken, aber auch von den meisten Hotels, Restaurants, Autovermietern sowie vielen Geschäften akzeptiert. Manche Banken haben samstags bis 12 Uhr geöffnet. Am Vortag eines Feiertages schließen die Banken in der Regel um 12 Uhr. Wenn Sie Ihre **Bank- oder Kreditkarte verloren** haben oder sie gestohlen wurde, sollten Sie diese unverzüglich sperren lassen. Die Notfallnummern sind: Tel. +49 116 116 (Deutschland) bzw. Tel. +43 1 717 01 4500 (Österreich). Die Schweiz hat keine einheitliche Notfallnummer. Die wichtigsten sind Tel.: +41 044 659 69 00 (Swisscard); +41 044 82835 01 (UBS Card Center) +41 044 200 83 83 (VISECA); +41 044 828 32 81 (Postfinance) weitere unter www.box24.ch/public/polizei/sperrnr.wct

FRANZÖSISCHE FREMDENVERKEHRSÄMTER: www.rendezvousenfrance.com

In Deutschland:
Zeppelinallee 37D
D-60325 Frankfurt
☎ 069 97 58 01 48

In Österreich:
Prinz-Eugen Straße 72/2.3
A-1040 Wien
☎ 01 5 03 28 92

In der Schweiz:
Rennweg 42
CH-8021 Zürich
☎ 044 2 17 46 01

Praktisches

DAS WICHTIGSTE VOR ORT

FEIERTAGE

1. Januar	Neujahr
März/April	Ostersonntag/Ostermontag
1. Mai	Maifeiertag
8. Mai	Ende Zweiter Weltkrieg
6. Do nach Ostern	Himmelfahrt
Mai/Juni	Pfingstsonntag/Pfingstmontag
14. Juli	Nationalfeiertag
15. August	Mariä Himmelfahrt
1. November	Allerheiligen
11. November	Waffenstillstand 1918
25. Dezember	Weihnachten

ELEKTRIZITÄT

Alle Steckdosen in Frankreich bieten 220 Volt Wechselstrom wie in den meisten kontinentaleuropäischen Ländern. Viele Steckdosen haben zwei runde Eingänge (zunehmend gibt es auch einige mit drei Eingängen, Adapter sind im Handel erhältlich).

ÖFFNUNGSZEITEN

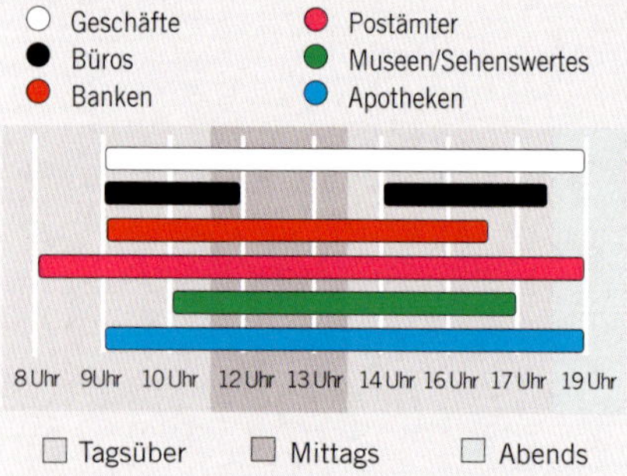

Läden: schließen oft 12 bis 14 Uhr sowie So und Mo; Supermärkte, Einkaufzentren: Mo–Sa 9–18.30/20/21 Uhr (oft auch So vormittags).
Banken: meist Mo–Fr oder Di–Sa.
Museen: Städtische Museen meist Mo, staatliche Di geschl.; einige Touristenhighlights sind in der Hauptsaison tägl. geöffnet.

TRINKGELD

Alle Restaurant-, Café- und Hotelrechnungen enthalten den gesetzlichen Anteil an Trinkgeld. Dennoch hat niemand etwas gegen eine kleine Aufmerksamkeit.

Taxi	0,50–1,50 €
Fremdenführer	3–5 €
Gepäckträger	0,50–1,50 €
Friseur	3–5 €
Toiletten	nach Ermessen

RAUCHEN

In Frankreich ist das Rauchen in allen öffentlichen Gebäuden sowie in Bars und Restaurants verboten. Auch wenn das verrauchte Pariser Café der Vergangenheit angehört, darf man in der Regel auf den Außenterrassen rauchen.

ZEITUNTERSCHIED (Sommerzeit)

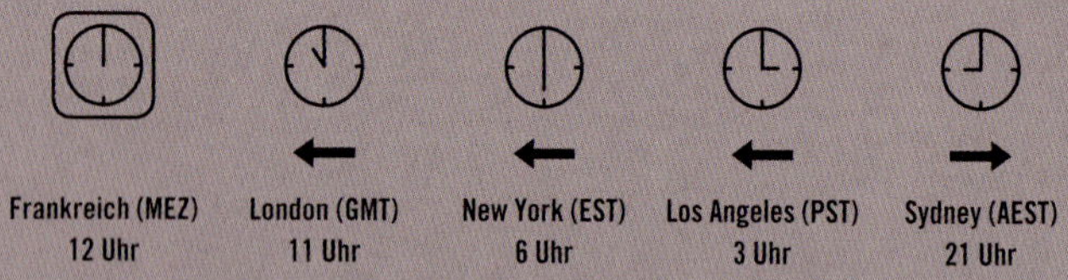

IN KONTAKT BLEIBEN

Post: Postämter sind am gelben Schild *La Poste* erkennbar (www.laposte.fr). Die Öffnungszeiten: Mo–Fr 9–12, 14–17 Uhr, in größeren Städten durchgehend 8/8.30–19/20 Uhr, Sa bis 12/13 Uhr.

Öffentliche Fernsprecher: Für die meisten öffentlichen Telefone benötigt man eine Telefonkarte *(télécarte)*. Man bekommt sie bei der France Télécom, in Postämtern, Tabakläden und Bahnhöfen (50 oder 120 Einheiten). Günstige Tarife gelten Mo–Fr 19–8 und Sa, So ganztägig.

Internationale Vorwahlen:
Deutschland: 00 49
Österreich: 00 43
Schweiz: 00 41

Die Telefonnummern bestehen aus 10 Ziffern. Die Nummern in Paris und der Île de France beginnen mit einer 01, hier benötigen Sie keine Vorwahl.

Mobilfunkanbieter: Trotz hervorragender Netzabdeckung ist es eine Überlegung wert, sich eine französische SIM-Card zuzulegen, die man schon ab 5 Euro bei Orange (www.orange.fr) oder SFR (www.sfr.fr) bekommt.
Das Telefonieren mit einer deutschen SIM-Card kann mit hohen Roaming-Gebühren verbunden sein, sodass sich der Kauf einer französischen SIM-Card meistens lohnt.

WLAN und Internet: Fast überall kommt man umsonst drahtlos ins Internet, öffentliche WLAN-Bereiche decken auch Parks, freie Flächen und Plätze ab. Beinahe alle Hotels, Restaurants und Cafés bieten freie Internetnutzung. Die Verbindung ist zügig und stabil. Eine Liste aller Internetcafés gibt es unter www.cafes-wifi.com.

SICHERHEIT

Großstädte und touristische Regionen sind Revier von Taschendieben oder Autoknackern. Beachten Sie die üblichen Vorsichtsmaßnahmen:

- Nehmen Sie nur das Nötigste an Bargeld und Wertsachen mit. Bewahren Sie das meiste im Hotelsafe auf.
- Sichern Sie Ihr Auto, lassen Sie keine Gegenstände im Fahrzeug.
- Machen Sie Kopien wichtiger Dokumente (Ausweis, Führerschein, Kreditkarte, Flugticket).
- Vorsicht im Gedränge oder bei Kontaktversuchen verwahrlost aussehender Kindergruppen.
- Gehen Sie abends nicht allein in unsichere Gegenden.
- Campen oder zelten Sie nicht außerhalb offizieller Stellplätze.
- Melden Sie Verluste und Diebstähle bei der nächstgelegenen Polizeistation.

Polizei:
☎ 17 von jedem Telefon

POLIZEI 17
FEUERWEHR 18
KRANKENWAGEN 15
NOTARZT (24 STUNDEN) 01 47 07 77 77

Praktisches

GESUNDHEIT

Krankenversicherung: EU-Bürger mit einer europäischen Krankenversicherungskarte bezahlen für eine Notfallbehandlung nichts oder nur geringe Beträge. Eine private Reiseversicherung wird jedoch empfohlen und ist für Reisende aus Nicht-EU-Ländern erforderlich.

Zahnarzt: Wie bei allgemeinärztlicher Behandlung (s. o. Krankenversicherung) können sich EU-Bürger günstig behandeln lassen. Eine nachträgliche Erstattung von rund 70 % der Kosten ist möglich, eine Privatversicherung ist dennoch jedem anzuraten.

Wetter: Tragen Sie bei Hitze schützende Kleidung und Sonnenbrille, verwenden Sie Sonnencreme und trinken Sie viel.

Medikamente: Apotheken *(pharmacie)* erkennen Sie an einem grünen Kreuz. Dort erhalten Sie medizinischen Rat, erste Hilfe und Medikamente, manche nur auf Rezept *(ordonnance)*.

Trinkwasser: Leitungswasser können Sie bedenkenlos trinken, jedoch nicht bei der Aufschrift *eau non potable* (kein Trinkwasser).

EINRICHTUNGEN FÜR BEHINDERTE

Viele ältere Gebäude haben keine behindertengerechten Einrichtungen. Hotels mit zwei oder mehr Sternen haben fast immer Aufzüge. Metro-Stationen mit Lift sind jedoch selten. Infomobi (Tel. 08 10 64 64 64, www.infomobi.com) bietet kostenlose Informationen und spezielle Karten für den öffentlichen Nahverkehr (Download auf der Website).

KINDER

Frankreich gilt als kinderfreundlich, viele Sehenswürdigkeiten bieten Ermäßigungen. Besondere Attraktionen für Kinder sind durch oben stehendes Logo gekennzeichnet.

ERMÄSSIGUNGEN

Studenten/Schüler: Mit einem Internationalen Studentenausweis (ISIC) bekommen Sie in vielen Einrichtungen, Museen, bei Flug- und Fährtickets und in manchen Studentenrestaurants Ermäßigungen. Die meisten Sehenswürdigkeiten und Museen sind für Besucher unter 18 Jahren (oder für EU-Bürger unter 26) kostenlos.

Senioren: Reisende über 60 können bis zu 50 % Ermäßigung in Museen, bei öffentlichen Verkehrsmitteln und Veranstaltungen erhalten. Mit einer *Carte Senior* (www.senior-sncf.com) erhalten Sie bis zu 50 % Ermäßigung bei Zugfahrten.

TOILETTEN

Stehtoiletten gibt es nur noch in sehr alten Einrichtungen und Restaurants. In Städten finden Sie oft moderne Münztoiletten.

MEHRWERTSTEUER

Die Mehrwertsteuer beträgt für die meisten Waren 19,6 %. Nicht-EU-Bürger haben evtl. Anspruch auf eine Steuererstattung.

BOTSCHAFTEN

Deutschland
☎ 01 53 83 45 00
www.allemagne.diplo.de

Österreich
☎ 01 40 63 30 63
www.amb-autriche.fr

Schweiz
☎ 01 49 55 67 00
www.eda.admin.ch/paris

IMMER ZU GEBRAUCHEN

Ja/Nein **Oui/non**
Guten Tag/Abend **Bonjour/bonsoir**
Hallo **Salut**
Auf Wiedersehen **Au revoir**
Wie geht es Ihnen? **Comment allez-vous?**
Bitte **S'il vous plaît**
Danke **Merci**
Entschuldigung **Excusez-moi**
Tut mir leid **Pardon**
Bitte (nach »Danke«) **De rien/Avec plaisir**
Haben Sie …? **Avez-vous ...?**
Was kostet das? **C'est combien?**
Ich hätte gern … **Je voudrais ...**

NACH DEM WEG FRAGEN

Gibt es in der Nähe eine Telefonzelle? **Y a-t-il une cabine téléphonique dans le coin?**
Wo ist …? **Où se trouve ...?**
… die nächste Metro **le métro le plus proche**
… das Telefon **le téléphone**
… die Bank **la banque**
… die Toilette **les toilettes**
Gehen Sie nach rechts/links **tournez à droite/gauche**
Gehen Sie geradeaus **allez tout droit**
die erste/zweite (rechts) **le premier/le deuxième (à droite)**
an der Kreuzung **au carrefour**

IM NOTFALL

Könnten Sie mir bitte helfen?
Pouvez-vous m'aider, s'il vous plaît?
Sprechen Sie Deutsch/Englisch?
Parlez-vous allemand/anglais?
Ich verstehe nicht. **Je ne comprends pas.**
Könnten Sie schnell einen Arzt rufen?
Pouvez-vous appeler un médecin d'urgence, s'il vous plaît?

IM RESTAURANT

Ich würde gerne einen Tisch bestellen.
Puis-je réserver une table?
Einen Tisch für zwei Personen, bitte.
Une table pour deux personnes, s'il vous plaît.
Haben Sie ein Menü zu festen Preisen?
Vous avez un menu?
Könnten wir die Speisekarte haben?
Nous pouvons voir la carte?
Kann ich bitte zahlen?
L'addition, s'il vous plaît.
Eine Flasche/Ein Glas …
Une bouteille/Un verre ...

SPEISEKARTE

apéritif Aperitif
boissons alcoolisées alkoholische Getränke
boissons chaudes heiße Getränke
boissons froides kalte Getränke
carte des vins Weinkarte
coquillages Muscheln
fromage Käse
gibier Wild
hors d'oeuvres Vorspeisen
légumes Gemüse
plats chauds warmes Essen
plats froids kalte Platten
plat du jour Tagesgericht
pâtisserie Kuchen
plat principal Hauptgang
potages Suppen
service compris Service inklusive
service non compris Service exklusive
spécialités régionales regionale Spezialitäten
viandes Fleischgerichte
volaille Geflügel

ZAHLEN

0	**zéro**	11	**onze**	22	**vingt-deux**	101	**cent un**
1	**un**	12	**douze**	30	**trente**	110	**cent dix**
2	**deux**	13	**treize**	31	**trente et un**	200	**deux cents**
3	**trois**	14	**quatorze**	32	**trente-deux**	300	**trois cents**
4	**quatre**	15	**quinze**	40	**quarante**	400	**quatre cents**
5	**cinq**	16	**seize**	50	**cinquante**	500	**cinq cents**
6	**six**	17	**dix-sept**	60	**soixante**	600	**six cents**
7	**sept**	18	**dix-huit**	70	**soixante-dix**	700	**sept cents**
8	**huit**	19	**dix-neuf**	80	**quatre-vingts**	800	**huit cents**
9	**neuf**	20	**vingt**	90	**quatre-vingt dix**	900	**neuf cents**
10	**dix**	21	**vingt et un**	100	**cent**	1000	**mille**

SPEISEKARTE A–Z

agneau Lamm
ail Knoblauch
ananas Ananas
anguille Aal
banane Banane
beurre Butter
bifteck Steak
bière (bière pression) Bier (Bier vom Fass)
boeuf Rindfleisch
boudin noir/blanc Blut-/Weißwurst
bouillabaisse Meeresfrüchtesuppe
chet Hecht
cabillaud Kabeljau
calmar Tintenfisch
canard Ente
cassoulet Fleisch-/Bohneneintopf
champignons Pilze
chou Kohl
choucroute Sauerkraut
chou-fleur Blumenkohl
choux de Bruxelles Rosenkohl
citron Zitrone
civet de lièvre Hasenpfeffer
concombre Gurke
confiture Konfitüre
coquilles Saint-Jacques Jakobsmuscheln
cornichon Essiggurke
côte/côtelette Kotelett
côtelettes dans l'échine Rippchen
couvert Besteck
crevettes grises Shrimps
crevettes roses Krabben
croque monsieur getoastetes Schinken- und Käsesandwich
cru roh
crustacés Meeresfrüchte
cuisses de grenouilles Froschschenkel
cuit (à l'eau) gekocht
eau minerale gazeuse/non gazeuse Mineralwasser mit/ohne Kohlensäure
ecrevisse Krebs
entrecôte Filetsteak
entrées erster Gang
épices Gewürze
épinards Spinat
épis de maïs Maiskolben
escargots Schnecken
farine Mehl
fenouil Fenchel
fèves dicke Bohnen
figues Feigen
filet de boeuf Rinderfilet
filet mignon Filetsteak
filet de porc Schweinefilet
fines herbes Kräuter
foie gras Gänse-/Entenleberpastete
fraises Erdbeeren
framboises Himbeeren
frit gebraten
friture frittiert
fruit de la passion Passionsfrucht
fruits de saison Früchte der Saison
gaufres Waffeln
gigot d'agneau Lammkeule
glace Eiscreme
glaçons Eiswürfel
grillé gegrillt
groseilles Johannisbeeren
hareng Hering
haricots blancs weiße Bohnen
haricots verts grüne Bohnen
homard Hummer
huîtres Austern
jambon blanc/cru/fumé (gekochter/Parma-/geräucherter) Schinken
jus de citron Zitronensaft
jus de fruits Fruchtsaft
jus d'orange Orangensaft
lait demi-écrémé/entier fettarme/Vollmilch
langouste Languste
langoustine Scampi
langue Zunge
lapin Kaninchen
lentilles Linsen
lotte Seeteufel
loup de mer Barsch
macaron Makrone
maïs Mais
marron Esskastanie
menu du jour/à la carte Tagesmenü/Menü à la carte
morilles Morcheln
moules Miesmuscheln
mousse au chocolat Schokoladenmousse
moutarde Senf
myrtilles Heidelbeeren
noisette Haselnuss
noix Walnuss
noix de veau Kalbsfilet
oeuf à la coque/dur au plat weiches/hartes Ei/Spiegelei
oignon Zwiebel
origan Oregano
pain au chocolat Schokocroissant
part Portion
pêche Pfirsich
petite friture Bratfische
petits (biscuits) salés Knabberkekse
petit pain Brötchen
petits pois grüne Erbsen
pintade Perlhuhn
poire Birne
pois chiches Kichererbsen
poisson Fisch
poivre Pfeffer
poivron rote/grüne Paprika
pomme Apfel
pommes de terre Kartoffeln
poulet (blanc) Hühnchenbrust
prune Pflaume
pruneaux Backpflaumen
queue de boeuf Ochsenschwanz
ragoût Ragout
ris de veau Kalbsbries
riz Reis
rôti de boeuf (rosbif) Roastbeef
rouget Knurrhahn
saignant englisch gebraten
salade verte grüner Salat
salé/sucré gesalzen/gesüßt
saumon Lachs
saucisses Würstchen
sel Salz
soupe à l'oignon Zwiebelsuppe
steak tartare Rinderhacksteak
sucre Zucker
thon Thunfisch
thym Thymian
tripes Kutteln
truffes Trüffeln
truite Forelle
truite saumonée Lachsforelle
vapeur (à la) gedämpft
venaison Wildbret
viande hachée Gehacktes
vin blanc Weißwein
vin rosé Roséwein
vin rouge Rotwein
vinaigre Essig
xérès Sherry

Reiseatlas

Kapiteleinteilung: siehe vordere Umschlaginnenseite

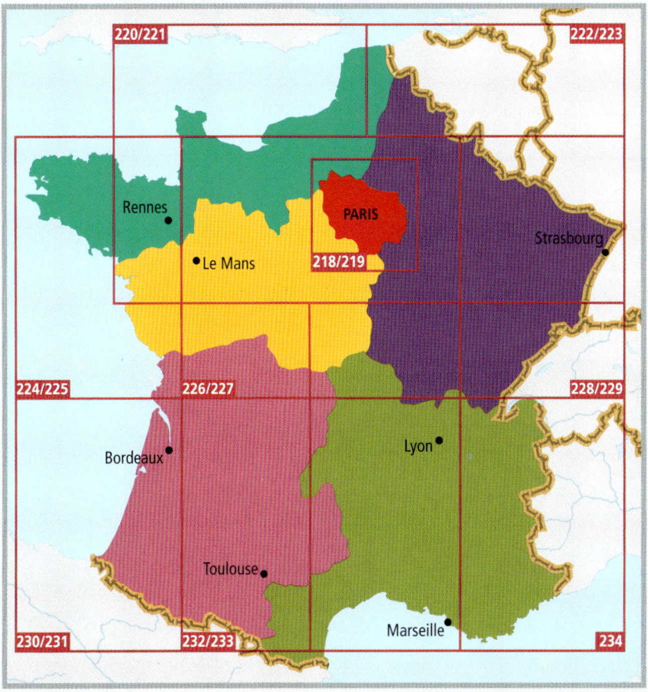

Legende

A 9	Autobahn		Internationaler Flughafen
	Schnellstraße		Regionaler Flughafen
N 7	Fernstraße		Burg, Kastell; Ruine
D994	Hauptstraße		Kloster; Kirche, Kapelle
	Nebenstraße		Sehenswürdigkeit
	Straße in Bau		Archäologische Stätte
	Straße, nicht befestigt		Höhle; Leuchtturm
	Fahrweg		Berggipfel; Pass, Joch
	Fußweg		Badestrand
	Fähre, Bootsverbindung	1	TOP 10
	Staatsgrenze	26	Nicht verpassen!
	Provinzgrenze	22	Nach Lust und Laune!
	Naturparkgrenze		

1 : 1.700.000

0 — 50 — 100 km

0 — 25 — 50 mi

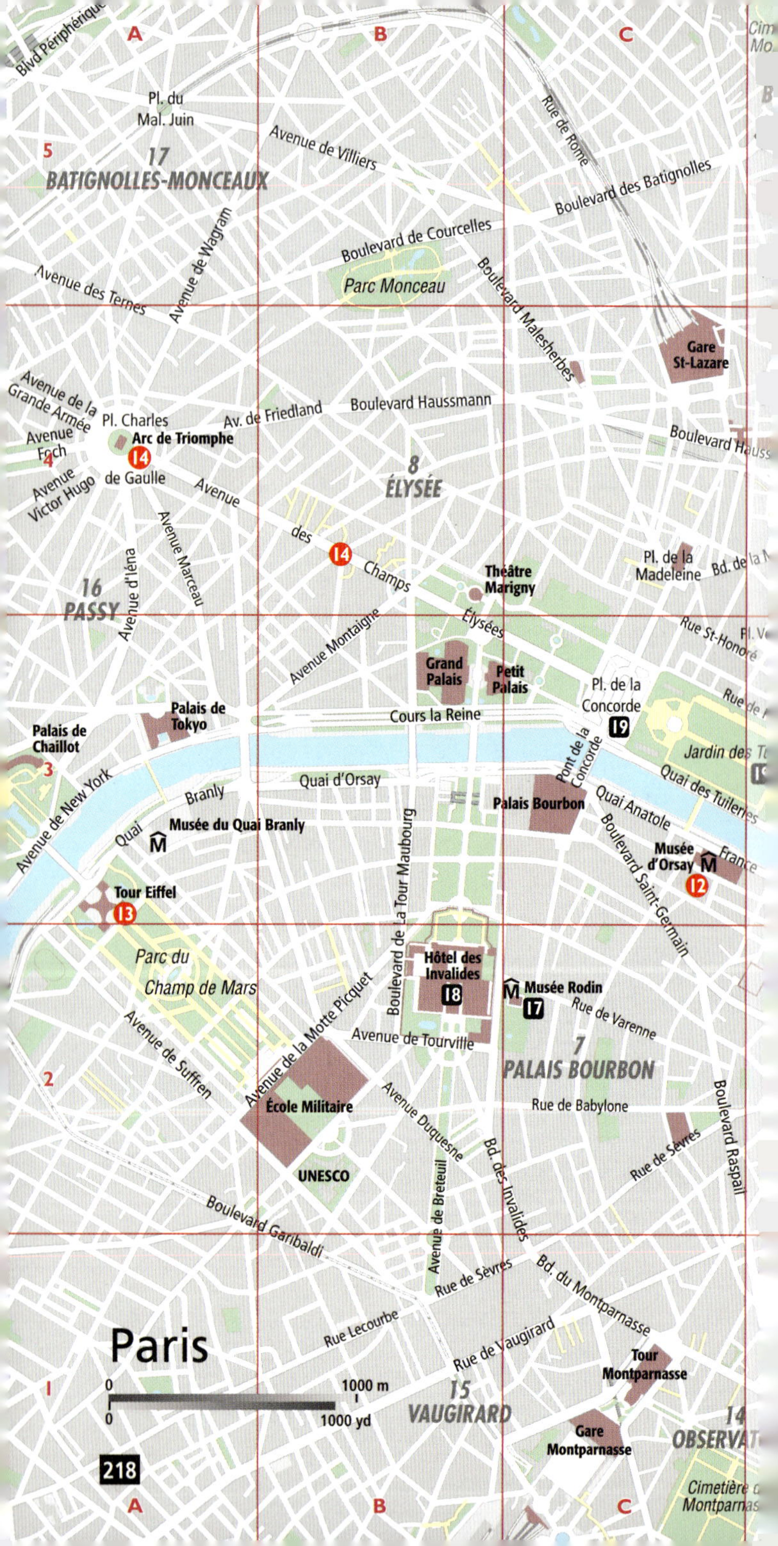
Paris
0
1000 m
0
1000 yd
A
B
C
5
4
3
2
1
Blvd Périphérique
Pl. du Mal. Juin
17
BATIGNOLLES-MONCEAUX
Avenue de Villiers
Rue de Rome
Boulevard des Batignolles
Boulevard de Courcelles
Parc Monceau
Avenue de Wagram
Avenue des Ternes
Boulevard Malesherbes
Gare St-Lazare
Avenue de la Grande Armée
Avenue Foch
Avenue Victor Hugo
Pl. Charles de Gaulle
Arc de Triomphe
14
Av. de Friedland
Boulevard Haussmann
Boulevard Hauss
8
ÉLYSÉE
Avenue des Champs Élysées
Avenue Marceau
Avenue d'Iéna
16
PASSY
Théâtre Marigny
Pl. de la Madeleine
Bd. de la M
Rue St-Honoré
Pl. V
Rue de
Avenue Montaigne
Grand Palais
Petit Palais
Pl. de la Concorde
19
Palais de Tokyo
Palais de Chaillot
Cours la Reine
Jardin des T
Quai des Tuileries
Pont de la Concorde
Quai d'Orsay
Quai Branly
Avenue de New York
Musée du Quai Branly
Palais Bourbon
Quai Anatole France
Boulevard Saint-Germain
Musée d'Orsay
12
Tour Eiffel
13
Boulevard de La Tour Maubourg
Parc du Champ de Mars
Hôtel des Invalides
18
Musée Rodin
17
Rue de Varenne
Avenue de la Motte Picquet
Avenue de Tourville
Avenue de Suffren
7
PALAIS BOURBON
École Militaire
Avenue Duquesne
Rue de Babylone
Boulevard Raspail
Rue de Sèvres
UNESCO
Avenue de Breteuil
Bd. des Invalides
Boulevard Garibaldi
Rue de Sèvres
Bd. du Montparnasse
Rue Lecourbe
Rue de Vaugirard
Tour Montparnasse
15
VAUGIRARD
Gare Montparnasse
14
OBSERVAT
Cimetière d Montparnas

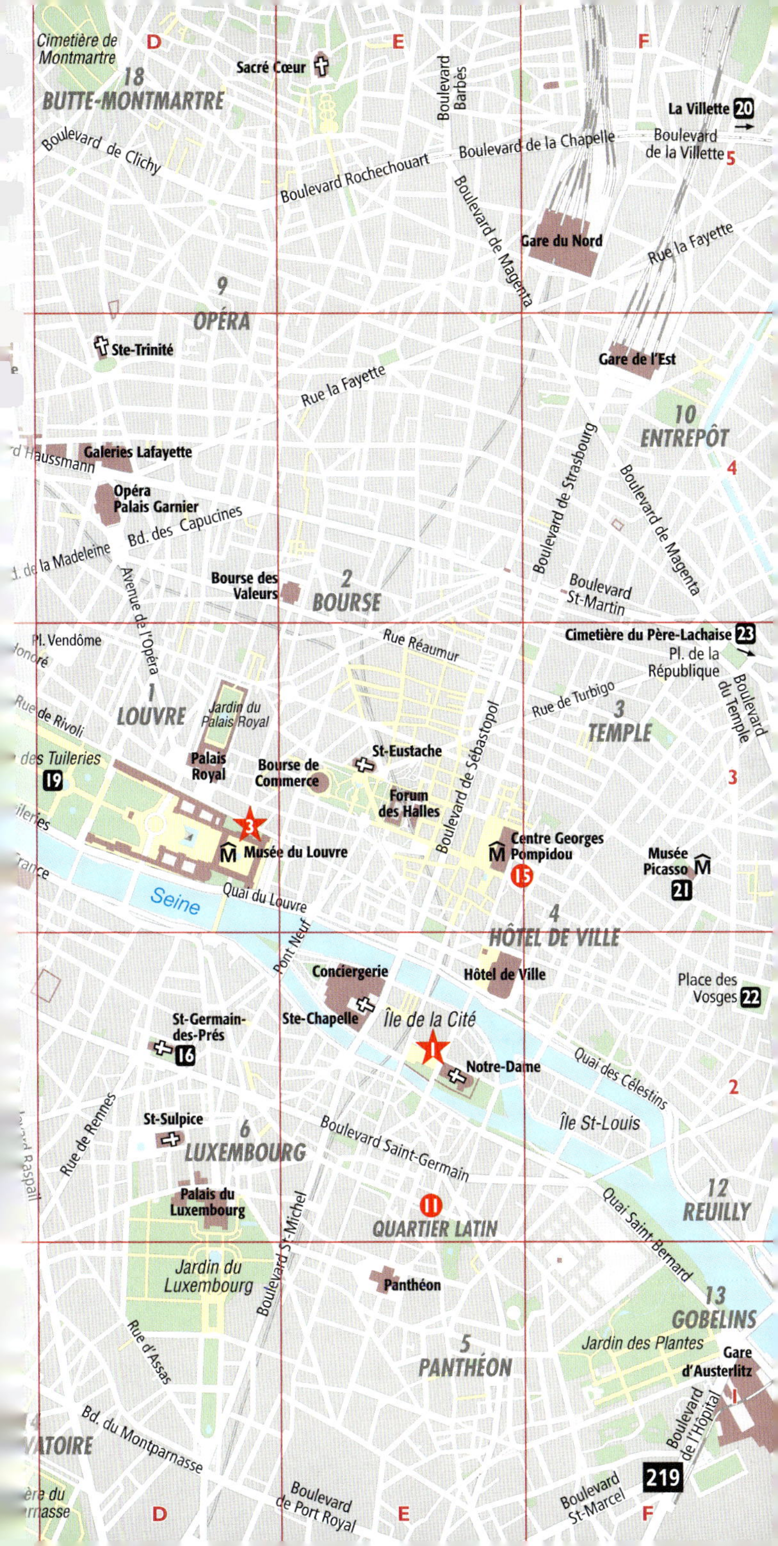

Cimetière de Montmartre
D
E
F
18
BUTTE-MONTMARTRE
Sacré Cœur
Boulevard Barbès
La Villette 20
Boulevard de Clichy
Boulevard de la Chapelle
Boulevard de la Villette
5
Boulevard Rochechouart
Boulevard de Magenta
Gare du Nord
Rue la Fayette
9
OPÉRA
Ste-Trinité
Gare de l'Est
Rue la Fayette
10
ENTREPÔT
4
Boulevard de Strasbourg
Boulevard de Magenta
Galeries Lafayette
Opéra Palais Garnier
Bd. des Capucines
Bd. de la Madeleine
Avenue de l'Opéra
Bourse des Valeurs
2
BOURSE
Boulevard St-Martin
Cimetière du Père-Lachaise 23
Pl. de la République
Pl. Vendôme
Rue Réaumur
Rue de Turbigo
Boulevard du Temple
1
LOUVRE
Jardin du Palais Royal
Rue de Rivoli
3
TEMPLE
des Tuileries 19
Palais Royal
Bourse de Commerce
St-Eustache
Forum des Halles
Boulevard de Sébastopol
3
Centre Georges Pompidou
15
Musée Picasso
21
Musée du Louvre
Seine
Quai du Louvre
4
HÔTEL DE VILLE
Pont Neuf
Conciergerie
Hôtel de Ville
Place des Vosges 22
St-Germain-des-Prés
16
Ste-Chapelle
Île de la Cité
1
Notre-Dame
Quai des Célestins
2
Île St-Louis
St-Sulpice
6
LUXEMBOURG
Rue de Rennes
Boulevard Saint-Germain
Palais du Luxembourg
11
QUARTIER LATIN
12
REUILLY
Quai Saint-Bernard
Boulevard St-Michel
Jardin du Luxembourg
Panthéon
13
GOBELINS
Jardin des Plantes
Gare d'Austerlitz
Rue d'Assas
5
PANTHÉON
1
Boulevard de l'Hôpital
Bd. du Montparnasse
Boulevard de Port Royal
Boulevard St-Marcel
D
E
F

UNITED KINGDOM
English Channel
La Manche
Baie de la Seine
Isle of Wight
Southampton
Portsmouth
Bournemouth
Brighton
Blandford Forum
Wickham
Petworth
Cowfold
Heath
Lichfield
Singleton
Pyecombe
Cosham
Havant
Chichester
Lewes
Hailsham
Regis
Christchurch
Bognor Regis
Worthing
Bexhill
Wareham
Cowes
Ryde
Eastbourne
Totland
Newport
Sandown
Shanklin
Swanage
Auderville
Cherbourg
Darfleur
Équeurdreville-Hainneville
Quettehou
Les Pieux
Valognes
Saint-Sauveur-le-Vicomte
Saint-Mère-Église
Barneville-Carteret
Carentan
Grandcamp-Maisy
Osmanville
Port-en-Bessin
Isigny-sur-Mer
Bayeux
Saint-Aubin-sur-Mer
Ouistreham
La Haye-du-Puits
Saint-Jean-de-Daye
Lessay
Périers
Balleroy
Tilly-sur-Seulles
Caen
St-Lô
Caumont-l'Éventé
Marigny
Montsurvent
Agon-Coutainville
Coutances
Torigni-sur-Vire
Aunay-sur-Odon
Villebaudon
Thury-Harcourt
Bréhal
Montamy
Vire
Vassy
Granville
Beauchamps
Villedieu-les-Poêles
Saint-Germain-de-Tallevende
Condé-sur-Noireau
Sartilly
Brécey
Sourdeval
Flers
St-Malo
Mont Saint-Michel
Avranches
Ducey
Mortain
Briouze
Saint-Benoit-des-Ondes
Mont-Dol
Pontorson
Saint-Hilaire-du-Harcouët
Domfront
Dol-de-Bretagne
Le Teilleul
Antrain
Louvigné-du-Desert
Couterne
Combourg
Fougères
Ambrières-les-Vallées
Lassay-les-Châteaux
Hede
Bons-de-Bretagne
Ernée
Mayenne
Montgerval
Dompierre-du-Chemin
Châtillon-en-Vendelais
Le Bourgneuf-la-Forêt
Martigné
Montfort
RENNES
Vitré
Evron
Bruz
Argentré-du-Plessis
Laval
La Chapelle-Rainsouin
Janzé
Le Sel-de-Bretagne
La Guerche-de-Bretagne
Cossé-le-Vivien
Meslay-du-Maine
Loiéac
Betiers
Craon
Villers-Charlemagne
Bain-de-Bretagne
Martigné-Ferchaud
Chemazé
Château-Gontier
Sablé-sur-Sarthe
Châteaubriant
Pouancé
Miré
Morannes
Derval
La Chapelle-Glain
Segré
Champigne
Nozay
Vern-d'Anjou
Le Lion-d'Angers
Durtal
Gildas-
Côte d'Albâtre
Fécamp
Étretat
Saint-Jouin
Goderville
Octeville-sur-Mer
Montivilliers
LE HAVRE
Honfleur
Circuit du Débarquement
Trouville-sur-Mer
Pont-Audemer
Cabourg
Le Breuil-en-Auge
Dozulé
Troarn
Corbon
Lisieux
Grainville-Langannerie
Saint-Martin-de-la-Lieue
Saint-Pierre-sur-Dives
Orbec
Vimoutiers
Falaise
Trun
LeBourg-Saint-Léonard
Gacé
Glos-la-Ferrière
L'Aigle
Argentan
Le Merlerault
Rânes
Sees
Courtomer
La Ferté-Macé
Pré-en-Pail
Mortagne-au-Perche
Alençon
Villaines-la-Johel
Mamers
La Hutte
Bais
Sillé-le-Guillaume
Ballon
Bonnétable
Conlie
Savigné-l'Evêque
Chassillé
LE MANS
Allones
Mulsanne
Chemiré-le-Gaudin
Cerans-Foulletourte
Saint-Hubert
La Flèche
Château-du-Loir
Le Grand-Lucé
Lude
Normandie
Jersey
St-Helier
N 13
N 174
N 176
N 137
N 175
A 84
N 12
N 157
N 162
A 81
N 23
A 28
N 138
N 158
A 13
N 15
D925
D962
D775
D311
A 11
D308
31
4
30
32
35
36
37
69
217
225

Strait of Dover
Pas de Calais
Eurotunnel
Côte Picardie
Hurst Green
Brenzett
New Romney
Rye
Bexhill
Hastings
Dunkerque
Coudekerque-Branche
Bergues
Gravelines
Calais
Marck
Wissant
Guînes
Ardres
Bollezeele
Dost-Cappel
Poperinge
Roeselare
Ieper
Kortrijk
Tourcoing
LILLE
Loos
Hazebrouk
Armentières
Steenvoorde
St-Omer
Arques
Le Wast
Ambleteuse
Boulogne-sur-Mer
Le Portel
Neuchâtel-Hardelot
Samer
Desvres
Thérouanne
Aire-sur-la-Lys
Estaires
Haubourdin
Étaples
Fruges
Auchel
Bethune
Pont-à-Marcq
Montreuil
Azincourt
Bruay-la-Buissière
Lens
Berck-Plage
Saint-Pols-sur-Ternoise
Vimy
Nampont
Hesdin
Vron
Labroye
Frévent
Arras
Rue
St-Valery-sur-Somme
Canchy
Doullens
La Herlière
Marquion
Abbeville
St-Riquier
Amplier
Baupaume
Le Transloy
Le Tréport
Criel-sur-Mer
Eu
Pont-Rémy
Flixecourt
Villers-Bocage
Albert
Vallée de la Somme
Bellicourt
Gamaches
Airaines
Dieppe
St-Valéry-en-Caux
Veules-les-Roses
Envermeu
Picquigny
AMIENS
Lamotte-Warfusée
Péronne
Senarpont
Camps-en-Amiénois
Picardie
Cany-Barville
St-Laurent-en-Caux
Neufchâtel-en-Bray
Mortemer
Quevauvillers
Chaulness
Nesle
Ham
Fauville-en-Caux
Aumale
Poix-de-Picardie
Essertaux
Moreuil
Tôtes
Les Hayons
Roye
Grandvilliers
Tartigny
Montdidier
Yvetot
Pavilly
Saint-Martin-Osmonville
Forges-les-Eaux
Marseille-en-Beauvaisis
Bolbec
Caudebec-en-Caux
Barentin
Mont-Saint-Aignan
Froissy
Tricot
Noyon
Rouen
Vascœuil
Goumay-en-Bray
Saint-Just-en-Chaussée
Estrées-Saint-Denis
Blérancourt
Seine
La Feuillie
Beauvais
Clermont
Compiègne
Le-Grand-Quevilly
Saint-Étienne-du-Rouvray
Fleury-sur-Andelle
Neuf-Marche
Auneuil
Oissel
Bourgtéroulde-Infreville
Frenelles
Gisors
Noailles
Liancourt
Lacroix
Pierrefonds
Port-Anthou
Elbeuf
Chaumont-en-Vexin
Meru
Creil
Brionne
Les Andelys
Les Thilliers-en-Vexin
Chantilly
Senlis
Crépy-en-Valois
Louviers
Gaillon
Lierville
Nanteuil-le-Haudouin
Sainte-Colombe
Magny-en-Vexin
Persan
Luzarches
Bernay
Vernon
Arthies
Pontoise
Fosses
Le Plessis-Belleville
Broglie
La Ferrière-sur-Risle
Évreux
Giverny
Meulan
Cergy
Taverny
Sarcelles
Saint-Supplets
Montreuil-aux-Lions
St-Denis
La Vieille-Lyre
Conches-en-Ouche
Prey
Mantes-la-Jolie
Argenteuil
Sartrouville
Aubervilliers
Drancy
Aulnay-sous-Bois
Meaux
Ivry-la-Bataille
Nanterre
Colombes
Courbevoie
Clichy
PARIS
Disneyland Resort
Breteuil-sur-Iton
Richebourg
Boulogne-Billancourt
Ivry
Montreuil
L'Aigle
Rugles
Nonancourt
Clamart
Issy
Villejuif
Champigny-sur-Marne
Verneuil-sur-Avre
Trappes
Versailles
Antony
Créteil
Fontenay-Tresigny
Vaudoy-en-Brie
Dreux
Le Perray-en-Yvelines
Vitry-sur-Seine
Gauburge-Colombe
Brezolles
Orsay
Draveil
Rambouillet
Chernay-la-Ville
Lissy
Guignes
Saint-Maurice-lès-Charencey
Évry
Nangis
Châteauneuf-en-Thymerais
Maintenon
Arpajon
Belhomert-Guéhouville
Bellancourt-sur-Essone
Melun
Montigny-Lencoup
Saint-Mard-de-Réno
Ablis
Dourdan
La Loupe
Chartres
Barbizon
Valence-en-Brie
Bellême
Champrond-en-Gâtine
Authon-la-Plaine
Étampes
Fontainebleau
Montereau
Allons
Pussay
La Chapelle-la-Reine
Bourron
Nogent-le-Rotron
Malesherbes
Villecerf
Voves
Angerville
Pont-sur-Yonne
Luigny
Brou
Allaines-Mervilliers
Nemours
Chéroy
La Ferté-Bernard
Chapelle-Royale
Toury
Puiseaux
Aufferville
Arrou
Bonneval
Pithiviers
Saint-Valérien
Escrennes
Beaumont-du-Gâtinais
Dordives
Cormainville
Châteaudun
Vibraye
Cloyes-sur-le-Loir
Saint-Cloud
Chilleurs-aux-Bois
Bellegarde
Montargis
Courtenay
Bouloire
Chevilly
Saint-Prévay-la-Colombe
Ladon
Sargé-sur-Braye
Moisy
Loury
Triguères
Saint-Calais
Orléans
Amilly
Danzé
Charsonville
Lorris
Châteauneuf-sur-Loire
Saint-Benoît-sur-Loire
Montoire-sur-le-Loir
Ouques
Meung-sur-Loire
Sommecaise
Vendôme
Beaugency
Sully-sur-Loire
Les Bordes
Lavardin
Jouy-le-Potier
La Ferté-Saint-Aubin
Gien
Mézilles
Saint-Amand-Longpré
Mer
Isdes
Briare
Saint-Fargeau
Château-Renault
Château de Chambord
Lamotte
Loir
Loire
A 16
A 26
A 25
A 1
A 2
A 28
A 29
A 13
A 10
A 11
A 5
A 6
A 4
A 19
A 77
A 71
N 1
N 17
N 25
N 30
N 39
N 41
N 42
N 43
N 439
N 15
N 29
N 31
N 138
N 154
N 13
N 12
N 23
N 20
N 152
N 157
N 60
N 7
N 6
N 4
N 10
D928
D925
D939
D915
D955
221
222
226

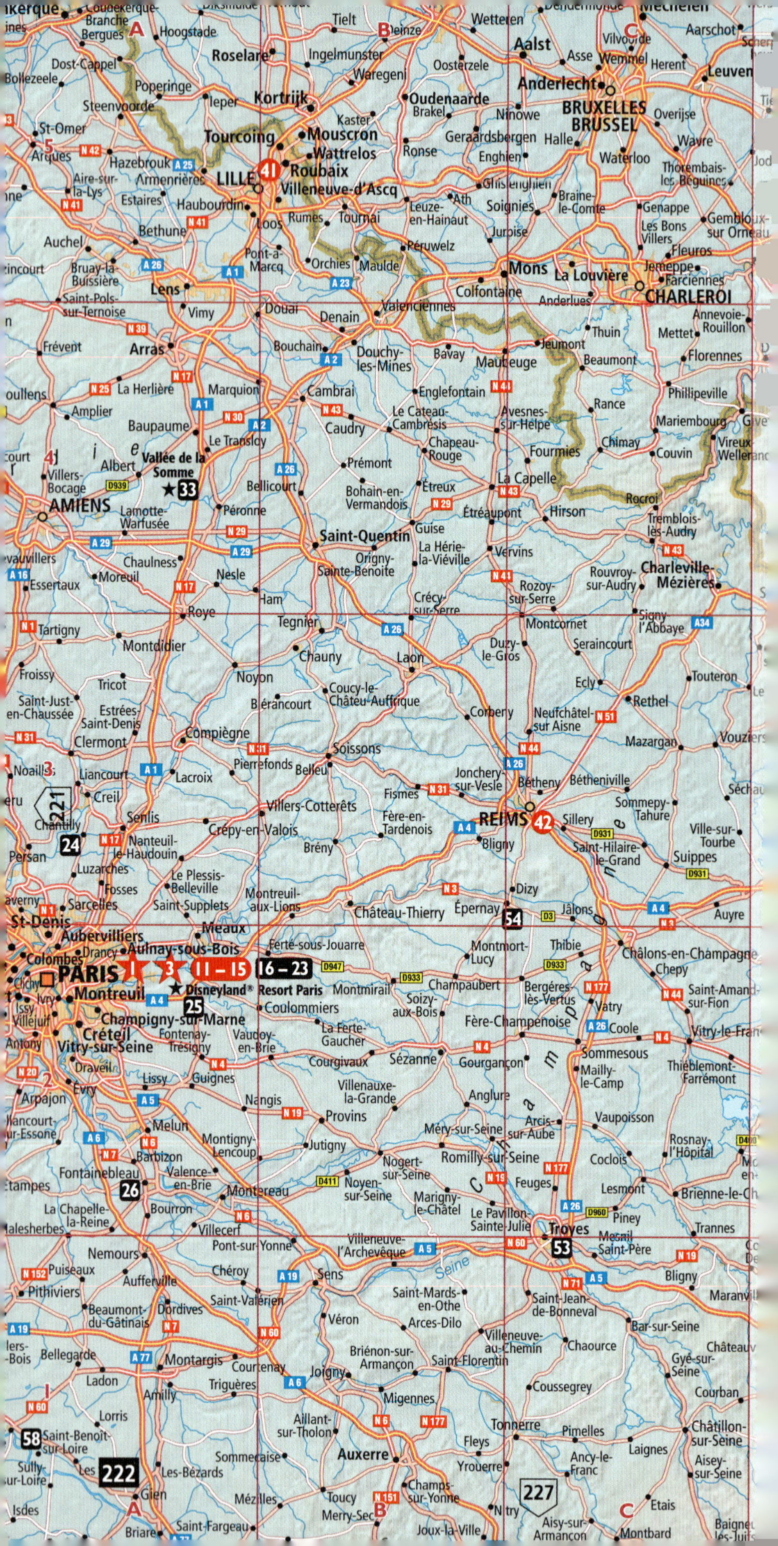

A
B
C
Hoogstade
Roselare
Tielt
Ingelmunster
Deinze
Wetteren
Aalst
Asse
Wemmel
Vilvoorde
Herent
Aarschot
Leuven
Dost-Cappel
Poperinge
Bergues
Bollezeele
Waregem
Oosterzele
Anderlecht
BRUXELLES
BRUSSEL
Overijse
Steenvoorde
Ieper
Kortrijk
Oudenaarde
Brakel
Ninove
St-Omer
Arques
Tourcoing
Mouscron
Kaster
Wattrelos
Geraardsbergen
Halle
Wavre
Hazebrouk
Aire-sur-la-Lys
Armentières
LILLE
Roubaix
Ronse
Enghien
Waterloo
Thorembais-les-Béguines
Estaires
Hauboudin
Villeneuve-d'Ascq
Ghislenghien
Braine-le-Comte
Genappe
Ath
Soignies
Leuze-en-Hainaut
Rumes
Tournai
Bethune
Loos
Jurbise
Les Bons Villers
Gembloux-sur-Orneau
Fleurus
Auchel
Pont-à-Marcq
Orchies
Maulde
Péruwelz
Mons
La Louvière
Jemeppe
Farciennes
CHARLEROI
Bruay-la-Buissière
Lens
Saint-Pols-sur-Ternoise
Colfontaine
Anderlues
Vimy
Douai
Denain
Valenciennes
Annevoie-Rouillon
Thuin
Mettet
Frévent
Arras
Bouchain
Douchy-les-Mines
Bavay
Jeumont
Maubeuge
Beaumont
Florennes
La Herlière
Marquion
Cambrai
Englefontain
Philippeville
Amplier
Baupaume
Le Transloy
Caudry
Le Cateau-Cambrésis
Avesnes-sur-Helpe
Rance
Mariembourg
Chimay
Couvin
Vireux-Wellerand
Villers-Bocage
Albert
Vallée de la Somme
Prémont
Chapeau-Rouge
Fourmies
Bellicourt
Bohain-en-Vermandois
Étreux
La Capelle
AMIENS
Lamotte-Warfusée
Péronne
Étréaupont
Hirson
Rocroi
Saint-Quentin
Guise
Tremblois-lès-Audry
Chaulness
Origny-Sainte-Benoite
La Hérie-la-Viéville
Vervins
Charleville-Mézières
Moreuil
Essertaux
Nesle
Ham
Crécy-sur-Serre
Rozoy-sur-Serre
Rouvroy-sur-Audry
Roye
Tartigny
Tegnier
Montcornet
Signy l'Abbaye
Montdidier
Chauny
Laon
Dizy-le-Gros
Seraincourt
Froissy
Tricot
Noyon
Eclry
Touteron
Saint-Just-en-Chaussée
Estrées-Saint-Denis
Blérancourt
Coucy-le-Château-Auffrique
Corbeny
Neufchâtel-sur Aisne
Rethel
Clermont
Compiègne
Mazargan
Vouziers
Noailles
Liancourt
Lacroix
Pierrefonds
Soissons
Belleu
Jonchery-sur-Vesle
Bétheny
Bétheniville
Creil
Fismes
Sommepy-Tahure
Chantilly
Senlis
Villers-Cotterêts
Fère-en-Tardenois
REIMS
Sillery
Ville-sur-Tourbe
Persan
Nanteuil-le-Haudouin
Crépy-en-Valois
Bréný
Bligny
Saint-Hilaire-le-Grand
Suippes
Luzarches
Le Plessis-Belleville
Fosses
Sarcelles
Saint-Supplets
Montreuil-aux-Lions
Château-Thierry
Épernay
Dizy
Jâlons
Auyre
St-Denis
Aubervilliers
Drancy
Aulnay-sous-Bois
Meaux
Ferté-sous-Jouarre
Montmort-Lucy
Thibie
Châlons-en-Champagne
Chepy
Colombes
Clichy
PARIS
Disneyland® Resort Paris
Montmirail
Champaubert
Bergères-lès-Vertus
Saint-Amand-sur-Fion
Issy
Ivry
Montreuil
Coulommiers
Soizy-aux-Bois
Vatry
Villejuif
Champigny-sur-Marne
La Ferté-Gaucher
Fère-Champenoise
Coole
Vitry-le-François
Antony
Créteil
Vitry-sur-Seine
Fontenay-Trésigny
Vaudoy-en-Brie
Sézanne
Sommesous
Thiéblemont-Farémont
Draveil
Courgivaux
Gourgançon
Mailly-le-Camp
Arpajon
Evry
Lissy
Guignes
Villenauxe-la-Grande
Champagne
Nangis
Anglure
Arcis-sur-Aube
Vaupoisson
Mennecy
Ballancourt-sur-Essonne
Melun
Provins
Méry-sur-Seine
Rosnay-l'Hôpital
Montigny-Lencoup
Jutigny
Barbizon
Nogent-sur-Seine
Romilly-sur-Seine
Coclois
Étampes
Fontainebleau
Valence-en-Brie
Noyen-sur-Seine
Feuges
Lesmont
Brienne-le-Château
Montereau
Marigny-le-Châtel
La Chapelle-la-Reine
Bourron
Le Pavillon-Sainte-Julie
Piney
Malesherbes
Villecerf
Troyes
Trannes
Nemours
Pont-sur-Yonne
Villeneuve-l'Archevêque
Mesnil-Saint-Père
Seine
Puiseaux
Chéroy
Pithiviers
Aufferville
Sens
Saint-Mards-en-Othe
Saint-Jean-de-Bonneval
Blligny
Maranville
Beaumont-du-Gâtinais
Dordives
Saint-Valérien
Arces-Dilo
Véron
Bar-sur-Seine
Bellegarde
Montargis
Courtenay
Brienon-sur-Armançon
Villeneuve-au-Chemin
Chaource
Gyé-sur-Seine
Châteauvillain
Ladon
Joigny
Saint-Florentin
Trigueres
Amilly
Migennes
Coussegrey
Courban
Lorris
Aillant-sur-Tholon
Tonnerre
Pimelles
Châtillon-sur-Seine
Saint-Benoit-sur-Loire
Fleys
Laignes
Sully-sur-Loire
Sommecaise
Auxerre
Yrouerre
Ancy-le-Franc
Aisey-sur-Seine
Les Bézards
Champs-sur-Yonne
Mézilles
Toucy
Gien
Nitry
Etais
Briare
Saint-Fargeau
Merry-Sec
Joux-la-Ville
Aisy-sur-Armançon
Montbard
Baigneux-les-Juifs
Isdes
41
42
53
54
33
24
25
26
58
16 – 23
11 – 15
221
222
227
A 1
A 2
A 4
A 5
A 6
A 16
A 19
A 23
A 25
A 26
A 29
A 34
A 77
N 3
N 4
N 6
N 7
N 17
N 19
N 20
N 25
N 29
N 30
N 31
N 39
N 41
N 42
N 43
N 44
N 51
N 60
N 71
N 152
N 177
D3
D411
D931
D933
D939
D947
D960

D
E
F
5
4
3
2
1
Diest
Hasselt
Genk
Eisden
Sittard
Geilenkirchen
Bergheim
KÖLN
Leverkusen
Herk-de-Stad
Diepenbeek
Maastricht
Brunssum
Baesweiler
Alsdorf
Aldenhoven
Kerpen
Hürth
Much
Siegburg
Heerlen
Würselen
Erftstadt
Hennef
Tienen
Sint-Truiden
Margraten
Vaals
Aachen
Eschweiler
Düren
Sankt Augustin
Bonn
Orsmal
Tongeren
Kelmis
Gingelom
Oreye
Hürtgenwald
Zülpich
Euskirchen
Bad Honnef
Jodoigne
Hannut
Herve
Lammersdorf
Mechernich
Eupen
Bad Neuenahr
Eghezée
Liège
Monschau
Seraing
Verviers
Schleiden
Bad Münstereifel
Ahrweiler
Bierwart
Namur
Huy
Neupré
Aywaille
Spa
Belle Croix
Hellenthal
Ahrbrück
Andernach
Blankenheim
Malmedy
Ohey
Adenau
Mendig
Havelange
Maffe
Trois Ponts
Stavelot
Büllingen
Müsch
Kronenburg
Mayen
BELGIQUE
Ormont
Kelberg
Vielsalm
Dinant
Ciney
Marche-en-Famenne
Beho
Prüm
Daun
Ulmen
Büdesheim
Cochem
DEUTSCHLAND
Emmelshausen
La Roche-en-Ardenne
Lichtenborn
Meisburg
Bremm
Kastellaun
Givet
Han-sur-Lesse
Barrière de Champlon
Noville
Irrhausen
Wellin
Allerborn
Wittlich
Transinne
Sprimont
Bastogne
Sinspelt
Bitburg
Mosel
Wiltz
Heiderscheid
Bièvre
Recogne
Bernkastel-Kues
Irrel
Morbach
Bellevaux
Neufchâteau
Koetschette
Echternach
Schweich
Kirn
Martelange
LUXEMBOURG
Thalfang
Trier
Idar-Oberstein
Habay-la-Neuve
Graulinster
Sedan
Florenville
Arlon
Junglinster
Konz
Douzy
Etalle
LUXEMBOURG
Birkenfeld
Baumholder
Zerf
Moutfort
N 43
Virton
Saarburg
Chémery-sur-Bar
Aubange
Losheim am See
Nohfelden
Montmédy
Palzem
Longwy
Sanem
Tholey
Le Chesne
Dudelingen
Mettlach
Sankt Wendel
Hettange-Grande
Nouart
Marville
Longuyon
Merzig (Saar)
Leebach
Ottweiler
Aumetz
Sierck-les-Bains
Buzancy
Dun-sur-Meuse
Neunkirchen
Dillingen
N 43
Banthville
Damvillers
N 18
Landres
Thionville
Saarlouis
Sulzbach
Sankt Ingbert
Hayange
Bouzonville
Blieskastel
Séchault
Rombas
Amnéville
Creutzwald
Völklingen
Saarbrücken
Varenne-en-Argonnes
Vacherauville
Briey
A 31
Forbach
Hornbach
A 4
Freyming-Merlebach
45
N 3
Etain
Jarny
Verdun
Metz
46
Haudainville
Mars-la-Tour
N 3
A 4
Sarreguemins
Ars-sur-Moselle
Fouligny
St-Avold
Faulquemont
Sainte-Menehould
Génicourt-sur-Meuse
Saint-Benoit-en-Woëvre
Han-sur-Nied
Sarralbe
Pagny-sur-Moselle
Morhange
Grostenquin
Sarre Union
Chaumont-sur-Aire
Solgne
Drulingen
Pont-à-Mousson
Delme
Mittersheim
Netancourt
Saint-Mihiel
Flirey
A 31
Dieuze
N 61
Laimont
Villotte-sur-Aire
Dieulouard
Château Salins
Rauwiller
229
Moyenvic
Sarrebourg
N 4
Saverne
Bar-le-Duc
Commercy
Pompey
Nancy
Arracourt
Marmoutier
Toul
47
Dombasle-sur-Meurthe
St-Dizier
Ligny-en-Barrois
Void-Vacon
N 4
A 31
Neuves-Maisons
Abreschviller
N 4
Lunéville
Blâmont
Vaucouleurs
N 57
Xermaménil
Marainviller
Grandfontaine
N 420
Eclaron-Braucourt
Houdelaincourt
Colombey-les-Belles
Baccarat
Schirmeck
N 67
Pancey
Magnières
Raon-l'Etape
Saint-Blaise-la-Roche
Tantonville
N 59
Montier-en-Der
Joinville
Domrémy-la-Pucelle
Charmes
Epizon
Neufchâteau
Rambervillers
Gudmont-Villers
Gironcourt-sur-Vraine
Mirecourt
Girecourt-sur-Durbion
St-Dié-des-Vosges
Sainte-Marie-aux-Mines
Châtenois
Taon-les-Vosges
N 420
Colombey-les-Deux-Eglises
Andelot-Blancheville
Bruyères
48
Rimaucourt
Vittel
Begnecourt
Anould
Kaysersberg
49
Saint-Thiebault
A 31
Contrexéville
Epinal
Jonchery
N 67
Gérardmer
Colmar
Dombrot-le-Sec
Chaumont
Biesles
Clefmont
Uzemain
Eloyes
50
Val-de-Meuse (Montigny-le-Roi)
Lamarche
Remiremont
Saint-Amé
Grand Ballon 1424 m
Eguisheim
Rouffach
N 19
Meuse
Plombières-les-Bains
N 57
N 66
Cornimont
Saint-Loup-sur-Semouse
Rupt-sur-Moselotte
Hartmannswillerkopf 956 m
A 5
Boudreville
Bourbonne-les-Bains
Fougerolles
Saint-Maurice-sur-Moselle
Langres
Cernay
Pierrefontaines
Luxeuil-les-Bains
Servance
Thann
N 74
Pierrremont-sur-Amance
N 66
Recey-sur-Ouce
Longeau
Fayl-Billot
N 19
Conbeaufontaine
Quers
Mélisey
Giromagny
A 31
N 57
N 19
223
A 36
228
Frettes
Chamoille
Saulx
Lure
Belfort
Frais
Chussey-les-Forges
Mont-Saint-Léger
Héricourt
Morvillars
Champlitte
Vesoul

A
B
C
5
4
3
2
1
Île d'Ouessant
Ploudalmézeau
Plabennec
Saint-Renan
Le Conquet
Plouzanne
BREST
Plouescat
Le Folgoët
Landerneau
Saint-Pol-de-Léon
Primel-Trégastel
Morlaix
Saint-Thégonnec
Plounéour-Menez
Huelgoat
Perros-Guirec
Tréguier
Lannion
Paimpol
Pontrieux
Plouha
Plestin-les-Grèves
Louragat
Guingamp
Mousteru
St-Brieuc
Gallac
Quintin
Saint-Nicolas-du-Pélem
L'Hermitage-Lorge
Rostrenen
Carhaix-Plouguer
Brasparts
Pleyben
Le Faou
Crozon
Châteaulin
Douarnenez
Plonévez-Porzay
Audierne
Pont-Croix
Quimper
Coray
Gourin
Plouray
Guémené-sur-Scorff
Le Faouët
Meslan
Pontivy
Rosporden
Bannalec
Bubry
Plouay
Quimperlé
Pont-l'Abbé
Penmarc'h
Saint-Guénole
Concarneau
Riec-sur-Bélon
Baud
Locminé
Hennebont
Lorient
Pluvigner
Auray
Vannes
Erdeven
Plouharnel
Carnac
Quiberon
Sauzon
Belle-Île
Locmaria
Piriac-su
N 12
N 165
N 164
N 24
D58
D700
D768
39
40
Océan Atlantique

D
220
Montsurvent
Marigny
Agon-Coutainville
E
Coutances
Torigni-sur-Vire
l'Éventé
F
Aunay-sur-Odon
Thury-Harcourt
Villebaudon
Golfe de
Saint-Malo
Bréhal
N
Montamy
Vire
Vassy
Granville
Beauchamps
Villedieu-les-Poêles
Condé-sur-Noireau
5
Saint-Germain-de-Tallevende
Sartilly
Brécey
Sourdeval
Flers
Plouha
St-Malo
31
Mont
Saint-Michel
4
Avranches
Pléneuf-Val-André
Dinard
Saint-Benoît-des-Ondes
Ducey
Mortain
Briouze
Plérin
Matignon
Mont-Dol
Saint-Hilaire-du-Harcouët
Domfront
Brieuc
Saint-Alban
Plancoët
Dol-de-Bretagne
Pontorson
Lamballe
Le Teilleul
38
Dinan
Antrain
Louvigné-du-Désert
Couterne
Moncontour
Jugon-les-Lacs
Combourg
Lassay-les-Châteaux
Lorge
Hede
Fougères
Ambrières-les-Vallées
Bécherel
Bons-de-Bretagne
Ernée
Mayenne
Loudéac
Merdrignac
Montgerval
Dompierre-du-Chemin
Saint-Méen-le-Grand
Châtillon-en-Vendelais
Le Bourgneuf-la-Forêt
Martigné
Montfort
RENNES
32
Vitré
Évron
Pont-Hamon
Mohon
Mauron
La Chapelle-Rainsouin
Bruz
Argentré-du-Plessis
Laval
Josselin
Ploërmel
Janzé
Meslay-du-Maine
Guer
Le Sel-de-Bretagne
La Guerche-de-Bretagne
Cossé-le-Vivien
Plumelec
Lohéac
Betiers
Villers-Charlemagne
Malestroit
Bain-de-Bretagne
Craon
La Gracilly
Martigné-Ferchaud
Château-Gontier
Meucon
Rochefort-en-Terre
Chemazé
Châteaubriant
Miré
Morannes
Theix
Redon
Guémené-Penfao
Pouancé
Caden
Derval
La Chapelle-Glain
Segré
Champigné
Muzillac
Saint-Gildas-des-Bois
Nozay
Vern-d'Anjou
Le Lion-d'Angers
La Roche-Bernard
La Meilleraye-de-Bretagne
Candé
Loir
Blain
Avrillé
Herbignac
Nort-sur-Erdre
68
Pontchâteau
ANGERS
3
Guérande
Savenay
Ancenis
Saint-Georges-sur-Loire
Brissac-Quincé
Piriac-sur-Mer
Loire
Saint-Nazaire
Paimbœuf
Couëron
NANTES
Saint-Lambert-du-Lattay
226
St-Michel-Chef-Chef
Bouguenais
Doué-la-Fontaine
La Plaine-sur-Mer
Vertou
Vallet
Chemillé
Pornic
Port-St-Père
Vihiers
Montreuil-Bellay
Bourgneuf-en-Retz
Clisson
Cholet
Noirmoutier-en-l'Île
Machecoul
Île de Noirmoutier
Argenton-Château
Beauvoir-sur-Mer
Rocheservière
Montaigu
Montagne-sur-Sèvre
Thouars
Legé
Mauléon
St-Fulgent
Les Herbiers
Challans
Bressuire
Belleville-sur-Vie
Pouzauges
Île d'Yeu
Aizenay
Les Essarts
Airvault
St-Gilles-Croix-de-Vie
La Roche-sur-Yon
Chantonnay
2
La Châtaigneraie
Brem-sur-Mer
La Grolle
Les Sables-d'Olonne
Vouvant
Secondigny
Mareuil-sur-Lay
Fontenay-le-Comte
Chamdeniers
Talmont-Saint-Hilaire
Luçon
Chaillé-les-Marais
St-Maixent
La-Tranche-sur-Mer
Venise Verte
Niort
Perthuis Breton
Saint-Michel-en-l'Herm
Marans
92
Mougon
Saint-Clément-des-Baleines
Saint-Martin-de-Ré
Courçon
Île de Ré
Beauvoir-sur-Niort
La Rochelle
Aigrefeuille-d'Aunis
Surgères
Châtelaillon-Plage
Saint-Denis-d'Oléron
Tonnay-Boutonne
Aulnay
Rochefort
St-Jean-d'Angély
Le Château-d'Oléron
Matha
Marennes
Saint-Porchaire
225
Hillaire-de-Villefranche
Ronce-les-Bains
230
D
E
Nancras
Saintes
F
Cognac
N 174
A 84
N 176
N 12
N 137
N 175
N 164
N 24
N 157
N 162
A 81
N 165
N 171
A 11
N 23
A 87
N 160
N 249
A 83
N 149
N 148
A 10
N 11
N 150
A 837
N 141
D962
D700
D775
D774
D213
D753
D137
D763
D38
D948
D946
D949
D960
D743
D938
D733

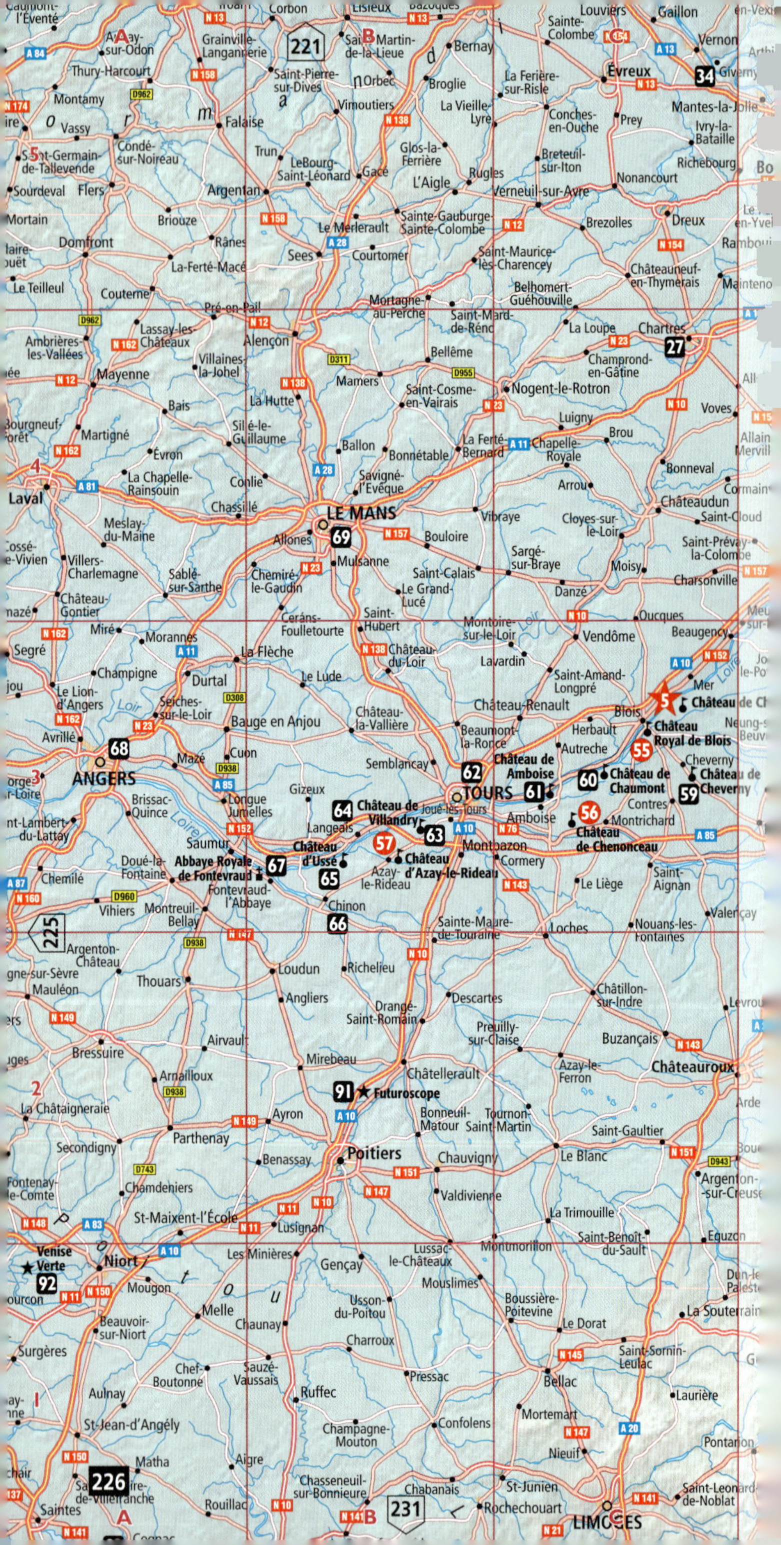

Caumont-l'Éventé
Aunay-sur-Odon
Thury-Harcourt
Grainville-Langannerie
Corbon
Lisieux
Saint-Martin-de-la-Lieue
Bernay
Louviers
Gaillon
Sainte-Colombe
Vernon
Évreux
Giverny
Saint-Pierre-sur-Dives
Orbec
Broglie
La Ferrière-sur-Risle
Montamy
Vassy
Falaise
Vimoutiers
La Vieille-Lyre
Conches-en-Ouche
Prey
Mantes-la-Jolie
Ivry-la-Bataille
Saint-Germain-de-Tallevende
Condé-sur-Noireau
Trun
LeBourg-Saint-Léonard
Gacé
Glos-la-Ferrière
L'Aigle
Rugles
Breteuil-sur-Iton
Richebourg
Nonancourt
Sourdeval
Flers
Argentan
Verneuil-sur-Avre
Mortain
Briouze
Le Merlerault
Sainte-Gauburge-Sainte-Colombe
Brezolles
Dreux
Domfront
Rânes
Sees
Courtomer
Saint-Maurice-lès-Charencey
Châteauneuf-en-Thymerais
Le Teilleul
Couterne
La-Ferté-Macé
Belhomert-Guéhouville
Maintenon
Mortagne-au-Perche
Saint-Mard-de-Réno
La Loupe
Chartres
Pré-en-Pail
Lassay-les-Châteaux
Alençon
Ambrières-les-Vallées
Villaines-la-Johel
Bellême
Champrond-en-Gâtine
Mayenne
Mamers
Saint-Cosme-en-Vairais
Nogent-le-Rotron
La Hutte
Bais
Luigny
Voves
Bourgneuf-la-Forêt
Martigné
Sillé-le-Guillaume
Ballon
Bonnétable
La Ferté-Bernard
Chapelle-Royale
Brou
Évron
La Chapelle-Rainsouin
Savigné-l'Évêque
Bonneval
Laval
Conlie
Arrou
Chassillé
LE MANS
Vibraye
Châteaudun
Meslay-du-Maine
Allones
Mulsanne
Bouloire
Cloyes-sur-le-Loir
Saint-Cloud
Cossé-le-Vivien
Villers-Charlemagne
Sablé-sur-Sarthe
Chemiré-le-Gaudin
Saint-Calais
Sargé-sur-Braye
Saint-Prévay-la-Colombe
Moisy
Château-Gontier
Le Grand-Lucé
Danzé
Charsonville
Ceráns-Foulletourte
Saint-Hubert
Montoire-sur-le-Loir
Ouques
Miré
Morannes
Vendôme
Beaugency
Segré
La Flèche
Château-du-Loir
Lavardin
Champigne
Durtal
Le Lude
Saint-Amand-Longpré
Mer
Le Lion-d'Angers
Seiches-sur-le-Loir
Château-la-Vallière
Château-Renault
Blois
Château de Chambord
Avrillé
Baugé en Anjou
Herbault
Château Royal de Blois
Beaumont-la-Ronce
Cuon
Mazé
Semblançay
Château de Amboise
Autreche
Cheverny
ANGERS
Château de Chaumont
Château de Cheverny
Brissac-Quincé
Longue Jumelles
Gizeux
Château de Villandry
TOURS
Contres
Saint-Lambert-du-Lattay
Langeais
Joué-lès-Tours
Amboise
Montrichard
Château de Chenonceau
Saumur
Château d'Ussé
Montbazon
Abbaye Royale de Fontevraud
Château d'Azay-le-Rideau
Azay-le-Rideau
Cormery
Doué-la-Fontaine
Saint-Aignan
Chemillé
Fontevraud-l'Abbaye
Le Liège
Vihiers
Montreuil-Bellay
Chinon
Valençay
Sainte-Maure-de-Touraine
Loches
Nouans-les-Fontaines
Argenton-Château
Loudun
Richelieu
Thouars
Mauléon
Angliers
Descartes
Châtillon-sur-Indre
Drangé-Saint-Romain
Preuilly-sur-Claise
Bressuire
Airvault
Buzançais
Mirebeau
Azay-le-Ferron
Châteauroux
Arnailloux
Châtellerault
La Châtaigneraie
Futuroscope
Bonneuil-Matour
Tournon-Saint-Martin
Ayron
Saint-Gaultier
Parthenay
Poitiers
Le Blanc
Secondigny
Benassay
Chauvigny
Argenton-sur-Creuse
Fontenay-le-Comte
Chamdeniers
Valdivienne
La Trimouille
St-Maixent-l'École
Lusignan
Saint-Benoît-du-Sault
Eguzon
Venise Verte
Niort
Les Minières
Gençay
Lussac-les-Châteaux
Montmorillon
Mougon
Mouslimes
Melle
Usson-du-Poitou
Boussière-Poitevine
Beauvoir-sur-Niort
Chaunay
Le Dorat
La Souterraine
Surgères
Charroux
Saint-Sornin-Leulac
Chef-Boutonne
Sauzé-Vaussais
Pressac
Bellac
Aulnay
Ruffec
Laurière
Mortemart
St-Jean-d'Angély
Champagne-Mouton
Confolens
Matha
Aigre
Nieuil
Pontarion
Saintes
Chasseneuil-sur-Bonnieure
Chabanais
St-Junien
Saint-Leonard-de-Noblat
Rouillac
Rochechouart
LIMOGES
221
225
226
231

Magny-en-Vexin
Persan
24
Nanteuil-le-Haudouin
Brény
Bligny
D
E
F
Vernon
Arthies
Pontoise
Luzarches
Le Plessis-Belleville
222
Dizy
Giverny
Meulan
Cergy
Taverny
Fosses
Sarcelles
Saint-Supplets
Montreuil-aux-Lions
Château-Thierry
Épernay
54
St-Denis
Argenteuil
Sartrouville
Aubervilliers
Meaux
Montmort-Lucy
Nanterre
Colombes
Drancy
Aulnay-sous-Bois
Ferté-sous-Jouarre
Courbevoie
Clichy
PARIS
1
3
11 – 15
16 – 23
Boulogne-Billancourt
Ivry
Montreuil
Disneyland® Resort Paris
Montmirail
Champaubert
Bergères-lès-Vertus
Clamart
Issy
Villejuif
25
Coulommiers
Soizy-aux-Bois
Trappes
28
Champigny-sur-Marne
Créteil
Fontenay-Trésigny
Vaudoy-en-Brie
La Ferté-Gaucher
Fère-Champenoise
Le Perray-en-Yvelines
Versailles
Antony
Vitry-sur-Seine
Courgivaux
Sézanne
Gourgançon
Rambouillet
Orsay
Draveil
Chernay-la-Ville
Arpajon
Evry
Lissy
Guignes
Villenauxe-la-Grande
Anglure
Maintenon
Nangis
Provins
Bellancourt-sur-Essonne
Melun
Méry-sur-Seine
Arcis-sur-Aube
Ablis
Dourdan
Montigny-Lencoup
Jutigny
Barbizon
Nogent-sur-Seine
Romilly-sur-Seine
Authon-la-Plaine
Fontainebleau
Valence-en-Brie
Étampes
26
Montereau
Noyen-sur-Seine
Marigny-le-Châtel
Feuges
Allons
Pussay
Bourron
La Chapelle-la-Reine
Le Pavillon-Sainte-Julie
Malesherbes
Villecerf
Angerville
Pont-sur-Yonne
Villeneuve-l'Archevêque
53
Nemours
Allaines-Mervilliers
Puiseaux
Chéroy
Sens
Seine
Toury
Pithiviers
Aufferville
Saint-Mards-en-Othe
Escrennes
Saint-Valérien
Dordives
Beaumont-du-Gâtinais
Véron
Arces-Dilo
Cormainville
Saint-Cloud
Chevilly
Chillers-aux-Bois
Bellegarde
Montargis
Courtenay
Villeneuve-au-Chemin
Brienon-sur-Armançon
Saint-Florentin
Joigny
Loury
Ladon
Triguères
Orléans
Amilly
Migennes
Lorris
Aillant-sur-Tholon
Tonnerre
Châteauneuf-sur-Loire
58
Saint-Benoît-sur-Loire
Meung-sur-Loire
Sully-sur-Loire
Les Bordes
Sommecaise
Auxerre
Fleys
Yrouerre
Les-Bézards
Jouy-le-Potier
La Ferté-Saint-Aubin
Gien
Mézilles
Toucy
Champs-sur-Yonne
Nitry
Loire
Isdes
Merry-Sec
Château de Chambord
Lamotte-Beuvron
Briare
Saint-Fargeau
Joux-la-Ville
Aisy-sur-Armançon
Neung-sur-Beuvron
Coullons
Bonny-sur-Loire
Saint-Amand-en-Puisaye
Courson-les-Carrières
Blois
Brinon-sur-Sauldre
Aubigny-sur-Nère
Avallon
Château de Cheverny
Clamecy
Vézelay
Millancay
Salbris
Cosne-Cours-sur-Loire
Entrains-sur-Nohain
52
Saint-Père
228
Romorantin-Lanthenay
Neuvy-sur-Barangeon
Le Chapelle-d'Angillon
Varzy
Chastellux-sur-Cure
Sancerre
Corbigny
Montigny
Châteauneuf-Val-de-Bargis
Montsauche-les-Settons
Vierzon
Mehun-sur-Yevre
La Charité-sur-Loire
Sancergues
Valençay
Saint-Saulge
Château-Chinon
Pouges-les-Eaux
Guérigny
Vœu
Saint-Florent-sur-Cher
Bourges
Avord
Nevers
Tamnay-en-Bazois
Rouy
Levroux
Issoudun
Levet
La Guerche-sur-l'Aubois
Imphy
Châteauneuf-sur-Cher
Diors
Sancoins
Dezise
Fours
St-Amand-Montrond
Saint-Pierre-le-Moûtier
Luzy
Ardentes
Lignières
Neuville-les-Dezise
Cronat
Nohant-Vic
Nouvelle
Bouesse
La Châtre
Urcay
Cérilly
Boubon-Lancy
Gueugnon
Argenton-sur-Creuse
Châteaumaillant
Culan
Moulins
Ygrande
Dompierre-sur-Besbre
Digoin
Eguzon
La Chapelaude
Cosne-d'Allier
Châtel-de-Neuvre
Bordessoule
Montluçon
Dun-le-Palestel
Varenne-sur-Allier
Le Donjon
Lamaids
Durdat-Larequille
St-Pourçain-sur-Sioule
Lapalisse
Souterraine
Glénic
Parsac
Evaux-les-Bains
Billy
Guéret
Gouzon
Saint-Eloy-les-Mines
Vichy
La Pacaudière
Moutier-d'Ahon
Marcillat-en-Combraille
Saint-Yorre
Gannat
Roanne
Saint-Hillaire-le-Château
Saint-Gervais-d'Auvergne
Radnan
Villerest
Aubusson
Lupersat
Puy-Guillaume
Thuret
Maringues
Riom
Vendrange
La Villeneuve
Volvic
227
Saint-Leonard
Pontaumur
Thiers
Clairavaux
232
72
Lezoux
Noirétable
Puy de Dôme
Royat
CLERMONT-FERRAND
Boën

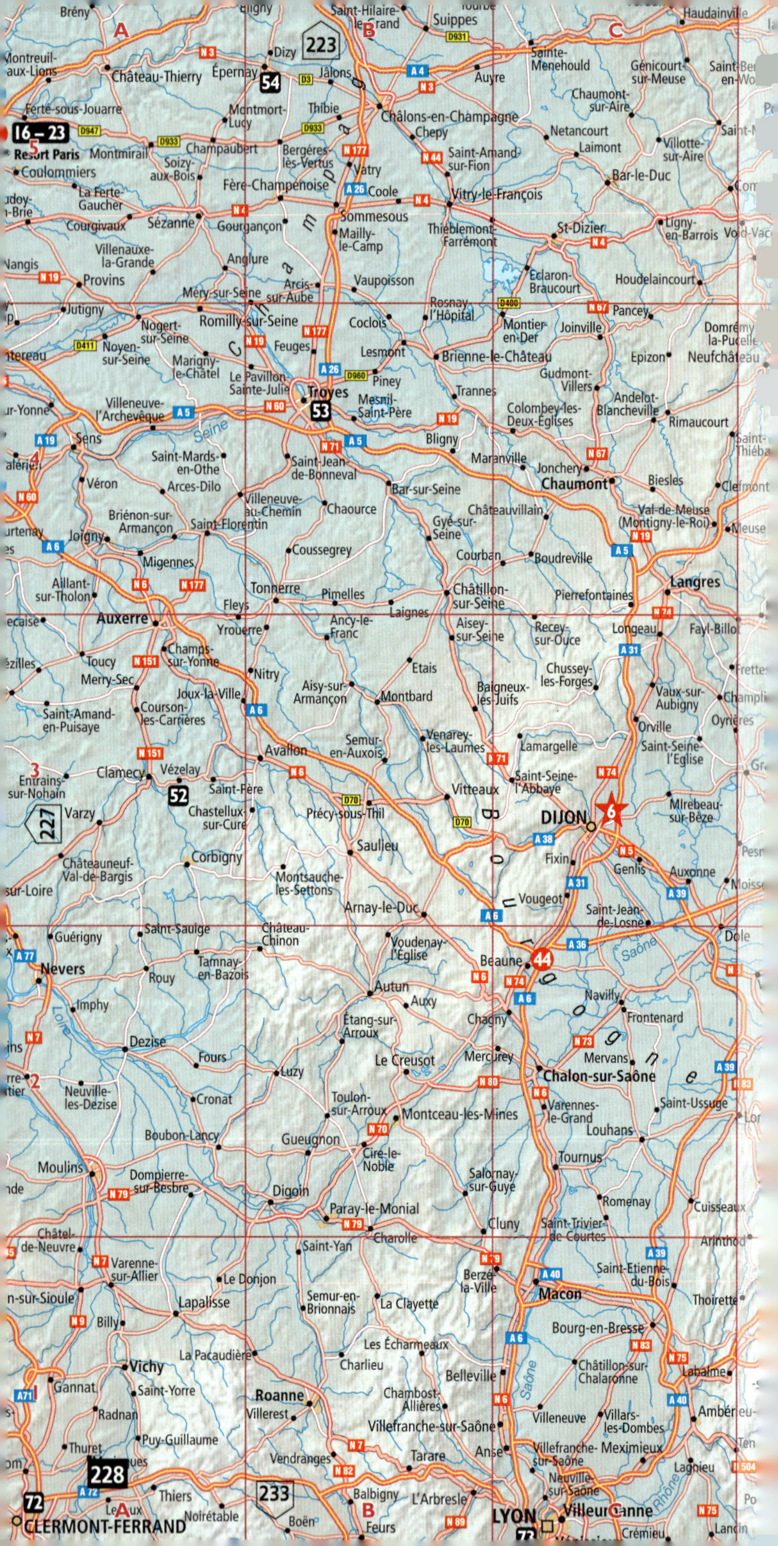

223
Saint-Hilaire-le-Grand
Suippes
Sainte-Menehould
Haudainville
Génicourt-sur-Meuse
Montreuil-aux-Lions
Château-Thierry
Épernay
54
Dizy
Jâlons
Auve
Chaumont-sur-Aire
Montmort-Lucy
Thibie
Châlons-en-Champagne
Chepy
Netancourt
Laimont
Villotte-sur-Aire
Ferté-sous-Jouarre
16 – 23
Resort Paris
Montmirail
Champaubert
Bergères-lès-Vertus
Vatry
Saint-Amand-sur-Fion
Bar-le-Duc
Coulommiers
Soizy-aux-Bois
La Ferté-Gaucher
Fère-Champenoise
Coole
Vitry-le-François
Courgivaux
Sézanne
Gourgançon
Sommesous
Mailly-le-Camp
Thiéblemont-Farémont
St-Dizier
Ligny-en-Barrois
Void-Vacon
Villenauxe-la-Grande
Anglure
Nangis
Provins
Vaupoisson
Eclaron-Braucourt
Houdelaincourt
Méry-sur-Seine
Arcis-sur-Aube
Jutigny
Romilly-sur-Seine
Rosnay-l'Hôpital
Coclois
Montier-en-Der
Joinville
Pancey
Domrémy-la-Pucelle
Nogent-sur-Seine
Noyen-sur-Seine
Marigny-le-Châtel
Feuges
Lesmont
Brienne-le-Château
Epizon
Neufchâteau
Le Pavillon-Sainte-Julie
Troyes
53
Piney
Gudmont-Villers
Villeneuve-l'Archevêque
Mesnil-Saint-Père
Trannes
Colombey-les-Deux-Églises
Andelot-Blancheville
Rimaucourt
Seine
Sens
Bligny
Maranville
Jonchery
Saint-Mards-en-Othe
Saint-Jean-de-Bonneval
Bar-sur-Seine
Chaumont
Biesles
Clefmont
Véron
Arces-Dilo
Villeneuve-au-Chemin
Chaource
Châteauvillain
Val-de-Meuse (Montigny-le-Roi)
Briénon-sur-Armançon
Saint-Florentin
Gyé-sur-Seine
Joigny
Coussegrey
Courban
Boudreville
Migennes
Langres
Aillant-sur-Tholon
Tonnerre
Pimelles
Châtillon-sur-Seine
Pierrefontaines
Fleys
Laignes
Auxerre
Yrouerre
Ancy-le-Franc
Aisey-sur-Seine
Recey-sur-Ource
Longeau
Fayl-Billot
Champs-sur-Yonne
Toucy
Merry-Sec
Nitry
Etais
Chussey-les-Forges
Joux-la-Ville
Aisy-sur-Armançon
Montbard
Baigneux-les-Juifs
Vaux-sur-Aubigny
Saint-Amand-en-Puisaye
Courson-les-Carrières
Orville
Semur-en-Auxois
Venarey-les-Laumes
Lamargelle
Saint-Seine-l'Eglise
Entrains-sur-Nohain
Clamecy
Vézelay
Avallon
Saint-Seine-l'Abbaye
52
Saint-Père
Vitteaux
Varzy
227
Chastellux-sur-Cure
Précy-sous-Thil
DIJON
6
Mirebeau-sur-Bèze
Saulieu
Fixin
Châteauneuf-Val-de-Bargis
Corbigny
Genlis
Auxonne
Montsauche-les-Settons
Vougeot
Arnay-le-Duc
Saint-Jean-de-Losne
Guérigny
Saint-Saulge
Château-Chinon
Voudenay-l'Église
Dole
Nevers
Tamnay-en-Bazois
Beaune
44
Rouy
Autun
Auxy
Imphy
Navilly
Étang-sur-Arroux
Chagny
Frontenard
Dezise
Fours
Le Creusot
Mercurey
Mervans
Chalon-sur-Saône
Neuville-les-Dezise
Luzy
Varennes-le-Grand
Saint-Ussuge
Cronat
Toulon-sur-Arroux
Montceau-les-Mines
Louhans
Boubon-Lancy
Gueugnon
Ciré-le-Noble
Tournus
Moulins
Dompierre-sur-Besbre
Salornay-sur-Guye
Romenay
Cuisseaux
Digoin
Paray-le-Monial
Cluny
Saint-Trivier-de-Courtes
Châtel-de-Neuvre
Saint-Yan
Charolle
Arinthod
Varenne-sur-Allier
Le Donjon
Saint-Etienne-du-Bois
Berzé-la-Ville
Macon
Lapalisse
Semur-en-Brionnais
La Clayette
Thoirette
Billy
Bourg-en-Bresse
Les Écharmeaux
Vichy
La Pacaudière
Charlieu
Châtillon-sur-Chalaronne
Belleville
Labalme
Gannat
Saint-Yorre
Roanne
Chambost-Allières
Saône
Radnan
Villerest
Villeneuve
Villars-les-Dombes
Ambérieu
Villefranche-sur-Saône
Puy-Guillaume
Thuret
Vendranges
Tarare
Anse
Villefranche-Meximieux-sur-Saône
Lagnieu
228
Neuville-sur-Saône
72
Thiers
233
Balbigny
L'Arbresle
Villeurbanne
Rhône
Lezoux
Noirétable
Boën
Feurs
LYON
Crémieu
Lancin
CLERMONT-FERRAND
Bourgogne
Champagne

Metz
46
223
Foulígny
Faulquemont
St-Avold
Sarreguemins
Bitche
Wissembourg
Niederbronn-les-Bains
KARLS
Rheinstetten
Durmersheim
Rastatt
Mars-la-Tour
Ars-s
Mousson
Pagny-sur-Mousson
Pont-à-Mousson
Han-sur-Nied
Solgne
Delme
Morhange
Sarralbe
Grostenquin
Sarre Union
Baerenthal
Pfaffenhoffen
Drulingen
Mittersheim
La Petite-Pierre
Haguenau
Iffezheim
Bühl
Saint-Mihiel
Flirey
Dieulouard
Château Salins
Dieuze
Moyenvic
Rauwiller
Sarrebourg
Saverne
Bischwiller
Commercy
Pompey
Toul
Nancy
47
Arracourt
Marmoutier
Vendenheim
Achern
Void-Vacon
Neuves-Maisons
Dombasle-sur-Meurthe
Lunéville
Blâmont
Abreschviller
STRASBOURG
43
Kehl
Oberkirch
Vaucouleurs
Xermaménil
Marainviller
Grandfontaine
Molsheim
Offenburg
Colombey-les-Belles
Tantonville
Magnières
Baccarat
Raon-l'Etape
Schirmeck
Obernai
Illkirch-Graffenstaden
Willstätt
Gengenbach
Saint-Blaise-la-Roche
Benfeld
Biberach
Charmes
Rambervillers
Gironcourt-sur-Vraine
Mirecourt
Girecourt-sur-Durbion
St-Dié-des-Vosges
Sainte-Marie-aux-Mines
Sélestat
Lahr
Haslach
Châtenois
Vittel
Begnecourt
Taon-les-Vosges
Bruyères
Château de Haut Kœnigsbourg
48
Herbolzheim
Elzach
Saint-Thiébault
Contrexéville
Épinal
Anould
Kaysersberg
49
Riquewihr
Marckolsheim
Emmendingen
Dombrot-le-Sec
Gérardmer
Colmar
50
DEUTSCHLAND
FREIBURG
Kirchzarten
Clefmont
Lamarche
Uzemain
Eloyes
Remiremont
Saint-Amé
Grand Ballon 1424 m
Eguisheim
Rouffach
Neuf-Brisach
Hinterzarten
Meuse
Plombières-les-Bains
Rupt-sur-Moselotte
Cornimont
Hartmannswillerkopf 956 m
Guebwiller
Bad Krotzingen
Bourbonne-les-Bains
Saint-Loup-sur-Semouse
Fougerolles
Ensisheim
Mühlheim
Todtnau
Luxeuil-les-Bains
Saint-Maurice-sur-Moselle
Servance
Thann
Cernay
Neuenburg
Schönau
Pierremont-sur-Amance
Mélisey
Giromagny
Mulhouse
Conbeaufontaine
Quers
Chamoille
Saulx
Lure
Belfort
Frais
Altkirch
Schopfheim
Wehr
Lörrach
Bad Säckingen
Frettes
Mont-Saint-Léger
Héricourt
Morvillars
Grandvillars
St-Louis
Rheinfelden
Champlitte
Vesoul
Villersexel
Feldbach
BASEL
Frick
Oyrières
Vellefaux
Esprels
Montbéliard
Audincourt
Ferrette
Liestal
Sissach
Fretigney-et-Velloreille
Médière
Porrentruy
Aesch
Aarau
Gray
Rioz
Mésandans
Clerval
Les Malletes
Laufen
Delémont
Olten
Aarburg
Oesingen
Pont-de-Roide
Baume-les-Dames
Moutier
Bonboillon
Roulans
Saignelégier
Zofingen
Pesmes
Besançon
51
Maîche
Solothurn
Langenthal
Moissey
Le Russey
Biel/Bienne
Grenchen
Willisau
Valdahon
Cibourg
Bieler See
Quingey
Ornans
Morteau
Burgdorf
Dole
Neuchâtel
Langenau im Emmental
Mouchard
Levier
Rizenbach
BERN
Vaudrey
Fleurier
Flamatt
Großhöchstetten
Portarlier
Les Verrières
Lac de Neuchâtel
SCHWEIZ
Poligny
Fribourg
Thun
Cerseau
Yverdon
Payerne
Jougne
Pont-du-Navoy
Champagnole
Romont
Latterbach
Interlaken
SUISSE
Pont-de-la-Chaux
La Sarraz
Boltingen
Reichenbach
Lons-le-Saunier
Echallens
Bulle
LAUSANNE
Kandersteg
Le Brassus
Orgelet
Morez
Allaman
Montbovon
Saanen
Meussia
Le Cure
Vevey
Moirans-en-Montagne
Lac Léman
Montreux
Nyon
Meillerie
Thonon-les-Bains
Goppenstein
Le Sepey
Saint-Claude
Gex
Sierre
Douvaine
Le Biot
Monthey
Sion
Stalden
Dortan
GENÈVE
Saint-Maurice
Oyonnax
Péron
Annemasse
Pont-de-Plagnettes
Rhône
Evolène
Martigny
Saxon
Saas Fee
La Roche-sur-Foron
Bonneville
Taninges
Zermatt
Bellegarde-sur-Valserine
Valleiry
Cluses
Sembrancher
Arolla
Matterhorn
Cruseilles
Scionzier
Mauvoisin
4478 m
Dufourspitze
4634 m
Hauteville-Lompnes
Le Plot
Chamonix-Mont-Blanc
Breuil-Cervinia
Tenay
Seyssel
Saint-Jean-de-Sixt
75
Mont Blanc 4808 m
Courmayeur
Etroubles
Antagnod
Rumilly
Annecy
Lac d'Annecy
229
St. Vincent
Coloz
Duingt
Megève
234
Nus
Pogieu
Belley
Lac du Bourget
Doussard
Ugine
Aosta
Verrès
Virignin
La Thuile
A 4
A 31
A 35
A 36
A 40
A 41
N 57
N 19
N 83
N 4
N 5

A
B
C
225
Ronce-les-Bains
N 137
Saintes
de-Villefranche
Rouillac
N 10
Nancras
N 141
Cognac
93
N 150
Pisany
D733
Saint-Palais-sur-Mer
A 10
Royan
D730
Gémozac
Châteaubernard
Roullet-Saint-Estèphe
Angoulême
Le Verdon-sur-Mer
Cozes
Pons
Archiac
5
N 215
Saint-Fort-sur-Gironde
Jonzac
St-Hilaire
La Rochebeaucourt-et-Argentine
Gironde
Vendays-Montalivet
Valeyrac
Mirambeau
N 10
Lesparre-Médoc
Chevanceaux
Saint-Estèphe
Montendre
Chalais
Pauillac
Hourtin
Lac d'Hourtin Carcans
Blaye
Cavignac
La Roche-Chalais
Saint-Aulaye
N 10
Margaux
A 10
Coutras
Montpon-Ménestérol
Mussidan
Lacanau-Plage
Lacanau
Saint-Germain-de-la-Rivière
N 89
Salaunes
N 215
10
Libourne
Le Porge
BORDEAUX
Saint-Émilion
N 89
Mérignac
95
Saint-Foy-la-Grande
Lège
Blagon
Garonne
Castillon-la-Bataille
4
Pessac
Créon
Andernos-les-Bains
A 62
Bassin d'Arcachon
Marcheprime
Langoiran
Sauveterre-de-Guyenne
Pyla-sur-Mer
A 63
Jauge
N 113
Gujan-Mestras
Biganos
N 10
Le Barp
Sainte-Croix-du-Mont
Levignac-de-Guyenne
Mios
Étang de Cazaux et de Sanguinet
Belin-Béliet
Hostens
Langon
La Réole
Marmande
Côte d'Argent
Sanguinet
Biscarrosse-Plage
Saint-Symphorien
Bazas
A 62
Biscarrosse
N 10
Moustey
Grignols
Liposthey
Pontenx-les-Forges
Sore
Captieux
Casteljaloux
Fargues-sur-Ourbise
Trensacq
Mimizan
D932
D933
Sabres
Escource
Houeillès
N 134
Labrit
Saint-Julien-en-Born
3
Garein
G
a
s
c
o
g
n
e
Roquefort
Lapeyrade
Golfe de Gascogne
Saint-Girons-en-Marensin
Le Souquet
Rion-des-Landes
Saint-Justin
Fourcès
Castets
Mont-de-Marsan
D934
Villeneuve-de-Marsan
Moliets-et-Maa
Tartas
Vieux-Boucau-les-Bains
Eauze
Valence-sur-Baïse
N 10
D933
Saint-Paul-lès-Dax
N 124
Saint-Sever
N 124
Capbreton
A 63
Dax
Monfort-en-Chalosse
Aire-sur-l'Adour
Vic-Fezensac
Benesse-Marenne
Hagetmau
Labenne
Pomarez
Riscle
Peyrehorade
Momuy
N 117
Adour
Puyôo
Sarron
Bassoues
96 Biarritz
Bayonne
A 64
Orthez
Bouelho
St-Jean-de-Luz
A 63
Briscous
D933
Escos
Sauveterre-de-Béarn
A 64
N 134
Lembeye
Maubourget
Iruña
AP-8
Ustariz
97
Lacq
Pasaia
2
Donostia-San Sebastián
Ainhoa
Saint-Palais
Morlaàs
Vic-en-Bigorre
Bera
Navarrenx
Andoain
Urdax
Lacreveau
Mauléon-Licharre
Pau
N 117
Andrest
N-121-A
Eratzu
Soumoulou
Tarbes
Doneztebe
St-Jean-Pied-de-Port
D933
Oloron-Ste-Marie
D940
Pontacq
N 134
A 64
Leitza
Almándoz
Coarraze
N 21
Asasp-Arros
Pic de Orhy 2017 m
Tardets-Sorholus
Lovie-Juzon
98
Bagnières-de-Bigorre
N-121-A
Savon 1428 m
Lourdes
A-10
Burguete
Becouse
Argelès-Gazost
Olague
A-15
N-135
Ochagavia
Eaux-Bonnes
urtzun
Etsaut
Gabas
La Mongie
Ezcároz
Pic du Midi d'Ossau 2884 m
AP-15
Pamplona
Luz-Saint-Sauveur
Roncal
N 134
Aoiz
Pic d'Ardent 2988 m
Noáin
Aragnouet
Pisaurin 2668 m
A-21
Sallent de Gallego
A-12
Campanas
Lumbier
Navascués
Gavarnie
Puente la Reina
Canfranc-Estación
1
Biescas
Monte Perdido 3355 m
Bielsa
Tafalla
N-121
Liédena
N-330
Jaca
N-260
Broto
Sangüesa
Embalse de Yesa
A-21
A-23
A138
ESPAÑA
Puente la Reina de Jaca
Sos del Rey Católico
Sabiñánigo
230
Adosilla
Castejón de Sos
AP-15
A
Carcastillo
B
Boltaña
Ainsa
Ebro
Caparroso
Languarts
C
Embalse

Rochechouart
LIMOGES
de-Noblat
226
Pontaumur
Puy
Clairavaux
La Rochefoucauld
Angoulême
Saint-Mathieu
Châlus
Nexon
Neuvic-Entier
Clairavaux
La Courtine
Merlines
Lacelle
Dignac
Pluviers
St-Yrieix-la-Perche
Masseret
Meymac
Ussel
Saint-Jean-de-Côle
Ségur-le-Château
Uzerche
Égletons
Bort-les-Orgues
Brantôme
Lanouaille
Concèze
Marcillac-la-Croisille
Riom-ès-Montagnes
Château-l'Évêque
Périgueux
Hautefort
Objat
Tulle
Mauriac
Saint-Aulaye
Cornil
Neuvic
Le Lardin-Saint-Lazare
Brive-la-Gaillarde
Saint-Martin-Valmeroux
Mussidan
La Douze
Terrasson-Lavilledieu
Turenne
Argentat
Lascaux
90
Montvert
Pont-Saint-Mamet
Sarlat-le-Canéda
Martel
Aurillac
Saint-Foy-la-Grande
Beynac-et-Cazenac
94
La Roque-Gageac
Bretenoux
Bergerac
St-Céré
Cayrols
Margueron
Beaumont-du-Périgord
Belvès
Domme
Gramat
Aynac
Lafeuillade-en-Vézie
Gourdon
Maurs
La Sauvetat-du-Dropt
Villeréal
Monpazier
Le Bourg
Pont-de-Rhodes
Grèzes
Figeac
Capdenac-Gare
Decazeville
Marmande
Monflanquin
Puy-l'Évêque
Catus
Villeneuve-sur-Lot
Tournon-d'Agenais
Cahors
Concots
Villeneuve
Cavagnac
Valady
Tonneins
Bach
Memer
Villefranche-de-Rouergue
Rodez
Laroque-Timbaut
Montouq
Aiguillon
Lauzerte
Puylaroque
Sanvensa
Baraqueville
Agen
Castelculier
Le Salvetat-Peyralès
Nérac
Saint-Antonin-Noble-Val
Cassagnes-Bégonhès
Laplume
Valence
Moissac
Lafrançaise
Caussade
Laguépie
Garonne
Tanus
232
Bruniquel
Condom
Sainte-Mère
Castelsarrasin
Montauban
Cordes-sur-Ciel
Carmaux
Réquista
Bonrepaux
Albi
Villefranche-d'Albigeois
Montech
Gaillac
89
Fleurance
Saint-Clar
Beaumont-de-Lomagne
Labastide-Saint-Pierre
Salvagnac
Rabastens
Grenade
Ordan-Larroque
Mauvezin
Launaguet
Réalmont
Roquecézière
Aussonne
L'Isle-Jourdain
Lavaur
Auch
Gimont
TOULOUSE
88
Vencine
Castres
Le Salvetat-sur-Agout
Cugnaux
Soual
Mirande
Samatan
Caraman
Labruguière
Muret
Villefranche-de-Lauragais
Mazamet
Rabastens-de-Bigorre
Molas
Rieumes
Les Martys
Trie-sur-Baïse
Saint-Michel-de-Lanès
Castelnaudary
Rebirechioulet
Villegailhenc
Pezens
Carcassonne
Monlong
Montesquieu-Volvestre
Saverdun
Mayreville
Fanjeaux
7
Lannemezan
St-Gaudens
Pamiers
Sainte-Croix-Volvestre
Les Pujols
La Barthe-de-Neste
Barbazan
Mane
Limoux
Peyrefitte-du-Razès
Juzet-d'Izaut
Saint-Girons
Foix
Laroque-de-Fa
Saint-Bat
Lacourt
Lavelanet
Couiza
Arreau
Argain
Nalzen
Foa
Tarascon-sur-Ariège
Quillan
Pic Rouge de Bassiès
2676 m
Axat
Bagnères-de-Luchon
Unac
Caudiès-de-Fenouillèdes
Vielha
Banqueira
99
Ax-les-Thermes
Carcanières-les-Bains
Benasque
Pic de Aneto
3408 m
Esterri d'Aneu
L'Hospitalet
Prades
Soldeu
Pic Carlit
Olette
Encamp
2921 m
231
Pic de Peguera
2983 m
Llavorsi
Andorra la Vella
Mont-Louis
Arles-sur-Tech
El Pont de Suert
Campo
Sort
La Seu
Puigcerda
Saillagousa

Clermont-Ferrand
Puy de Dôme
Massif Central
Auvergne
Brive-la-Gaillarde
Aurillac
St-Flour
Le Puy-en-Velay
Mende
Rodez
Millau
Gorges du Tarn
Albi
Montpellier
Béziers
Narbonne
Carcassonne
Castres
Perpignan
Golfe
Bassin de Thau
Etang de Leucate ou de Salses
Plomb du Cantal 1855 m
Puy de Sancy 1885 m
Puy Mary 1787 m
Signal de Mailhebiau 1469 m
227
231
232
72
77
78
79
89
7

D
E
F
Balbigny
L'Arbresle
Boën
Feurs
LYON
73
Villeurbanne
Vénissieux
Crémieu
228
Lancin
Pogieu
Belley
Virignin
Lac du Bourget
Duingt
Doussard
Albertville
Sainte-Foy-l'Argentière
Montrond-les-Bains
Saint-Priest
Trept
Morestel
Borca
Chambéry
Givors
Bourgoin-Jallieu
La Tour-du-Pin
Saint-Priest-en-Jarez
Andrézieux-Bouthéon
Rive-de-Gier
Vienne
74
Les Abrets
Aiguebe
Epierre
Saint-Chamond
ST-ÉTIENNE
Firminy
Le Chambon-Feugerolles
Campier
Chirens
Les Echelles
Jarcieu
Voiron
Le Touvet
Saint-Etienne-de-Cuines
Bourg-Argental
Monistrol-sur-Loire
Le Rival
Voreppe
Annonay
Hauterives
Andance
GRENOBLE
76
Rovon
Saint-Macellin
Marges
Montfaucon-en-Velay
Sarras
Pic de l'Entern
3468 m
Romans-sur-Isère
Saint-Romans
Le Pont-de-Claix
Rochetallée
Tournon-sur-Saône
Saint-Julien-Chapteuil
Saint-Marcel-lès-Valence
Saint-Jean-en-Royans
Lamastrel
Saint-Péray
La Mure
La Bérade
Mt. Mezenc
1753 m
Valence
Monestier-de-Clermont
Le Cheylard
Le Béage
Etoile-Rhône
Clelles
Corps
Saint-Firmin
Livron-sur-Drôme
Die
Lanarce
Thuyets
Vercheny
Saint-Bonnet
Privas
Crest
Lus-la-Croix-Haute
Cruas
La Bastide-Puylaurent
Aubenas
Luc-en-Diois
Gap
Chorge
Montélimar
Saint-Nazaire-le-Désert
Lavilledieu
Le Teil
Aspres-sur-Buëch
Tallard
Joyeuse
Bouvières
Viviers
Grignan
Serres
LaSaulce
Lac de Serre-Ponçon
Pierrelatte
Rosans
Valréas
Nyons
Maison-Neuve
Thèze
Saint-Auban-sur-l'Ouvèze
234
Saint-Ambroux
Authon
Pont-Saint-Esprit
Tulette
Vaison-la-Romaine
Sisteron
Bollène
Bagnols-sur-Cèze
Mornas
Salles-Gardon
Malaucène
Montbrun-les-Bains
Château-Arnoux
Orange
Saint-Privat-des-Vieux
Sault
Alès
Sarrians
St-Auban
Digne
Euzet
Connaux
Carpentras
Châteauredon
Uzès
Pouzilhac
Lédignan
Pernes-les-Fontaines
Saint-Saturnin-d'Apt
Lurs
Pont du Gard
70
Avignon
9
La Bégude-Blache
Mane
Remoulins
Apt
NÎMES
Coustellet
Riez
Montfrin
Vic-le-Fesq
Cavaillon
Manosque
Allemagne-en-Provence
Sommières
Tarascon
Beaucaire
St-Rémy-de-Provence
Mérindol
Cadenet
Vinon-sur-Verdon
Bouillargues
80
Les-Baux-de-Provence
Mirabeau
Quinson
Durance
Lunel
St-Gilles
8
Arles
St-Martin-de-Crau
Pertuis
Salon-de-Provence
Varages
L'Albaron
Mas Thibert
Miramas
Lancon-Provence
AIX-EN-PROVENCE
Barjols
Aigues-Mortes
Étang de Vacarres
Berre-l'Étang
81
La Grande Motte
Camargue
Istres
Étang de Berre
Gardanne
St-Maximin-le-St-Baume
Carcès
Rhône
Martigues
Stes-Maries-de-la-Mer
Peypin
Brignoles
L'Estaque
Auriol
Port-Saint-Louis-du-Rhône
Carry-le-Rouet
Allauch
Aubagne
Méounes-les-Montrieux
MARSEILLE
82
Le Camp-du-Castellet
Pierrefeu-de-Var
Cassis
Calanques
La Ciotat
Bandol
TOULON
La Seyne-sur-Mer
Hyères
du Lion
La Tour-Fondue
Mer Méditerranée
D
E
F

Pogieu
Belley
Lac du Bourget
Duingt
Annecy
Ugine
Megève
Virignin
Borca
Doussard
Albertville
Morestel
Chambéry
La Bathie
Aime
Seez
La Thuile
Aosta
Introd
Verrès
Cogne
Pont-St. Martin
Aiguebelle
Moûtiers
Val-d'Isère
Pont
Locana
Courgnè
Les Echelles
Chirens
Voiron
Le Touvet
Epierre
Saint-Etienne-de-Cuines
Chambre
Lanslebourg-Mont-Cenis
Lanzo Torinese
Feletto
Viù
Voreppe
Saint-Jean-de-Maurienne
Caselle Torinese
Settimo Torinese
GRENOBLE
Rovon
Modane
Bussoleno
Susa
Avigliana
Rivoli
TORINO
Moncalieri
Pic de l'Entendard 3468 m
La Grave
Salbertrand
Pragelato
Perosa Argentina
Le Pont-de-Claix
Rochetallée
Le Monêtier-les-Bains
Cesena Torinese
Pinerolo
Airasca
Villastellone
La Mure
La Bérade
Briançon
Bobbio Pellice
Carmagnola
Monestier-de-Clermont
Corps
Clelles
La Roche-de-Rame
Château-Queyras
Cavour
Racconigi
Saint-Firmin
Savigliano
Saint-Bonnet
Ociéres
Lus-la-Croix-Haute
Mont-Dauphin
Pontechianale
Saluzzo
Luc-en-Diois
Sampeyre
Verzuolo
Fossano
Chorges
Embrun
Gap
Busca
Saint-Paul-sur-Ubaye
ITALIA
Aspres-sur-Buëch
Tallard
La Lauzet-Ubaye
Grd. Parpeillon
Cuneo
Mondovì
Serres
LaSaulce
Lac de Serre-Ponçon
2988 m
Argentera
Seyne
Barcelonnette
Pianche
Borgo San Dalmazzo
Rosans
Thèze
Saint-Laurent
Demonte
Saint-Auban-sur-l'Ouvèze
Authon
Mont Pelat 33501 m
Limone Piemonte
Beaujeu
Entraunes
Sisteron
Montbrun-les-Bains
Château-Arnoux
Guillaumes
Digne-les-Bains
St-Auban
Saorge
Saint-Saturnin-d'Apt
Châteauredon
Saint-André-les-Alpes
Annot
Puget-Théniers
Lantosque
Lurs
Mane
Entrevaux
Touet-sur-Var
Sospel
Apricale
Apt
La Bégude-Blache
Plan-du-Var
Riez
Moustiers-Ste-Marie
L'Escarène
Manosque
Thorenc
Menton
Bordighera
Allemagne-en-Provence
Gorges du Verdon
MONACO
Vinon-sur-Verdon
La Bastide
Cagnes-sur-Mer
NICE
Mirabeau
Quinson
Bargème
Grasse
Pertuis
Montferrat
Antibes
Varages
Fayence
Cannes
AIX-EN-PROVENCE
Barjols
Draguignan
Carces
Le Muy
St-Maximin-le-St-Baume
Gardanne
Fréjus
St-Raphaël
Peypin
Brignoles
Auriol
Le Luc
Allauch
Aubagne
Méounes-les-Montrieux
Grimaud
Ste-Maxime
St-Tropez
Le Camp-du-Castellet
La Môle
Cassis
Pierrefeu-de-Var
La Ciotat
Bandol
TOULON
Cavalaire-sur-Mer
Le Lavandou
La Seyne-sur-Mer
Hyères
La Tour-Fondue
Côte d'Azur
Mer Méditerranée
Provence
Alpes
Dauphiné
A
B
C

A
Ainhoa 190
Aix-en-Provence 168–169
  Musée Granet 169
Alabaster-Küste 96
Albi 185
  Cathédrale Sainte-Cécile 185
  Musée Toulouse-Lautrec 185
Amboise 141
Angers 143
Anreise 32–38, 211
Antibes 170
  Musée Picasso 171–172
Apotheken 214
Aquarien
  Aquarium La Rochelle 190
  Musée de la Mer, Biarritz 189
Arc de Triomphe, Paris 13, 62
Architektur 20
Arles 156–157
  Arena 156
  Espace Van Gogh 156
  Musée Départemental Arles Antique 156
Asterix 30, 98
Ausgehen 42, 80, 126, 146, 176, 194
Auto fahren 35, 211
Avignon 158–159
  Musée Angladon 159
  Palais des Papes 158
  Pont St-Bénézet 159
Azay-le-Rideau 138–139
  Eglise St-Symphorien 139

B
Ballons des Vosges, Parc Naturel Régional des 201–203
Balzac, Honoré de 22
Banken 41, 211, 212
Bartholdi, Frédéric Auguste 120
Basilique St-Rémi, Reims 112
Basilique St-Sernin, Toulouse 184
Baskenland 190
Bayeux 93
  Kathedrale Notre Dame 93
  Musée de la Tapisserie 93
  Musée Mémorial de la Bataille de Normandie 93
Beaune 116–117
  Hôtel-Dieu 116
  Moutarderie Fallot 116
  Museé des Beaux-Arts 117
  Musée du Vin de Bourgogne 116
Beauvoir, Simone de 22
Behinderte, Einrichtungen für 214
Bergerac 194
Besançon 121
Biarritz 189
  Musée de la Mer 189
  Musée du Chocolat 190
Bistros 40
Blois 136
Bordeaux 182–183
  CAPC Musée d'Art Contemporain 183
  Cathédrale St-André 182
  Grand Théâtre 182
  Maison du Vin de Bordeaux 182
  Musée des Beaux-Arts 183
Bordeaux (Wein) 16, 17, 182
Botschaften 214
Boudin, Eugène 97
Braque, Georges 27, 68
Brasserien 40
Bussang (Büssingen) 203
Busse 34

C
Cafés und Bars 40, 80, 126, 176, 194
Camargue 156–157
  Étang de Vaccarès 156
  Flamingos 156
  Réserve Nationale de Camargue 157
Camping 37
Canal du Midi 155
Cannes 170
Cap Fréhel 199–200
Carcassonne 154–155
Carnac 98
Carnac-Plage 98
Casinos 42, 102, 171, 176, 189, 194
Cathédrale de Notre-Dame (Liebfrauenmünster), Strasbourg 113–115
Cathédrale Notre-Dame de Reims 112
Cathédrale St-André, Bordeaux 182
Causses 163, 167
Centre Georges Pompidou, Paris 21
Cézanne, Paul 27, 68, 169
Chagall, Marc 65, 118, 152
Chamonix 165
Champagner 15–17, 112, 122, 126
Champs-Élysées, Paris 62
Chanel, Coco 28
Chantilly 70
Chartres 71
Château d'Amboise 141
Château d'Azay-le-Rideau 138
Château de Bienassis 200
Château de Chambord 132–135
Château de Chaumont 140
Château de Chenonceau 137
Château de Cheverny 140
Château de Haut-Kœnigsbourg 119
Château de La Bourbansais 98
Château de la Hunaudaye 199
Château de Villandry 141
Château d'If 169
Château d'Ussé 142
  Château de Villandry 141
Château Royal de Blois 136
Châteaux, Übernachtung 37
Chinon 142
Circuit de Souvenir (Rundgang der Erinnerung) 96
Circuit du Débarquement 97
Cirque de Gavarnie 190
Citadelle Souterraine, Verdun 118
Clermont-Ferrand 164
  Vulcania (Themenpark) 164
Cocteau, Jean 204
Cognac 188
Colmar 120
  Musée d'Unterlinden 120
Comédie Française 42
Comics 30
Commune 18
Corneille, Pierre 92
Côte d'Albâtre 96
Côte d'Azur 170, 204–206
Côte d'Émeraude 199–200
Côtes d'Armor 199

D
Dalí, Salvador 27, 198
D-Day, Strände 97
Degas, Edgar 27, 59, 152
Delacroix, Eugène 14
Derain, André 27
Dieppe 96–97
Dijon 108–109
  Musée des Beaux-Arts 108
  Senf 109
Dinan 97
Dior, Christian 28
Disneyland® Resort Paris 70
Dolmen 98

E
Église Monolithe, St-Émilion 189
Eglise St-Symphorien, Azay-le-Rideau 139
Eiffelturm, Paris 60–61
Einkaufen 41, 78–79, 125–126, 146, 175, 193
Elektrizität 212
Épernay 122
Ermäßigungen 34, 214
  Avignon Pass'ion 159
  Carte Rouen Vallée de Seine en Liberté 92
  City Pass Angers Loire Valley 143
  French Riviera Pass 153
  Lille Metropole 111
  Pass Dijon-Côte de Nuits 109
  Pass Pays Beaunois 117
  Strasbourg Pass 115
  Toulouse en Liberté 184
Erquy 200
Espace Dalí, Paris 198
Essen und Trinken 24–25, 38–40, 77–78, 124–125, 145, 173–174, 192
Étang de Vaccarès 156
Étretat 96
Eurostar 110

F
Fahrad fahren 37, 42, 115, 157, 168, 187
Falaise d'Aval 96
Fallot, Moutarderie, Beaune 116
Fécamp 96
Feiertage 212
Flamingos 156
Flaubert, Gustave 23, 91
Fleury-devant-Douaumon 118
Flugzeug 211
Fontainebleau 71
Fontevraud, Abbaye Royale de 143
Fort la Latte 199
Franz (François) I. 71, 133, 134, 136
Französische Revolution 12–14
Französisches Fremdenverkehrsamt 210–211
Futuroscope 187

G
Gärten & Parks
Château de Chaumont 140
Château d'Ussé 142
Jardin d'Altitude du Haut-Chitelet 202
Jardin des Tuileries, Paris 67
Jardin Sauvage, Paris 197
Parc de la Turlure, Paris 197
Parc Naturel Régional Loire-Anjou-Touraine 142
Versailles 72–74
Gauguin, Paul 27
Gaultier, Jean-Paul 28
Geldautomaten 211
Geldwechsel 211
Gérardmer 201, 203
Gesundheit 214
Gîtes de France 37
Giverny 96
Gogh, Vincent van 27, 59, 156, 159, 196
Gorges du Tarn 167
Gorges du Verdon 162–163
Grasse 171
Grenoble 166
Centre National d'Art Contemporain 166
Musée de Grenoble 166

H
Haute Couture 28–29
Hochkönigsburg 119
Höhlen 163, 186, 188
Honfleur 97
Maisons Satie 97
Musée Eugène Boudin 97–98
Hotels 37
Hugenotten 141
Hugo, Victor 22, 48, 56, 69, 121
Hundertjähriger Krieg 138

I
If, Château d' 169
Inlandsflüge 33
Internet 213
Isenheimer Altar, Colmar 107, 120

J
Jardin d'Altitude du Haut-Chitelet, Vogesen 202
Jardin des Tuileries, Paris 67
Jeanne d'Arc 91–92, 142
Jugendherbergen 37

K
Kerlescan 98
Kermario 98
Kinder, spezielle Angebote 214
Aquaboulevard, Paris 68
Aquarium La Rochelle 190
Astronomische Uhr, Besançon 122
Benediktinerabtei Le Prieuré 144
Buggy Cross, Mougins 169
Château de La Bourbansais, Dinan 98
Château de la Hunaudaye 199
Disneyland® Resort Paris 70
Futuroscope 187
Gorges du Verdon 169
Hundemeute, Château de Cheverny 140
Jardin d'Acclimatation, Paris 68
La Villette, Paris 68
Ludo, Nîmes 160
Musée de la Mer, Biarritz 189
Parc Astérix, Plailly 98
Planète Sauvage, Port St-Père 141
Senf-Manufaktur Fallot, Beaune 122
Tim & Struppi Ausstellung, Château de Cheveny 140
Vulcania, Clermont-Ferrand 164
Weihnachtsmärkte, Strasbourg 122
Zoo, Doué-la-Fontaine 141
Klein, Yves 152
Krankenversicherung 214
Kreditkarten 41, 211
Kunst 26–27

L
Lamballe 199
Landung der Alliierten in der Normandie 97
Langeais 142
La Rochelle 190, 194
Lascaux 186
La Turbie 206
Le Corbusier 21
Le Havre 21, 96
Le Mans 42, 143
Le Ménec 98
Leonardo da Vinci 54, 141
Le Puy-en-Velay 166
Les Baux-de-Provence 168
Le Val-André 200
Levens 206
Lille 110–111
Maison Natale Général de Gaulle 111
Palais des Beaux-Arts 110–111
Zentrum Euralille 111
Literatur 22–23
Logis de France 37
Loire-Anjou-Touraine, Parc Naturel Régional 142
Loire, Val de 127–143
Lourdes 190
Louvre, Paris 14, 53
Ludwig (Louis) XIV. 12, 53, 68, 74, 111
Lyon 164
Musée de la Civilisation Gallo-Romaine 165
Musée des Beaux-Arts 165
Musée des Tissus et des Arts Décoratifs 165

M
Magritte, René 27
Maison Carrée, Nîmes 160
Manet, Edouard 26
Marianne 14
Marie-Antoinette 12, 49, 74
Marseillaise 14
Marseille 169
Château d'If 169
La Vieille Charité 169
Martel, Édouard-Alfred 162–163
Massif Central (Zentralmassiv) 164
Matisse, Henri 27, 59, 65, 68, 152
Maupassant, Guy de 22, 61
Medikamente 214
Megalithkultur 98
Mehrwertsteuer 214
Menhire 98
Menton 204, 206
menu du *jour* 40
Mercantour, Parc National du 205
Mer de Glace, Mont Blanc 166
Métro 36
Metz 118
Mietwagen 36
Millau, Viaduc de 20
Miró, Joan 27
Mobilfunkanbieter 213
Mode 28–29, 41, 79, 175
Moebius (Jean Giraud) 30
Monaco 171
Monet, Claude 26, 59, 96
Montaigne, Michel Eyquem de 183
Mont Blanc 165–166
Monte Carlo 42, 171
Montmartre, Paris 78, 80, 196–198
Montpellier 167–168
Musée Fabre 167
Place de la Comédie 167
Mont Saint-Michel 86–89
Motorsport 42, 143
Mougins 169
Musée Alsacien, Strasbourg 114
Musée Automobile de la Sarthe, Le Mans 143

Musée d'Art Moderne et d'Art Contemporain, Nice 152
Musée de la Préhistoire des Gorges du Verdon, Quinson 163
Musée de la Tapisserie, Bayeux 93
Musée des Arts Asiatiques, Nice 152
Musée des Beaux-Arts, Angers 143
Musée des Beaux-Arts, Dijon 108–109
Musée des Beaux-Arts, Lyon 165
Musée des Beaux-Arts, Nice 152
Musée des Beaux-Arts, Rouen 91
Musée d'Histoire de la Médicine, Rouen 91–92
Musée d'Orsay, Paris 58–59
Musée du Louvre, Paris 14, 53–54
Musée d'Unterlinden, Colmar 121
Musée et Sites Archéologique de St-Romain-en-Gal, Vienne 165
Musée Eugène Boudin, Honfleur 97–98
Musée Fabre, Montpellier 167
Musée Flaubert, Rouen 91
Musée Henri Matisse, Nice 152
Musée Jean-Cocteau, Menton 204
Musée Mémorial de la Bataille de Normandie, Bayeux 93
Musée National d'Art Moderne (MNAM), Paris 64, 65
Musée National du Moyen Âge – Thermes de Cluny, Paris 55–56
Musée National Marc Chagall, Nice 152
Musée Picasso, Antibes 171–172
Musée Picasso, Paris 68
Musée Rodin, Paris 66–67
Musée Toulouse-Lautrec, Albi 185
Musée Vivant du Cheval, Chantilly 70
Musikfestivals 42

N
Nachtleben 42
Nancy 118, 119
  Musée de l'École de Nancy 119
Napoléon Bonaparte 12–13, 62, 67, 171
Nice/Nizza 152–153
  Karneval 153
  Musée d'Art Moderne et d'Art Contemporain 152
  Musée des Arts Asiatiques 152
  Musée des Beaux-Arts 152
  Musée Henri Matisse 152
  Musée National Marc Chagall 152
Nîmes 160–161
  Amphitheater 160
  Jardin de la Fontaine 160
  Maison Carrée 160
  Musée d'Art Contemporain (Carré d'Art) 160
  Pont du Gard 160–161
  Tour Magne 160
Notre-Dame de Paris 48–51
Notre Dame du Haut, Ronchamp 21
Notrufnummern 213

O
Öffentlicher Nahverkehr 36
Öffnungszeiten 41, 212
Opéra de Paris 42

P
Papiere, wichtige 210
Parc Astérix, Plailly 98
Parc National du Mercantour 205
Parc Naturel Régional des Ballons des Vosges 201–203
Parc Naturel Régional Loire-Anjou-Touraine 142
Parfüm 41, 171
Paris 43–69
  Aquaboulevard 68
  Arc de Triomphe 62–63
  Centre Georges Pompidou 64–65
  Champs-Élysées 62–63
  Cimetière du Père-Lachaise 69
  Comédie Française 42
  Conciergerie 49
  Disneyland® Resort Paris 70
  Espace Dalí 198
  Hôtel des Invalides 67
  Île de la Cité 48–52
  Invalidendom (Église du Dôme) 67
  Jardin d'Acclimatation 68
  Jardin des Tuileries 67
  Jardin Sauvage 197
  La Sorbonne 55
  La Villette 68
  Montmartre 23, 78, 80, 196–198
  Musée d'Orsay 58
  Musée du Louvre 14, 53–54
  Musée National d'Art Moderne (MNAM) 65
  Musée National du Moyen Âge – Thermes de Cluny 55
  Musée Picasso 68
  Musée Rodin 66
  Notre-Dame 48–52
  Opéra de Paris 42
  Panthéon 56
  Parc de la Turlure 197
  Père-Lachaise, Friedhof 69
  Place de la Concorde 67
  Place des Vosges 69
  Quartier Latin 55–57
  Sacré-Cœur 198
  Sain-Germain-des-Prés 66
  Sainte-Chapelle 48–49
  Sorbonne 55, 56
  Tour Eiffel 60–61
Pays Basque 190–191
Père-Lachaise, Friedhof, Paris 69
Picasso, Pablo 27, 68
Pic du Midi de Bigorre 190
Place de la Concorde, Paris 67
Planète Sauvage, Safaripark, Port St-Père 141
Pont du Gard 160–161
Post 213
Proust, Marcel 23, 69
Puy de Dôme 164
Pyrénées, Pyrenäen 190

Q
Quartier Latin, Paris 55

R
Radfahren; *siehe* Fahrrad fahren
Rauchen 212
Regionalküche 25, 38
  Crêpes 38, 94, 100
  Dijon-Senf 109
  Galettes 38
  Niniche 98
  Salzlamm 86
Regionen 10–11
Reichenweier (Riquewihr) 119
Reims 112
  Basilika St-Rémi 112
  Notre-Dame de Reims 112
Reisevorbereitungen 210
Reisezeit 210
Reiten 157, 172
Rennes 95
  Musée des Beaux-Arts 95
Réserve Nationale de Camargue 157
Riquewihr (Reichenweier) 119
Riviera, Französische 204; *siehe auch* Côte d'Azur
Rocamadour 207–208
Rodin, Auguste 59, 66
Rouen 90–92
  Musée des Beaux-Arts 91
  Musée d'Histoire de la Médicine 91
Route des Crêtes 162, 201–203
Route des Vins d'Alsace 119

S
Sables-d'Or-les-Pins 200
Sacré-Cœur, Paris 198
Safari-Park, Port St-Père 141
Sagan, Françoise 23
Saint-Benoît-sur-Loire 140
Sainte-Chapelle, Paris 48
Saint-Émilion 188–189
  Église Monolithe 189
Saintes-Maries-de-la-Mer 157
Saint-Germain-des-Prés 56
Saint-Jean-Pied-de-Port 190
Saint-Laurent, Yves 28
Saint-Malo 94
  Cathédrale St-Vincent 94
  Musée d'Histoire de la Ville 94
Saint-Thégonnec 98
Saint-Tropez 170
Sare 190

Sarlat-la-Canéda 188
Sartre, Jean Paul 22
Satie, Erik 97
Schwule & Lesben 42, 80
Senf aus Dijon 109
Sicherheit 213
Sinti und Roma 157
Skifahren 166, 202
Smaragdküste 199–200
Somme, Vallée de la 96
Spaziergänge & Touren
  Auf der Route des Crêtes durch die Vogesen 201–203
  Cap Fréhel mit Côte d'Émeraude 199–200
  Paris: Montmartre mit Sacré-Cœur 196–198
  Rocamadour 207–208
  Von der Côte d'Azur ins Landesinnere 204–206
Sport und Outdoor-Aktivitäten 42; *siehe auch* Ausgehen unter den jeweiligen Regionen
Sprache 11, 215–216
Strasbourg/Straßburg 32, 113–115
  Botanischer Garten 115
  Cathédrale de Notre-Dame (Liebfrauenmünster) 113–115
  Musée Alsacien 114
  Musée d'Art Moderne et Contemporain 114
  Musée Tomi Ungerer 114
  Palais Rohan 114
Surfen 189

T
Tagesmenüs 40
Taxis 34–35
Telefonieren 213
Temperaturen 210
TGV 32–33, 34, 110, 211
Theater 42, 80, 102, 194
Toiletten 214
Toulouse 184
  Château d'Eau 184
  Cité de l'Espace 184
  Place du Capitole 184
Toulouse-Lautrec, Henri de 27, 59, 181, 185
Tour de France 42, 63, 190
Tours 141
Tricolore 13–14
Trinkgeld 212
Trinkwasser 214
Troyes 121–122

U
Überlandbusse 34
Übernachten 36–38, 75–76, 99, 123, 144, 172–173, 191
Ussé, Château d' 142

V
Vallée de la Somme 96
Venise Verte 187
Verdun 118
  Citadelle Souterraine 118
Versailles, Schloss und Park 12, 72–74
Vézelay 121
Viaduc de Millau 20
Vienne 165
Villandry, Château de 141
Vogesen 201–203
  Col de la Schlucht 202
  Grand Ballon 203
  Hartmannswillerkopf (Vieil Armand) 203
  Jardin d'Altitude du Haut-Chitelet 202
  Vallée de la Thur 203
Vorwahlen, internationale 213
Vulcania, Themenpark, Clermont-Ferrand 164

W
Währung 211
Weihnachtsmärkte, Strasbourg 115, 122, 125
Weinbau 15–17
  Klassifizierung 16
Weinregionen 16–17
  Bordeaux 16, 17, 182–183
  Burgund 16, 116–117, 126
  Champagne 16, 17, 122, 126
  Elsass 16, 119, 126
  Saint-Émilion 188–189
  Val de Loire 146
Wetter 214
WLAN 213

Z
Zahnarzt 214
Zeit 211, 212
Zentralmassiv 164
Zoo, Doué-la-Fontaine 141
Züge 34, 211
  Eurostar 110–111
  TGV 32, 32–33, 110, 211

Abbildungsnachweis

AA: Adrian Baker 186; Alex Kouprianoff 98, 199; Barrie Smith 120, 188, 190; Clive Sawyer 19 (rechts), 57, 83 (unten), 156, 162, 163, 168, 169, 170, 171, 204, 213 (Mitte); Ian Dawson 91, 92; James A. Tims 153; Jon Wyand 108; Karl Blackwell 44, 48–49, 52, 60, 62, 63, 66, 67 (oben), 67 (unten), 69 (oben), 69 (unten), 198, 213 (oben), 213 (unten); Max Jourdan 53, 55, 56, 64, 65, 71, 197; Michael Short 116; Neil Setchfield 208; Pete Bennett 178 (oben); Rick Strange 18; Roger Day 110; Tony Oliver 206; Yadid Levy 19 (links), 157

DuMont Bildarchiv: Björn Göttlicher 10–11, 149, 151; Christian Heeb 85, 87, 95; Frank Heuer 21, 26, 28 (unten links & rechts), 29, 46, 47 (oben), 47 (unten), 50, 51 (oben), 51 (unten), 58, 72, 73, 74; Markus Kirchgessner 17, 24, 105, 106, 107, 113, 114, 119, 201, 203; Michael Pasdzior 84, 86, 88, 90–91, 93, 97; Michael Riehle 15, 25, 150, 154–155, 161, 166, 167, 178 (unten) , 180, 181, 184, 185; Roland Gerth 158, 159

huber images: Gabriele Croppi 59; Günter Gräfenhain 130, 131, 136; Ripani Massimo 128; Vaccarella Luigi 183

laif: 122, 134; Archivio GBB/Contrasto 27; Dominique Bruneau 143; Dorothea Schmid 12, 13, 14; Julian Elliott/Arcaid 135 (unten); LeFigaroMagazine/Wildenberg 23; Philippe Body/hemis.fr 132; Theodor Barth 30; VU 22

Look-foto: age fotostock 109, 117, 118, 137, 138, 139, 141, 142, 187, 189, 20, 89; Andreas Strauß 165; Brigitte Merz 121, 207; Design Pics 135 (oben); Photononstop 112; SagaPhoto 111; Thomas Stankiewicz 164; The Travel Library 94

Titelbild: Getty Images/Grant Faint (Garten in Versailles)

Impressum

©MAIRDUMONT GmbH & Co. KG
VERLAG KARL BAEDEKER

1. Aufl. 2015

Text: Ann F. Stonehouse (Hrsg.), Nick Inman, Joachim Nagel
Übersetzung: Dagmar Lutz, Joachim Nagel
Redaktion: M. Feuerstein (wigel, München)
Programmleitung: Birgit Borowski
Chefredaktion: Rainer Eisenschmid

Kartografie: ©MAIRDUMONT GmbH & Co. KG, Ostfildern
3D-Illustrationen: jangled nerves, Stuttgart

Printed in China

Trotz aller Sorgfalt von Autoren und Redaktion sind Fehler und Änderungen nach Drucklegung leider nicht auszuschließen. Dafür kann der Verlag keine Haftung übernehmen. Berichtigungen, Kritik und Verbesserungsvorschläge sind uns jederzeit willkommen, bitte informieren Sie uns unter:

Verlag Karl Baedeker / Redaktion
Postfach 3162
D-73751 Ostfildern
Tel. 0711 4502 262
smart@baedeker.com
www.baedeker.com

FSC
www.fsc.org
MIX
Papier aus verantwortungsvollen Quellen
FSC® C020056

10 GRÜNDE WIEDERZUKOMMEN

1. Die **Geheimnisse von Paris** und dessen Magie entfalten sich erst nach und nach.
2. Nirgends **speist man so köstlich:** ob Austern in der Bretagne oder Bouillabaisse in Marseille.
3. Das **Gute liegt so nah:** Man fährt über den Rhein und ist schon im Elsass …
4. **Mittelalter** hautnah, von der Kathedrale in Reims bis zur Festungsstadt Carcassonne.
5. *La France, c'est du* ***bon vin***, ob im Bordelais, im Burgund, an der Rhône oder in der Provence.
6. An der sonnigen **Côte d'Azur** sind die Strände weit weniger überlaufen als auf Mallorca.
7. **Lavendel** für den Wäscheschrank lässt sich am schönsten in der Provence pflücken.
8. Französisches ***Savoir-vivre*** ist ein ideales Heilmittel gegen Alltagsstress.
9. ***Hôtels de Charme*** – und ihre Inhaber(innen) – empfangen Gäste mit echter Nestwärme.
10. Die **französische Sprache** klingt am schönsten in ihrem Heimatland, gesprochen oder als Chanson.